国际政治论坛

本书为国家社会科学基金项目"东亚安全秩序与周边命运共同体建设研究"（批准号：14BGJ027）的阶段性成果

东亚安全秩序与
中国周边政策转型

EAST ASIAN SECURITY ORDER AND
TRANSFORMATION OF CHINA'S
NEIGHBORHOOD POLICY

孙学峰　刘若楠　等　著

社会科学文献出版社
SOCIAL SCIENCES ACADEMIC PRESS (CHINA)

目 录

序　言

2008 年全球金融危机之后，中国综合实力的提升更加显著，与此同时，中国与东亚国家的安全竞争和分歧也进一步显现。更为重要的是，随着美国"重返亚太"战略的实施，中美围绕东亚安全问题和地区秩序的竞争也趋于强化。换而言之，中国面临的崛起困境愈加严峻，已经成为中国最为突出的外部挑战，尤其是在东亚等周边地区。在寻求缓解崛起困境的过程中，我们发现东亚既有的地区秩序安排对于中国的政策选择和实施效果都有着不可忽视的制约和影响。为此，本书重点关注的不是中国崛起如何影响东亚地区秩序，而是转换视角力图分析既有的东亚安全秩序如何塑造了周边国家对中国崛起的反应以及中国的政策选择，希望借此能够更加准确地把握中国缓解崛起困境的理论机制和战略思路。

全书共分为三部分，其中第一部分由三篇文章构成，力图从理论上说明国际秩序的含义和冷战后国际秩序以及东亚地区秩序的走向。第一篇文章的重点是厘清国际秩序的含义及其变化动力。国际秩序是国家依据国际规范采取非暴力方式解决冲突的状态，其构成要素为国际主流价值观、国际规范和国际制度安排。导致国际秩序变化的原因是国际格局变化，但是国际格局并不是国际秩序的构成要素。建立国际新秩序的性质是国际权力再分配，即国际制度再安排的核心内容。建立国际秩序主要依靠体系大国，因此它们的国际秩序观影响着国际规范的类型。从历史纵向比较来看，当前的国际秩序是人类历史上较好的国际秩序，但仍有诸多方面需要改善。当前国际秩序中的三个构成要素都已出现变化的迹象，西方价值观的主流地位和执行西方中心主义双重标准的国际规范开始弱化，国际经济制度安排开始发生变化，改变其他领域制度安排的要求也在上升。

冷战结束以来，美国单极体系的发展趋势始终是国际秩序研究的核心议题。第二篇文章重点关注了围绕这一议题的学术争论。这些争论主要集中于三个问题，即体系制衡能否重现、如何制约美国实力优势以及美国自由霸权秩序能否延续。相关学术争论以及冷战后国际关系的实践表明，以近代至冷战时期欧洲经验为基础的国际关系理论已难以充分解释美国单极体系的走向。为此，我们尝试更新分析框架，从美国安全等级体系的影响入手分析美国单极体系和未来国际秩序的发展趋势。研究表明，安全等级视角能够更为合理地解释美国单极体系发展趋势争论中的理论困惑。

冷战结束后东亚地区秩序的变化显而易见，但是如何界定当今的东亚地区秩序却一直存有争论。第三篇文章试图从地区秩序的界定与分类入手，结合冷战后有关东亚地区秩序的争论，分析中国崛起对东亚地区秩序形成的影响，辨析和把握东亚地区秩序的发展方向。我们发现，冷战后有关东亚秩序的争论说明，东亚地区尚未形成得到普遍认可的秩序安排，但决定其未来发展走向的两个核心因素已愈发明确，即美国东亚安全保护体系的走向和中国实力地位的上升。决定东亚地区秩序未来的关键是既有的美国东亚安全保护体系如何与实力地位日益上升的中国协调合作，而这一进程将直接塑造东亚地区秩序的根本性质和未来走向。

第二部分集中关注东亚国家面对中国崛起的战略反应，具体包括三篇文章。第一篇文章的研究表明，对冲是当前地区国家应对中国崛起而采取的具有普遍性和主导性的战略选择，主要表现为强化与中国的经济关系，在与其他大国开展紧密安全互动的同时，也避免与中国的安全矛盾。东亚地区中小国家的战略行为是由它们所面临的体系压力和国家战略偏好两个要素共同决定的。在地区内崛起国与其他大国处于弱对抗态势的情况下，中小国家并没有面临明确的选边站队压力；而同时追求自主性、安全和福利三项战略目标，也使得它们倾向于在多方力量之间维持平衡。对冲战略能否持续，取决于地区结构转移和战略偏好变化的前景。如果东亚地区格局向强对抗体系转变，这些国家面临的权衡取舍将更加艰难，对冲战略的条件也将难以维持。

东亚国家对中国崛起的反应难以回避美国在其中所发挥的直接或间接影响。第二篇文章的研究发现，对美国而言，保持对东亚盟国对外战略一定的"支配权"对于维护其主导地位不可或缺。在当今主权规范被普遍接受的国际环境下，美国对安全保护国（或地区）对外行为的影响不是通过强制，也不完全是通过利益交换，而更可能是通过权威关系实现的。从权威关系的视角考察美国与东亚安全保护国（或地区）的政策互动机制，有助于我们理解中国与美国东亚安全保护体系之间未来关系的发展。

第三篇文章主要分析了与其他美国东亚安全保护国相比，泰国对华政治安全政策明显较为温和的原因。我们认为，推动泰国温和应对中国崛起的根本因素在于危机之后泰国不断强化其经济优先的国内战略。为了落实这一发展战略，与中国没有直接安全矛盾的泰国，乐于采取温和的政治安全政策以强化与中国的友好关系，深化与中国的经济合作，为其落实经济优先战略创造更为有利的外部条件。泰国的经验表明，与中国没有战略矛盾并不足以保证周边国家采取温和政策应对中国崛起。中国有必要针对东亚国家安全政策和安全威胁的不同特点，设计差异化的安全政策，以有效缓解周边外交中遭遇的崛起困境。

第三部分着重分析在既有国际和东亚秩序背景下中国周边政策的选择和效果，具体包括三篇文章。第一篇文章主要分析了2012年以来中国逐步转向奋发有为政策后，中国实力上升和政策实践对国际秩序走向可能产生的影响。我们认为，中国崛起并不会在已有国际格局的集合中增加新的类型，但可能会形成"极"与"极"关系中新的态势。从实践看，中国在涉及主权、国家安全的问题领域，较多地采取了传统安全的做法；在推动地区合作、共同发展方面，中国做出了大国中最积极并最可能产生实际效果的努力。总体来说，中国崛起会给国际秩序带来某些积极变化，但程度可能非常有限。

第二篇文章重点关注 2012 年以来中国周边政策的调整及其走向。中国周边政策调整主要表现为，周边外交在外交全局中的地位获得提升，处理与周边国家经济关系的理念由强调"互利"到强调"惠及"，政策目标由维持周边稳定和密切经济合作提升为建设"命运共同体"，总体上突出更加奋发有为地全面推进周边外交工作。根据政策调整的主要方面，结合现实问题和关于周边外交政策的相关争论，本章重点分析了"亲、诚、容、惠"理念及其相应政策问题，认为周边外交工作的重点应偏向争端解决与区域合作等突出的议题。

中国钓鱼岛政策的变化是近些年周边政策调整的关键节点和重要体现。第三篇文章较为详细地分析了 2012 年 9 月日本"购岛"后中国利用危机采取进取政策，成功打破日方实际控制钓鱼岛的过程及其原因。研究表明，钓鱼岛争端由危机转入常态化后中国的钓鱼岛政策呈现较为明显的对冲特征，即一方面适度回应日本改善关系的诉求，另一方面在钓鱼岛争端上采取进取政策，以两手对两手确保战略主动。我们认为，中国钓鱼岛政策的变化反映了近些年中国对外战略转型的总体方向，既顺应了中国实力地位的变化趋势，也符合了东亚安全秩序的内在逻辑。

本书是集体协作的成果，没有作者们的群策群力很难想象本书能够顺利面世，为此我要向参与研究工作的所有学者致以诚挚的谢意！本书的研究和出版得到了国家社会科学基金项目"东亚安全秩序与周边命运共同体建设研究"（批准号 14GBJ027）和清华大学自主科研计划（项目编号 20121088003）的大力支持，在此也要表示深深的谢意！此外，要感谢清华大学国际关系学系 2015 级硕士生李明泽同学在整理参考文献和编辑校对过程中耐心细致的工作！

孙学峰

2016 年 9 月 6 日于清华园

第一编
东亚安全秩序的发展趋势

无序体系中的国际秩序

阎学通

国际社会本是一个无序的体系，然而自 2014 年以来，中美学界关于国际秩序的讨论却不断升温。中美两国的学者和战略家们之所以如此关注国际秩序问题，主要是由于此事关系中美两国的国际权力再分配问题。美国要防止其国际主导权萎缩，中国则要增加其国际权力，特别是要提升"制度性话语权"。[①] 然而，由于缺乏对国际秩序基本概念的共识，两国学界的讨论呈现各说各话的现象。故此，本文将从国际秩序的含义、国际秩序的构成要素、当前国际秩序的基本特征、未来十年国际秩序的变化趋势、中国建立国际秩序的策略五个方面，依次进行讨论。

一 学界对国际秩序的认识分歧

为了使有关国际秩序的研究有的放矢，我们首先需要了解目前中外学界在国际秩序认识上的各种分歧。本节将主要描述国际秩序、国

[①] 《中共十八届五中全会在京举行》，《人民日报》2015 年 10 月 30 日，第 2 版。

际体系和国际格局三个概念的混淆使用情况，阐述对国际秩序构成要素的不同看法，观察世界秩序和国际秩序这两个概念在联合国大会的使用情况。

（一）国际秩序、国际体系和国际格局概念的混用情况

国际秩序和国际体系这两个概念在学界和政界混用现象较多。2014年，中国现代国际关系研究院组织了30多位国内学者讨论国际秩序问题，由于众人混用了国际秩序和国际体系这两个概念，会议主办方在写讨论会总结时，不得不将题目定为《如何认识国际秩序（体系）及其转型？》，并坦言"在通常情况下，国际政治学界有一种混用、最少是不严格区分'秩序'与'体系'概念的倾向"①。中国学界未能厘清国际秩序和国际体系的区别，官方也只好采取这两个概念同时使用的方法。在清华大学主办的第四届世界和平论坛上，中国外交部部长王毅说："我们将继续维护当代国际秩序和国际体系。70年前，中国直接参加与设计建立了以联合国为核心的国际秩序和国际体系。"②《人民日报》有关我国政府全球治理政策的报道③，也是采取这两个概念同时使用的方法。

与中国学界的情况不同，英语国家学界对于"国际体系"（international system）和"国际秩序"（international order）的区分较为明确。前者是指由国家组成的无政府社会，后者是指该社会内的一些有序的行为状态。这如同在中国，人们通常不会将交通体系和交通秩序混为一谈一样。我国学界未能区分国际体系和国际秩序概念的原

---

① 林利民：《如何认识国际秩序（体系）及其转型？》，《现代国际关系》2014年第7期，第42页。

② 王毅：《中国是国际和平秩序的维护者，建设者和贡献者》，*Foreign Affairs Journal*，No. 117（2014），p. 170。

③ 《推动全球治理体制更加公正更加公理，为我国发展和世界和平创造有利条件》，《人民日报》2015年10月14日，第1版。

因有多种，其中缺乏严格区分不同概念的习惯可能是主要原因。此外，还有一些中国学者亦将"国际体系"和"国际格局"（international configuration）视为同一概念。针对冷战后两极格局的结束，有学者说："以美苏两大阵营对峙为特征的冷战两极国际格局终结，国际体系进入了一个从两极向多极逐渐过渡的阶段。"① 还有学者认为："1989 年，柏林墙倒塌，美苏主导的两极国际体系开始解体。近 20 年来，国际体系先后经历了'美国独大'（或称为'国际力量对比严重失衡'）和'一超多强'的过渡型阶段。"② 以上两段陈述都是用"两极""多极""一超多强"这些国际格局的概念来描述国际体系的，结果使格局和体系混为一谈。

在"国际体系"分别与"国际秩序"和"国际格局"混用的情况下，不区分"国际秩序"与"国际格局"的情况就在所难免。有学者提出国际秩序有五种形态：单极主导型、两极对抗型、两极合作型、多边协调型和多边协商型。③ 在这五种秩序形态中，有三种是以国际格局的形态来命名的。当使用同一标准来划分国际秩序与国际格局的类别时，就无法区分国际秩序变化与国际格局变化的不同。例如，二战和冷战时期，都是两大军事集团对立的两极格局，但前一时期没有国际秩序，后一时期则有一定的国际秩序，即所谓"战后秩序"。

学界甚至还有将国际秩序、国际格局和国际体系三者视为同一概念的现象。有人说："迄今为止，在国际关系的认识与研究中，国际秩序仍被理解为国家行为体在国际交往与互动中所形成的特定的规范、制度、格局与体系。"④

① 何曜：《当代国际体系与中国的战略选择》，载上海社会科学院世界经济与政治研究院编《国际环境与中国的和平发展》，时事出版社，2006，第 1 页。
② 杨洁勉：《新兴大国群体在国际体系转型中的战略选择》，《世界经济与政治》2008 年第 6 期，第 6 页。
③ 秦亚青：《国际体系、国际秩序与国家的战略选择》，《现代国际关系》2014 年第 7 期，第 14 页。
④ 蔡拓：《全球主义视角下的国际秩序》，《现代国际关系》2014 年第 7 期，第 15 页。

（二）学界对国际秩序构成要素的不同看法

国际秩序的总体变化是其构成要素发生变化的结果，因此通过观察其构成要素的变化的方法，就能判断出国际秩序是否发生了变化。由于对国际秩序的构成要素缺乏共识，学界对于当前国际秩序发生了什么变化莫衷一是。黄仁伟说："现在人们常常谈论维护战后国际秩序，但把概念上和动作中的两种秩序混为一谈了。"[①]

国内外学界在国际秩序构成要素的认识上都有分歧。在外国学者中，亨利·基辛格（Henry Kissinger）认为，国际秩序和地区秩序"均建立在两个因素之上：一套明确规定了允许采取行为的界限且被各国接受的规则，以及规则受到破坏时强制各方自我克制的一种均势"[②]。英国学者赫德利·布尔（Hedley Bull）则认为国际秩序有三个要素：共同利益、国际规则和制度的观念。他说，国际社会或任何社会的"秩序不仅是有一组条件的结果，也是关于共同利益、行为规则和制度这三者观念的结果。共同利益的观念基于社会性的基本目标，行为规则的观念用于支持这些目标，制度的观念则有助于使规则有效率"[③]。美国学者约瑟夫·奈（Joseph S. Ney, Jr）将不同学派的看法如此归纳：现实主义者的观点是，秩序主要反映的是国家间实力结构的分配；自由主义者和建构主义者认为，冲突及其预防不仅由均势来决定，而且由相关国家的国内结构，国家的价值、身份、文化及跨国挑战来决定，解决国际冲突的国际机构也起决定性作用。[④]

[①] 黄仁伟、黄丹琼：《现有的国际秩序到底来自何处》，《世界知识》2015 年第 17 期，第 62 页。

[②] 〔美〕亨利·基辛格：《世界秩序》，胡利华、林华、曹爱菊译，中信出版社，2015，第 18 页。

[③] Hedley Bull, *The Anarchical Society: A Study of Order in World Politics* (Beijing: Peking University Press, 2007), p. 63.

[④] Joseph S. Ney, Jr, *Understanding International Conflicts: An Introduction to Theory and History* (New York: Pearson Longman, 2009), p. 276.

中国学界在国际规范和国际规则是国际秩序的构成要素这一点上有较大共识，但对其他构成要素的认识就不同了。根据前文所述中国现代国际关系研究院 2014 年那次研讨会的发言者对国际秩序的定义，我们可以发现，在国际规范之外还有十多个事物被视为国际秩序的构成要素。依照这些构成要素在会议发言中首次出现的次序排列，分别是原则和机制①、价值理念和经济力量②、文明因素③、决策程序④、权力⑤、格局和体系⑥、道德⑦、主要国家的战略⑧、国际权势分布⑨、观念和观念创造者和维护者⑩、关系的运行状态⑪。此外，在其他学者的文章中还能发现一些构成要素，如大国组成的领导机构、国际组织、国际法和常规程序⑫、目的手段和行为体⑬、国际利益格局、利益分配的共识和国际习惯⑭。

由于学界提出的国际秩序的构成要素太多，于是有学者试图将尽可能多的要素纳入国际秩序之中。有学者认为国际秩序包括四个方面

---

① 袁鹏：《我们为什么探讨国际秩序变迁？》，《现代国际关系》2014 年第 7 期，第 1 页。
② 苏长和：《从历史维度认识国际秩序的演进》，《现代国际关系》2014 年第 7 期，第 4 页。
③ 李永辉：《权力转移与国际秩序转型》，《现代国际关系》2014 年第 7 期，第 5 页。
④ 赵晓春：《国际秩序转型背景下的大国斗争争议》，《现代国际关系》2014 年第 7 期，第 6 页。
⑤ 胡仕胜：《对当前国际秩序转型的几点看法》，《现代国际关系》2014 年第 7 期，第 8 页。
⑥ 蔡拓：《全球主义视角下的国际秩序》，《现代国际关系》2014 年第 7 期，第 15 页。
⑦ 戴长征：《道义与国际秩序》，《现代国际关系》2014 年第 7 期，第 18 页。
⑧ 傅梦孜：《当前国际经济秩序的演变趋势》，《现代国际关系》2014 年第 7 期，第 22 页。
⑨ 时殷弘：《中国崛起与世界秩序》，《现代国际关系》2014 年第 7 期，第 32 页。
⑩ 刘笑盈：《中国与国际秩序转型中的话语体系建构》，《现代国际关系》2014 年第 7 期，第 42 页。
⑪ 林利民：《如何认识国际秩序（体系）及其转型？》，《现代国际关系》2014 年第 7 期，第 43 页。
⑫ 刘鸣：《国际体系与世界社会、国际秩序及世界秩序诸概念的比较》，《社会科学》2004 年第 2 期，第 42 页。
⑬ 杨昊：《全球秩序：概念、内涵与模式》，《国际观察》2014 年第 2 期，第 22～24 页。
⑭ 刘丰：《国家利益格局调整与国际秩序转型》，《外交评论》2015 年第 5 期，第 49 页。刘丰说，"本文将国际秩序定义为：国际关系行为体在特定实力对比基础上围绕彼此利益分配达成或明确或暗含的共识，并由此形成一套约束和击落各自行为及彼此关系的安排（包括习惯、规则和制度）"。

的内容：一是，主要行为体的实力格局、政治经济结构、管理机制；二是，行为体的目标、行为规则、保障机制；三是，主要大国的核心观念、观念分配；四是，原则、规范、目标、手段、运行机制、整体态势。这四个方面的内容被如此归纳总结："国际秩序是国际社会中主要行为体，尤其是大国的权力分配、利益分配、观念分配的结果，而其主要表现形式就是全球性的国际制度的创立与运行。"①

将尽可能多的因素列为国际秩序的构成要素，有助于人们了解国际秩序的复杂性，却不能深化我们对国际秩序的认识。构成要素太多，以致我们无法知道哪些是关键因素、哪些是衍生因素，因此也无法得知它们之间的关系。20世纪后半叶，在研究综合国力问题时，学者们曾采取增加国力要素的办法来提高衡量综合国力的精度。② 然而，其结果是国力要素从几个增加到几十个，但以此来衡量一国的综合国力变得更加不可能了。因此，对综合国力的研究变成了从概念到概念的抽象讨论，而未能深化人们对综合国力的认识。笔者以为，要避免在研究国际秩序时重复对综合国力的研究，确定其构成要素的原则应是"少而精"。国际秩序本身是复杂的，只有将其构成要素进行简化，才能深化我们对它的认识，增加其复杂性反而可能使我们更不知其为何物。

（三）学界对国际秩序与世界秩序的选择

在以往的联合国大会发言中，世界秩序和国际秩序这两个概念经常出现，于是学者们力图区分两者的差别。布尔认为，前者比后者含义广泛，因为前者不仅包括国际秩序，还包括国内秩序；并且前者比后者更具根本性，因为人类社会的终极单位不是国家而是个人。③ 杨昊在接受

---

① 门洪华：《地区秩序建构的逻辑》，《世界经济与政治》2014年第7期，第6页。
② 黄硕风：《大较量：国力、球力论》，湖南出版社，1992，第12、13、75页。
③ Hedley Bull, *The Anarchical Society: A Study of Order in World Politics* (Beijing: Peking University Press, 2007), p. 21.

布尔这个观点的基础上，还试图区分世界秩序与全球秩序的不同，他认为前者属于国家中心论，后者是全球主义。① 蔡拓甚至认为，现在国际秩序已经名不副实了，应该用世界秩序或全球秩序来代替。②

虽然世界秩序和国际秩序这两个词的政治含义并不完全相同，但是世界各国在这两个词的选用上没有明显的政治考虑。在第 70届联合国大会一般性辩论的发言中，反对和支持干涉别国内政的国家，在这两个词的选用上没有明显的分野（见表 1 - 1）。例如，美国、英国、韩国、波兰等国家都是支持国际干涉的，但其领导人在发言中使用的是国际秩序，这与长期反对干涉别国内政的中国领导人使用的词相同。同时，与支持进行国际干涉的德国和挪威一样，反对干涉别国内政的白俄罗斯、哈萨克斯坦的领导人使用的也是世界秩序一词。白俄罗斯总统卢卡申科（Alexander Lukashenko）在讲话中还专门谴责了外部干涉行为，他说："外部干涉、输出'颜色革命'和有控制地改变政权带来的一个结果，就是把原先稳定的国家推入了混乱和无序之中。多个国家领导人被残酷地谋杀了，我们现在对此感觉好点了吗？"③

表 1 - 1　第 70 届联合国大会发言中使用国际秩序、
世界秩序、全球秩序的部分国家

分类	使用"国际秩序"的国家	使用"世界秩序"的国家	使用"全球秩序"的国家
常任理事国 发达国家	中国、英国、美国 韩国、比利时	德国、挪威*	挪威*

① 杨昊：《全球秩序：概念、内涵与模式》，《国际观察》2014 年第 2 期，第 21 页。
② 蔡拓：《全球主义视角下的国际秩序》，《现代国际关系》2014 年第 7 期，第 16 页。
③ Alexander Lukashenko, "Statement by His Excellency Alexander Lukashenko President of the Republic of Belarus", United Nations General Assembly Seventh Session General Debate, New York, September 28, 2015, p. 2.

分类	使用"国际秩序"的国家	使用"世界秩序"的国家	使用"全球秩序"的国家
发展中国家	波兰、立陶宛、伊朗、卡塔尔、塞浦路斯、蒙古、卢旺达、赤道几内亚、拉脱维亚共和国、海地、尼泊尔、萨尔瓦多共和国、圭亚那**	白俄罗斯、埃塞俄比亚、哈萨克斯坦、巴拉圭、乌克兰、印度尼西亚	菲律宾、厄立特里亚、圭亚那**

注：＊挪威既使用了世界秩序，也使用了全球秩序。

＊＊圭亚那既使用了国际秩序，也使用了全球秩序。由于语种的局限，本表仅统计了联合国大会网站上第70届联合国大会一般性辩论中阿语之外的发言稿。

以上有关"国际秩序"一词使用混乱的情况，充分说明了人们对于什么是国际秩序的认识差别巨大。在什么是国际秩序都不明确的情况下，人们对于当前国际秩序变化的认识自然也就无法达成共识。例如，有人认为，世界经济格局的变化"远未导致世界经济体系和秩序的根本改变"①，有人却认为，"迄今国际变革带来的大国关系失和、各国治理失据、地缘结构失衡、全球发展失速，使各国普遍感到一场'几百年之未有大变局'正在到来，并将深刻而全面地影响所有国家的前途命运"②。

二　国际秩序的研究路径、定义及构成要素

为了清楚地认识国际秩序的性质和分析当前国际秩序的特点，本节设计了一个研究程序，并据此对国际秩序进行定义，然后确定其构成要素。有关当前国际秩序的特点和未来变化的趋势，将另辟小节进行讨论。

---

① 张运成：《简析世界经济体系"再平衡"》，《现代国际关系》2014年第7期，第23页。

② 王鸿刚：《中国的"国际秩序观"是什么》，《世界知识》2015年第18期，第66页。

（一）研究路径

（1）对国际秩序这一概念进行定义。通过分析国际格局、国际体系和国际秩序三者之间的关系，以避免它们在概念上的混淆。在明确国际秩序这一概念的适用范围的基础上，再对这一概念进行定义。对这一概念进行严格的定义，是为了防止对国际秩序问题的研究泛化，以便深化规定范围内的研究。

（2）分析国际秩序形成的必要条件，然后根据这些条件来界定国际秩序的构成要素。这个研究环节的意义在于，明确从什么角度去观察当前国际秩序的特征及其变化趋势。

（3）分析当前国际秩序的特征。我们不仅要观察每个国际秩序构成要素的时代特点，还要就这一国际秩序是否具有合理性作出判断。这种判断将采取历史纵向比较的方法，将冷战后的情况与以往的情况进行比较。具体的判断标准包括：战争导致人口死亡的比例、国际经济合作的规模、移民情况以及国际组织的权力分配状况等。

（4）分析国际秩序的变化趋势。我们要通过观察 2010 年以来国际秩序构成要素的变化，来判断国际秩序变化的趋势。

（二）国际秩序的定义

在为国际秩序下定义之前，我们需要首先厘清国际格局、国际秩序和国际体系三者在概念上的差别。国际关系学界对于国际格局的认识有较强的一致性，即国际格局是实力对比的体现，其构成要素为大国的实力对比和它们的战略关系。[①] 国际格局的基本形态有三种：单极、两极和多极。图 1-1 中的三个图形虽然区分了国际格局几种基本形态的差别，但是不能区分不同国际秩序的状态差别。

---

① 阎学通、杨原：《国际关系分析》，北京大学出版社，2013，第 43~44 页。

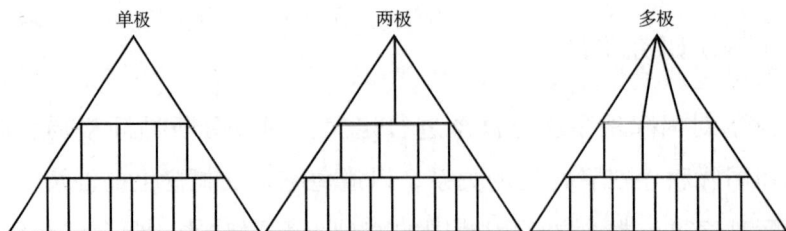

图 1 - 1　国际格局的三种基本形态

多数学者认为国际格局是国际体系的构成要素，这种共识很可能是受到沃尔兹（Kenneth Waltz）结构现实主义观点的影响。沃尔兹认为，"一个体系是由一个结构相互作用的单位组成的。结构是全系统的组件，它使把系统看作是个整体成为可能"①。他还说："国际政治体系像经济市场，是在关心自我利益的单位的共同作用下形成的。国际结构是依据一个既定时代的主要政治单位来界定的，这个单位可能是城邦国家，也可能是帝国或是民族国家。"② 沃尔兹把国际格局视为国际体系的构成要素之一是合理的，因为社会体系是由行为体、格局和行为规范三者构成的。这如同中国东汉末期是个社会体系，魏、蜀、吴分别为行为体，三强鼎立是当时的实力格局，丛林法则是规范。再比如，二战结束至今，民族国家是其主要行为体，国际格局从冷战时期的两极格局转变为冷战后的单极格局，主权国家平等是国际规范。

与国际格局不同，国际秩序不是国际体系的构成要素，而是国际体系的性质。国际体系的基本性质是无序，也被称为无政府。这种无序性源于国际社会缺少一个可以垄断全部军事暴力的世界政府，国家可以用军事暴力维护自己的利益，这使得战争不可避免。用沃尔兹的

---

① Kenneth Waltz, *Theory of International Politics* (Beijing: Peking University Press, 2004), p. 79.
② Kenneth Waltz, *Theory of International Politics* (Beijing: Peking University Press, 2004), p. 91.

话讲，即"在国家之间，自然状态就是战争状态"①。正因为国际体系的本质是无序的，因此人类努力地要建立国际秩序，以防止战争的发生。鉴于战争是国际体系无序的表现，和平是有序的表现，因此战争与和平就成了国际秩序是否存在的最根本标志。这也是为什么在联合国大会的发言中，政要们都是以军事冲突和战争作为国际秩序遭到破坏的依据。由于国际体系的本质是无序的，因此国际秩序无论如何都达不到多数国家国内社会秩序的水平，其必然是低水平的社会秩序。

国际格局既不是国际秩序的构成要素，也不是其变化的唯一原因。事物变化的原因并不必然是事物的构成要素。例如，温度上升会引起食物腐烂，但温度并不是食物的构成要素。国际格局是国际体系的构成要素，却不是国际秩序的构成要素，因为在不同的国际格局条件下，可以形成相似的国际秩序。在单极、两极和多极格局的条件下，都既可能是战争状态，也可能是和平状态。20世纪80年代末和90年代初，国际格局快速从两极转变为单极，但世界上的战争与和平形态没有太大的变化。此外，国际格局的变化是引发国际秩序变化的重要原因，却不是唯一原因，导致国际秩序发生变化的原因是多样的。冷战两极格局持续的40多年间，世界上始终都存在核武器，但是核不扩散秩序则是从无到有建立起来的，与此同时，殖民秩序则瓦解了。核不扩散秩序的建立和殖民秩序的瓦解，都是在国际格局不变的条件下发生的，由此可见，国际秩序的变化频率通常高于国际格局，而且其变化的原因也超越了国际格局。

对国际秩序的判断有三个层次：秩序的有无、秩序的稳定与否、秩序的公平正义性如何。秩序的有无是定性判断。学界普遍认为，二战之后北美地区是有秩序的，而中东地区则是无秩序的，因为前者没有发生过战争，而后者却战争不断，且当地多数国家都被卷入其中。秩

---

① Kenneth Waltz, *Theory of International Politics* (Beijing: Peking University Press, 2004), p. 79.

序的稳定与否是对其程度的判断。东亚地区自1992年以来就没有发生过战争，这说明该地区是有一定的国际秩序的，但该地区出现过台海危机、朝鲜半岛核危机、钓鱼岛危机、南海岛屿争端等，于是该地区的秩序又被认为是不稳定的。关于国际秩序是否具有公平正义性，则属于价值判断。人们普遍认为，二战后以《联合国宪章》为基础的国家主权平等秩序，比一战后以《凡尔赛和约》为基础的、胜者为王的国际秩序的正义性强。判断秩序的有无及其稳定与否，可采取相对客观的标准，但是对秩序公平正义性的判断，则取决于判断者的主观价值标准。

建立国际秩序行为本身具有天然的正义性，因为秩序是人类生存的必要条件。作为群体性动物，人类要靠合作求生存，而国际体系的无序性则意味着战争，即意味着人类生存的必要条件遭到了破坏。所谓"最坏的政府也好于无政府"的说法，就是指社会秩序对于人类生存的必要性。布尔说："在世界政治中，秩序不仅是有价值的，而且其价值是超过其他目标的，例如超过了正义的价值。"[1] 从人类生存需求的角度讲，建立国际秩序具有天然的正义性，但这并不意味着每一项具体的国际秩序都是正义的，这是两个不同层次的问题。为了人类的生存需求而建立的国际秩序的正义性，是针对无秩序状态下的战争而言的；而国际秩序是否具有公平正义性，则是针对有了秩序后其对所有的人是否公平而言的。

世界上所有国家都会同意建立国际秩序，但对于建立什么样的国际秩序，各国的立场则不相同。国家之间经常会因为其客观利益和主观价值方面的差别，对一项具体的国际秩序是否具有正义性无法达成共识。进入21世纪后，美国逐渐失去世界第一贸易大国的地位，因此它认为以世界贸易组织（WTO）为基础的现行国际贸易秩序不利于自由贸易，于是推动"跨太平洋伙伴关系协议"（TPP），以制定新的全球贸易规则。

---

[1] Hedley Bull, *The Anarchical Society: A Study of Order in World Politics* (Beijing: Peking University Press, 2007), p. 93.

相反，中国同期逐渐成为世界第一大贸易国，因此认为现有国际贸易秩序是相对公平的，因此支持在 WTO 内进行改革。价值观的差别也会导致人们对同一国际秩序有无正义性的看法截然不同。就国际秩序正义性的问题，奈归纳分析了世界主义、功能主义、地区主义、环保主义、网络封建主义等流派对于世界新秩序的不同立场和看法。①

为了减少主观价值对我们认识国际秩序的影响，我们首先利用字典的定义，从语义上明确"秩序"一词的含义。《现代汉语词典》将"秩序"解释为"有条理、不混乱的情况"②。《韦伯斯特新大学词典》将"秩序"（order）解释为"社会政治体系的一种特定范围或方面、规律或和谐的安排"③。字典网站将"秩序"解释为"一种条件，在这种条件下每件事物参考其他事物和依据本身目标得到了正确的安排；有方法的安排或和谐的安排"④。根据上述三种解释，我们可将"秩序"理解为有条不紊的状态。

明确了秩序的含义后，我们还需要确定"国际"一词的含义。英语的"international"（民族之间）和"interstate"（国家之间），都可以译成中文的"国际"。由于本文讨论的国际秩序包括了所有类型国家之间的秩序，因此本文将国际理解为国家之间，而非限定于民族国家之间。把国际定义为国家之间有双重作用：一是，区别国际与世界的不同，即国际的含义是不包括国家内部的；二是，区分国际社会与国内社会的不同性质，即前者是无序的、无政府的（anarchy），后者是有序的、有政府的。

---

① Joseph S. Ney, *Understanding International Conflicts: An Introduction to Theory and History* (New York: Pearson Longman, 2009), Seventh Edition, 7th ed. pp. 257 – 260.

② 中国社会科学陆军语言研究所词典编辑室：《现代汉语词典》，商务印书馆，1978，第 1624 页。

③ "[A] Particular sphere or aspect of a sociopolitical system … a regular or harmonious arrangement," in *Wester's New Collegiate Dictionary* (Springfield, Massachusetts: G. & C. Merriam Company, 1977), p. 807.

④ "A Condition in Which Each Thing is Properly Disposed with Reference to Other Things and to Its Purpose; Methodical or Harmonious Arrangement," in *Dictionary.com*, http://dictionary.reference.com/browse/order.

依据上述有关国际秩序的讨论及语义分析，我们可将国际秩序定义为"国际体系中的国家依据国际规范采取非暴力方式处理冲突的状态"。这个定义与布尔的定义不同。布尔将国际秩序定义为"维持国家社会或国际社会的基本或主要目标的行为模式"①。本书的定义虽然比布尔的定义多了几个字，但内涵清晰和丰富了许多。

第一，该定义明确了国际秩序的本质是无军事暴力行为，而布尔的定义中没有明确这一点。明确不使用暴力，可以为人们判断一个时期有无国际秩序提供最基本的标准。依据布尔的定义，维持社会目标的战争也是符合秩序的行为模式，这就导致我们无法依据战争与和平的状态来判断国际秩序的有无。

第二，本书的定义把依据规范视为秩序形成的核心条件，这可以解释为什么在具有相同社会目的的条件下，有时有秩序，有时却无秩序；而布尔将维护社会目标作为秩序形成的核心条件则缺乏这种解释力。例如，国际联盟和联合国都是以维护和平为目标的，但前者未能建立起国际秩序，而且还发生了第二次世界大战；而后者则建立起一个战争规模和频率都相对下降的国际秩序，其原因在于国际联盟的规范得不到遵守，而联合国的规范可在一定程度上得到遵守。以遵守规范作为秩序形成的必要条件，也适用于解释中国古代社会的国家间秩序。在中国古代的华夏体系内，西周时期国家间战争相对较少，其国际体系是有一定秩序的；而战国时期国家间战争大幅增加，其国际体系则是完全无序的。这是因为西周时期的诸侯国遵守当时的规范，而战国时期的诸侯国不再遵守以往的规范了。以遵守规范为核心的定义还有另外一个优点，即将违反国际规范的非军事行为也排除在国际秩序的定义之外，这使所有破坏国际秩序的行为都被视为无序的标志，

① Hedley Bull, *The Anarchical Society: A Study of Order in World Politics* (Beijing: Peking University Press, 2007), p. 8.

无论这种行为是军事的还是非军事的。

第三，本书将国际秩序定义为"状态"，使国际秩序的内涵与形式融为一体；而布尔的定义将国际秩序定义为"模式"（pattern），只表达了国际秩序的形式而缺乏内涵。国际秩序是内涵与形式合为一体的概念。"状态"一词包括了形式和内涵两个方面，而"模式"一词则主要是指形式，缺少对内涵的表达。故此，状态比模式更能完整地表达国际秩序这一概念。将国际秩序定义为状态还可避免与国际格局混淆。中文版的《无序社会：世界政治秩序研究》，将布尔的定义译为"追求国家社会或国际社会的基本或主要目标的行为格局"[①]。本来中国学界对于国际秩序和国际格局两个概念就缺乏严格的区分，在未阅读原文的情况下，这个译文很容易使读者误将国际秩序和国际格局视为同一概念。

（三）国际秩序的构成要素

根据国家依据国际规范行为的状态，找到国家依据国际规范行为的最低充分条件，就能分解出国际秩序的构成要素。第一，要有国际规范，否则也就没有国家可以依据的行为标准了。第二，要有指导国际规范制定的主导价值观，否则也就失去了制定国际规范的方向了。当国际规范不符合主导价值观时，绝大多数国家就会不遵守它。第三，要有约束国家遵守国际规范的制度安排，如果违反国际规范的行为得不到惩罚，规范也就失去了效力。上述三个必要条件构成了维持国际秩序的最低充分条件，因此我们可以将判断和规范正义性的主导价值观、国际规范和维护规范的制度安排，确立为国际秩序的构成要素。

决定国际规范制定方向的价值观和维护国际规范的制度安排，是两个经常引起争论的要素，在此需要阐述它们在国际秩序中的作用。在既

---

① 〔英〕赫德利·布尔：《无序社会：世界政治秩序研究》，张小明译，世界知识出版社，2003，第9页。

定的时空内，世界主导国的价值观通常是制定国际规范的原则，因此当世界主导国的价值观发生变化时，国际规范就会发生相应的变化。二战之后，美苏两个霸权国取代欧洲的强权国成了世界主导国，随之建立了以《联合国宪章》为规范的国际秩序。① 然而，主导国的价值观很难得到所有国家的认同，持不同价值观的国家不愿接受主导国倡导的国际规范，而主张建立与之不同的国际规范。例如，对现行国际秩序不满意的伊朗总统哈桑·鲁哈尼（Hassan Rouhani）在第 70 届联合国大会发言时说："我想提倡一个新的、建设性的方法来建立国际秩序。这个秩序建立在相互尊重、不干涉他国内政以及联合国成员持续合作与共处的基础上。"②

国际制度安排包括了两个紧密相关的内容，即国际机构的设置和权力分配。国际机构设置的过程通常也是权力分配的过程，其结果体现为一种均势。例如，在建立联合国的同时，还规定了美、苏、英、中、法五国为安理会常任理事国并拥有否决权。③ 在国家实力发展不平衡规律的作用下，大国实力对比的改变自然会产生重新分配国际权力的需求。虽然实力衰败的国家不愿放弃手中的权力，但实力上升的国家要求增加自己的国际权力。例如，2010 年以来，中国要求提高本国在国际货币基金组织（IMF）中的投票权比重，而美国国会不批准 IMF 的改革方案。④ 在此我们还需要明确建立国际新秩序与进行全球治理的区别，前者是国际权力分配问题，后者是国际责任分担问

---

① Yan Xuetong, "International Leadership and Norm Evolution", *Chinese Journal of International Politics*, Vol. 4, No. 3, 2011, pp. 53 – 258.

② Hassan Rouhani, "Statement by H. E. Dr. Hassan Rouhani, President of the Islamic Republic of Iran", the General Debate of the General Assembly of the United Nations, New York, 28 September 2015, p. 4.

③ 李铁城：《联合国的历程》，北京语言学院出版社，1993，第 654 ~ 655 页。

④ 王正润、梁君茜：《楼继伟：世行投票权要如实反映各国在世界经济中权重》，中华人民共和国中央人民政府门户网站，2015 年 10 月 12 日，http://www.gov.cn/xinwen/2015 – 10/12/content_2945143.htm；宋宇：《IMF 总裁称支持亚投行理所当然批美国不改革》，《参考消息》，2015 年 4 月 11 日，http://www.cankaoxiaoxi.com/finance/20150411/738137.shtml。

题。中国对国际制度安排的本质是权力分配这一点认识得非常清楚。习近平说："推进全球治理体制变革已是大势所趋，这不仅事关应对各种全球性挑战，而且事关给国际秩序和国际体系定规则、定方向；不仅事关对发展制高点的争夺，而且事关各国在国际秩序和国际体系长远制度性安排中的地位和作用。"①

再比较一下国际秩序和国际体系两者构成要素的异同，我们就能更清楚地认识两者的关系。国际体系的构成要素是国际行为体、国际格局和国际规范。② 因为国际规范同时是国际秩序和国际体系的构成要素（见图1-2），所以误将国际秩序和国际体系视为同物的现象就在所难免。有人认为"'体系'更真实、更具体、更强调权力及其作用……而'秩序'较虚、较口语化，较'形而上'"③。

国际体系是个客观存在，其存在及形态与人的主观意识无关，而国际秩序则是依据人的主观价值界定的事物。从图1-2中我们可以观察到，国际秩序构成要素中的价值观是个主观因素，而国际体系的构成要素都是客观的存在。由于国际体系是个客观存在，故此没有国际体系观之争的问题。然而，价值观这个主观因素则会经常地引起国际秩序观之争。在联合国第70届大会上，挪威总理埃尔娜·索尔贝格（Erna Solberg）认为二战后的国际秩序是有很大进步意义的，他说："所有国家得益于权力超越实力的全球法律秩序。1945年建立的世界新秩序的一个最重要原则是尊重国际承认的边界。"④而厄立特里亚外长奥斯曼萨利赫（Osman Saleh）则认为联合国的秩序一无是处，他说："联合国组织本身所反映的就是一个不公平、不平等和不民主

① 《推动全球治理体制更加公正更加合理，为我国发展和世界和平创造有利条件》，《人民日报》2015年10月14日，第1版。

② 阎学通、杨原：《国际关系分析》，北京大学出版社，2013，第36页。

③ 林利民：《如何认识国际秩序（体系）及其转型?》，《现代国际关系》2014年第7期，第43页。

④ Erna Solberg，"Statement by H. E. Ms. Erna Solberg, Prime Minister of Norway", The Seventieth Session of the United National General Assembly, New York，30 September 2015, p. 2.

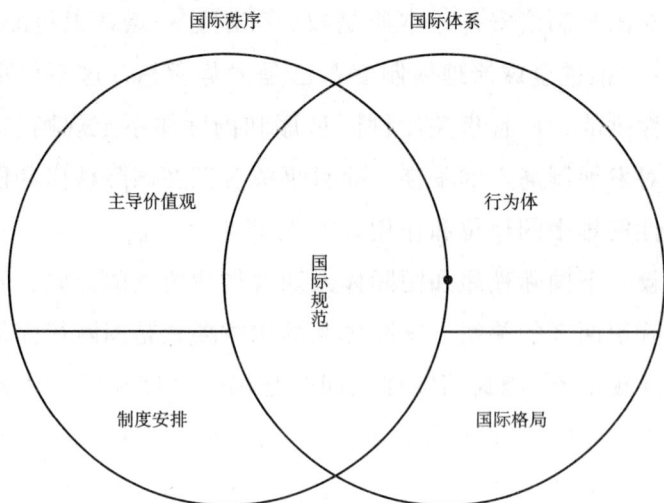

图 1-2　国际秩序与国际体系的构成要素区别

的全球秩序。联合国广大成员被边缘化，本应拥有最大权力的联大会议被剥夺了权力和影响，而少数中的少数却主导了权力和决策。"①

国际秩序要素中的制度安排，是以国际体系构成要素中的国际格局为基础的，可谓上层建筑与实力基础的关系。国际制度安排具有一定的稳定性，而实力的不平衡发展规律却决定了国际格局具有较强的变化性，于是国际制度安排的稳定性和国际格局的变化性形成内在矛盾。这个矛盾是导致国际秩序中权力之争的主要原因。权力之争就包括了国际规范的制定权之争。2015 年 10 月，在 TPP 的 12 个成员的部长级谈判达成协议后，奥巴马在接受采访时明确地说，建立 TPP 的原因之一是"我们不能让中国这样的国家制定全球经济规则"②。

①　Osman Saleh , "Statement by N. E. Mr. Osman Saleh, Minister of Foreign Affair of the State of Eritrea", The Seventieth Session of the United National General Assembly, New York , 3 October 2015, pp. 1 - 2.

②　《12 国 TPP 协定！奥巴马：不能让中国制定全球经济规则》，凤凰网，2015 年 10 月 6 日，http://finance.ifeng.com/a/20151006/14005778_0.shtml。

制度安排与国际规范的区别在于，前者是包括了规则制定权在内的权力分配，后者则是在权力分配的基础上制定出来的行为规则。与现实主义者不同，自由主义学者经常把制度安排的分析重点落在国际规范上，而不愿讨论制度安排中的权力分配问题。克莱斯勒认为，有关国际制度的著作几乎都不注意权力，而事实上是权力决定了谁参加国际博弈、制定什么样的博弈规则，以及是否改变规则的结果。[①] 区分制度安排与国际规范，有助于明确国家之间争夺的是国际规则制定权，而不是规则本身，规则不过是权力争夺后的产物。不对制度安排和国际规范进行区分，也是导致对国际秩序认识混乱的原因之一。

三 当前国际秩序的基本特征

已知主导价值观、国际规范和制度安排是国际秩序的构成要素，本节将通过描述当前国际秩序的这三个要素的现状来分析当前国际秩序的基本特征。

（一）西方价值观的主导地位

西方现代价值观中的自由、平等、民主是制定当前国际规范的主导性原则。冷战时期共产主义的价值观曾与西方的价值观进行过抗衡，但冷战结束后，西方的价值观在国际社会长期占据主导地位。虽然儒家文明、伊斯兰文明、佛教文明等传统价值观在一些发展中国家的社会影响力大于西方文明，但它们对于国际规范制定的影响力都无法与西方现代价值观相比。《联合国宪章》被认为是当前国际秩序的基础，而这个宪章体现的基本上是美国在二战胜利时的价值观，因为

[①] 〔美〕史蒂芬·D.克莱斯勒：《全球通讯和国家权势：合作和制度选择及其效用》，载大卫·A.鲍德温《新现实主义和新自由主义》，肖欢容译，浙江人民出版社，2001，第238~239页。

美国通过二战获得了最大的国际规则制定权。

近年来,西方价值观开始受到国际社会的质疑。2003 年,美国不顾国际社会的普遍反对发动了伊拉克战争,从而使美国的国际战略信誉大幅下降。2008 年的国际金融危机,暴露出美国金融机构的欺骗行为和美国政府对金融机构的监管不力,这使美国的国际经济信誉下降。与此同时,中国的国际地位和影响力快速上升,这使国际社会开始关注以什么价值观指导建设国际新秩序的问题。在肯定和平、发展、公平、正义、民主、自由是全人类共同价值观的同时,中国政府还提出了互商互谅、多边主义、共建共享、包容互惠、和而不同等建立国际新秩序的价值观。[1] 不过这些新价值观目前还未获得国际主导地位。

(二)双重标准的国际规范

当前国际规范的特点是执行西方中心主义的双重标准。冷战时期,美国和苏联是世界主导国,且都是霸权国,因此由它们制定的国际规范带有双重标准特点。这种双重标准表现为对盟友采取道义原则,即以非武力的方式解决冲突;对非盟友国家则采取实力原则,即以直接战争或代理人战争的方式解决冲突。[2] 冷战后,美国获得了制定国际规则的独家主导权,于是国际规范开始向西方中心主义的双重标准演化,即以西方的民主标准判断国际行为的合法性,以西方的人权观为制定国际规范的原则,以西方的自由市场经济原则指导国际经济规则的改革。冷战后的国际刑事审判案例充分体现了这种双重标准,国际刑事法院所判决的犯有反人类罪和战争罪的政治人物都是发展中国家的领导人,而没有曾经发动过战争的西方国家的领导人。南非和其他一些非洲国家对此非常不满,它们认为国际刑事法院的判决只针对非洲国家

---

① 习近平:《携手构建合作共赢新伙伴,同心打造人类命运共同体》,《人民日报》2015 年 9 月 29 日,第 2 版。

② 阎学通:《国际领导与国际规范的演化》,《国际政治科学》2011 年第 1 期,第 24 页。

的领导人，而无视美国和以色列等国领导人的违规行为，南非因此考虑要退出国际刑事法院。[①]

在双边关系方面，西方国家对西方国家和非西方国家采取双重标准的政策。自 20 世纪 90 年代末以来，这一点集中体现在对分离主义和恐怖主义的政策上。西方国家相互不支持对方国内的分离主义，却支持非西方国家内部的分离主义；反对危害西方国家的恐怖主义，但支持不危害西方国家的恐怖主义。例如，为了支持科索沃从南斯拉夫独立，1999 年北约发动了科索沃战争[②]，但 2014 年英国的苏格兰寻求独立时，西方国家则无一表示支持。在反恐方面，西方国家反对"基地"组织和"伊斯兰国"（ISIS），却支持利比亚和叙利亚的反政府武装。2015 年俄罗斯对叙利亚境内的恐怖主义力量进行突袭，美国批评俄罗斯不区分温和的反政府武装和"伊斯兰国"武装。[③] 西方中心主义的双重标准使美国的一些非西方盟友失去了美国的保护。如 2011 年埃及国内发生动乱，美国采取了支持反政府力量推翻其传统盟友穆巴拉克政府的政策。[④]

（三）西方主导的国际制度安排

当前的国际制度安排可分为全球性和区域性两个层次。全球性的制度安排和西方国家参加的区域性机构多数是由西方国家主导的，非西方国家参加的区域制度安排多数由地区大国主导。由于美国具有绝对超强的实力，在绝大多数全球性机构中，美国都拥有最大的影响力。欧洲国家在 IMF 中的投票权之和大于美国，但这是一种集体权力而非

---

① 徐曼：《南非计划退出国际刑事法院》，《参考消息》2015 年 10 月 13 日，第 3 版。
② 《世界知识年鉴 2000/2001》，世界知识出版社，2000，第 3 页。
③ 俄突袭伊国组织，美称目标是叙叛军》，联合早报网，2015 年 10 月 2 日，http：//www.zaobao.com/special/report/politic/attack/story20151002 - 532945。
④ 《世界知识年鉴 2012/2013》，世界知识出版社，2013，第 261、265 页。

由单一国家掌握和运用的权力。在地区性国际机构中，由西方国家组成的北约和欧盟的国际影响力超越了欧洲地区；而在由发展中国家组成的区域组织中，除石油输出国组织外，其他组织的影响力基本上都局限于本区域之内，如东南亚联盟、非洲联盟、阿拉伯联盟、拉美和加勒比国家共同体、上海合作组织、欧亚同盟、南亚区域经济合作联盟等。

在多数全球性的国际论坛上，西方国家也经常占据主导地位。国际论坛是一种非机构化的制度安排，论坛成员的权力分配是动态的。一般来讲，主办国通常在议题安排上可拥有较多的权力。在同类国际论坛中，由西方国家主办的论坛其影响力明显大于由非西方国家主办的论坛。例如，G7峰会的影响力大于金砖国家峰会，达沃斯世界经济论坛的影响力大于博鳌亚洲论坛，香格里拉对话的影响力大于香山论坛。在西方和非西方国家轮流主办的国际论坛中，除中国之外，西方国家主办的论坛其影响力也大于非西方国家主办论坛的影响力，如亚太经济合作组织、东亚峰会、二十国集团峰会等。西方国家能在国际论坛中经常占据主导地位，其主要原因也是代表西方的美国具有绝对超强的实力。

（四）当前国际秩序的合理性

虽然很多国家对于当前的国际秩序不满，但现有国际秩序是1648年《威斯特伐利亚和约》以来最为和平的。国际体系的本质是无序，因此有无国际秩序的最根本标志，是战争的多寡及战争致死人数的多少。根据斯蒂芬·平克（Steven Pinker）的研究，目前因战争死亡的人数占人类死亡总数的比率是17世纪以来最低的。17世纪为2%，20世纪前50年为3%，但加上后半叶，则20世纪的战争死亡率低于1%。[①] 平克提供的大国战争时长和大国战争死亡人数曲线图，显示目前是国际战争最少的时期（见图1-3、图1-4）。自20世纪80年代以来，大国间没发生过直接

---

① 〔美〕斯蒂芬·平克：《人性中的善良天使》，安雯译，中信出版社，2015，第67页。

的战争。进入 21 世纪后，战争致死的人数明显下降，特别是 2001 年的阿富汗战争之后，还产生了"零伤亡战争"的概念。①

图 1 - 3 1500~2000 年大国参与的战争的时间长度

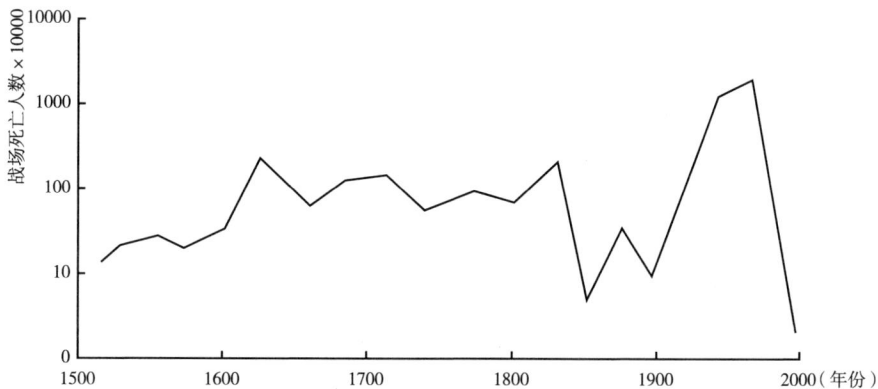

图 1 - 4 1500~2000 年大国战争的死亡人数

资料来源：图 1 - 3 和图 1 - 4 来源于斯蒂芬·平克《人性中的善良天使》，安雯译，中信出版社，2015，第 1 版，第 268 页。原书注明这两个图是"莱维制图，1983 年；最后一个单元的数据来自国家间战争相关资料数据库，1816~1997 年，萨尔吉斯，2000 年；1997~1999 年的数据，奥斯陆国际和平研究所战斗死亡数据，1946~2008 年，拉齐纳和格莱迪奇，2005 年。数据为每1/4世纪统计数的加总"。

① 李永：《零伤亡战争》，中国工人出版社，2003。

在当前的国际政治秩序下，任何国家的领土主权不容侵犯。但在20世纪前半叶，军事吞并或入侵他国是常见的现象，后半叶则是国家不断分裂的时期。其具体表现为联合国会员国数量不断增加，1945年，联合国会员国为 51 个，1994 年为 184 个①，49 年里增加了 133个，截至 2015 年会员国只增加了 9 个，总数为 193 个②。进入 21 世纪以来，以武力改变领土边界的事件已成为鲜有事件，而且引发此类事件的人或国家会遭到国际社会的谴责。

当前的国际经济秩序促进了国际经济合作的快速发展。在冷战后全球化和市场化两大潮流的推动下，许多国家开始实行对外开放的经济政策。人、财、物是经济的三个主要构成要素。目前，国际贸易、国际投资和跨国劳动力三者都呈现增长之势，而且规模达到了历史上从未有过的水平。例如，世界贸易总额从 2000 年的 6.18 万亿美元增至 2014 年的 37.9 万亿美元。③ 全球国际直接投资总额从 1999 年的8270 亿美元增长到 2013 年的 1.45 万亿美元。④ 再如，国际移民组织的《2003 年全球移民报告》称，1990 年全球有 1.2 亿人长期生活在自己国家以外的地方，2002 年超过 1.5 亿人。⑤ 联合国 2013 年的世

---

① 《世界知识年鉴 1993/94》，世界知识出版社，1994，第 758 页。

② Alexandra Pierard, *United Nations Handbook 2015 - 16* (Wellington：The Foreign Ministry of Foreign Affairs and Trade, 2015)，p. 12.

③ 《2000 ~ 2012 年国际贸易额和中国对外贸易额》，http：//wenku. baidu. com/link？url = JeM4FkIJNTJqu9ileHExzqMbRL7JCef7QPKGqKYkoNG1us0OyPvWNyAhAb7EF0vtJHukHiQhjOVH gERjb1ARbZAINV2_ IV71rLn47SATZFC；《2014 年世界货物贸易排名表》，来源于世界贸易组织，http：//www. 360doc. com/content/15/0505/09/502486_ 468154394. shtml。

④ 赦红梅：《国际直接投资的现状、前景及主要国别分析》，《国际经济合作》2000 年第 6期，第 49 页；《中国 2014 年有可能成为全球外国直接投资（FDI）排行首位》，优财官方网站，2014 年 6 月 25 日，http：//www. ucai123. com/web – infosmain – show – 38017. html。

⑤ 《2003 年全球移民报告》，2014 年 9 月 15 日，http：//zhid + ao. baidu. com/link？url = 9WVn6ELKt6yuVHM7xmuLzB5ceSzaZhbHn5jKzXgDuyG51aQI8dotbVqkLW7oG5PU70XZDeXOVc 4JkgexGJKqaveS3AX22WdogxA0vtCNft。

界移民报告称，2013 年全球已有 2.32 亿移民，占世界人口的 3.2%。①

（五）当前国际秩序的不合理之处

虽然现行国际秩序是以往几百年中最好的，但仍有很多不合理之处。当前国际秩序不合理的核心问题，是以西方的价值观作为判断国际秩序优劣的唯一标准，未能兼顾世界上多种文明、多种价值观同时存在的客观现实。西方中心主义的双重标准规范不但缺乏足够的正义性，而且是当前国际秩序不稳定的重要原因之一。

首先，西方中心主义的价值观，阻碍了国际社会建立依据实力变化调节国际权力的机制，致使国际权力分配与国际格局的不对称性加深，从而导致冲突加剧。由西方中心主义主导的制度安排，使西方国家拥有超过其实际能力的国际权力，而非西方国家拥有的国际权力则与其实力远远不匹配。在联合国中，发达国家占成员国总数的比例不到 1/3，却拥有安理会常任理事国 3/5 的席位，因此改革安理会的呼声很高。

其次，西方国家为推行其价值标准，导致中东地区的安全秩序陷入混乱。例如，针对 2011 年以来"阿拉伯之春"运动在中东引起的政治动乱，西方采取了支持反政府力量的政策，导致该地区的政治冲突升级为战争，且持续不断向邻国扩散。一些美国学者已经开始反思美国在中东推行西方民主政策的弊端。美国原驻以色列大使因迪克（Martin S. Indyk）认为，"9·11"事件后，美国推动伊拉克政权更迭并采取放任政策，导致中东地区的秩序遭到破坏，国家管制失效，"伊斯兰国"乘机兴起。②

---

① 《解读 2013 世界移民报告：中国移民美国人数最多》，2014 年 4 月 29 日，http：//www. xixik. com/content/7dbd4e7c31442320。

② 陈聪：《"伊斯兰国"坐大背后的大国博弈》，新华网，2015 年 5 月 27 日，http：//news. xinhuanet. com/mrdx/2015 - 05/27/c_ 134274407. htm。

最后，以西方自由市场原则为唯一标准，使世界经济缺乏有效的监督机制，无法防范经济危机的发生。1997 年的亚洲金融危机和2008 年的世界金融危机已经表明，现行国际经济秩序是缺乏稳定性的，无力保障全球的可持续发展。

四　未来十年国际秩序的发展趋势

为提高预测的可靠性，本节的分析遵循三个原则：一是预测时间限定于十年之内，以防止时间过长而超越作者的专业知识能力；二是分别判断国际秩序三个构成要素的变化趋势，以避免预测不具体而无法检验；三是以上一节分析的当前国际秩序特点为起点，以防脱离实际情况。例如，有人认为，"战后东亚地区秩序正面临前所未有的严峻挑战"[①]。实际上在以往的几千年中，东亚发生过众多战争，在近代又经历了两次世界大战。而认为东亚目前面临着比世界大战还严重的安全威胁，这种想法恐怕与现实情况不符。

（一）西方价值观合法性的弱化

在西方阵营赢得冷战之后，多数国家认为，有关民主政治和自由市场经济的信仰成为不可争论的正确价值观。凡实行民选制度与市场经济的政权，其合法性可不证自明，反之则无合法性。近年来，由于西方国家从 2008 年的经济危机中恢复乏力、中国经济快速发展和许多发展中国家陷入政治混乱，这些客观事实使国际社会开始重新思考西方价值观的绝对正确性，即重新审视民主制度与政府效率之间的矛盾，以及市场作用在经济发展中的局限性。

一方面，西方政学两界开始批评民主体制的低效率。2014 年底，

---

① 白续辉：《中俄在日本海军演"锚定"东亚稳定》，《国际先驱导报》2015 年 8 月 21 ~ 27 日，第 17 版。

英国前首相布莱尔（Tony Blair）在美国《纽约时报》上发表《民主已死?》的文章，批评西方民主制度削弱了政府的治理效率。他说，"民主让我们过于自负。民主仍然是我们选择的制度——是自由者自由选择的结果。但民主制度遭到了挑战，我称之为'功效'挑战：民主的价值是正确的，但民主制度往往无法兑现这些价值"。[①] 冷战结束之初，美国学者福山（Francis Fukuyama）出版了《历史的终结与最后的人》一书，声称西方民主取得了终极胜利。然而 2014 年他在《国家利益》杂志上发文，批评美国的民主制度。他说："由于传统制衡制度根深蒂固且越来越僵化，美国政治制度就走向了衰败。"[②] 他甚至说："美国政府再次彻底世袭化了。在这一点上，美国和汉代晚期的中国政府，或被奥斯曼帝国打败的马穆鲁克政体，或旧政体下的法国政府没有什么不同。"[③]

另一方面，政府不应干预市场经济的原则受到质疑。克林顿总统（William Jefferson Clinton）时期的美国财长、经济学家萨默斯（Lawrence Henry Summers）于 2015 年在美国《华盛顿邮报》网站发文说："我们处在一个新的宏观时代，在这个时代里，通缩的风险大于通胀，我们不能依赖市场经济的自我修复功能……历史告诉我们，市场是缺乏效率的，经常误判经济的基本面。"[④] 中国快速克服 2008 年经济危机冲击的能力与西方国家长期无法摆脱危机的政府能力形成

---

① Tony Blair, "Is Democracy Dead? Tony Blair: For True Democracy, the Right to Vote Is Not Enough", *New York Time*, December 4, 2015, http://www.nytimes.com/2014/12/04/opinion/tony – blair – is – democracy – dead. html? _ r = 0.

② 〔美〕弗朗西斯·福山：《美国政治制度的衰败》，宋阳旻译，《国外理论动态》2014 年第 9 期，第 15 页。

③ 马穆鲁克曾是中世纪服务于阿拉伯哈里发的奴隶兵，主要效命于埃及的阿尤布王朝。随着哈里发的式微和阿尤布王朝的解体，他们成为强大的军事集团，建立了布尔吉王朝，统治埃及两个多世纪（1250～1517 年）。同上，第 10 页。

④ Lawrence Henry Summers, "The Global Economy is in Serious Danger", *The Washington Post*, Oct. 7, 2015, https://www.washingtonpost.com/opinions/the – global – economy – is – in – serious – danger/2015/10/07/85e81666 – 6c5d – 11e5 – b31c – d80d62b53e28_ story. html.

了对比。2008 年金融危机发生后，国际社会批评美国政府没有承担起对金融行业的监管职责。在国际社会的谴责下，美国政府加强了对金融行业的监管，奥巴马于 2010 年 7 月 21 日签署金融监管改革法案，使之成为法律，开始了大规模的金融监管改革。① 由于改革所取得的效果不明显，2011 年标准普尔将美国的信用评级从 AAA 降至 AA +。②

（二）国际规范的实践变化

虽然西方中心主义的双重标准仍是当前国际规范的基本特征，但在有些领域，国际规范的实践出现了变化迹象。引发这一变化的原因是多方面的，其中较为主要的是西方反恐战略的结果是越反越恐，并导致美国的实力地位出现相对衰落，发展中国家的地区组织在地区安全事务中的作用上升，以及发展中国家在全球事务上的影响力增大。

其一，人权高于主权的规范在弱化。冷战结束后的民主化大潮，曾使人权高于主权的规范占有绝对优势。2013 年"伊斯兰国"坐大后，不仅非西方国家将此归咎于美国发动的伊拉克战争，而且西方媒体也开始批评美国以人权为由发动战争的政策。《华盛顿邮报》网站刊文说"美国的酷刑导致了'伊斯兰国'的崛起"；日本《外交学者》刊文称："制造出'伊斯兰国'的不是伊朗，西方及其盟友应该照照镜子。2003 年美国率领其他国家入侵伊拉克带来一场战略灾难。"③ 人权高于主权这一规范弱化的现象还表现为西方国家政府为了应对恐怖主义威胁，重新将主权置于人权之上。为了阻止叙利亚难

---

① 黄珂:《奥巴马签署大萧条以来最严厉的金融改革法案》，中国新闻网，2010 年 7 月 22 日，http: //business. sohu. com/20100722/n273674792. shtml。

② 颜茜: 《标普将美国主权信用评级降至 AA +》，新浪网，2011 年 8 月 6 日，http: // finance. sina. com. cn/world/gjjj/20110806/083910272918. shtml。

③ 张力、蓝雅歌、青木:《外媒反思 IS 成魔之路，伊拉克战争带来战略灾难》，环球网，2015 年 2 月 5 日，http: //mil. huanqiu. com/world/2015 – 02/5601312. html。

民入境，2015 年欧盟国家竟然违反《申根协定》成员国公民可以自由流动的规则封锁边境。[①] 为了防止中东难民进入美国带来新的恐怖威胁，2015 年 11 月美国国会通过决议，限制美国政府接受伊拉克和叙利亚难民。[②] 这使奥巴马在当年 9 月刚做出的一年内接收 1 万名叙利亚难民的国际承诺成为空头支票。[③]

其二，发展中国家开始践行对区域组织成员国进行干涉的规范。不干涉别国内政的规范具有防止强国干涉弱国内政的作用，这一规范曾得到发展中国家的长期支持。然而，随着美国在各地区主导地位的下降，发展中国家组成的地区组织在地区事务中的作用上升，发展中国家开始实行由地区组织对其成员进行干涉的规范。例如，2011 年 12 月，有 33 个成员的拉美和加勒比国家共同体通过条约，规定成员国有义务对发生军事政变的国家进行干涉。2012 年 2 月，有 22 个成员国的阿拉伯国家联盟发表声明，呼吁联合国安理会组织多国部队干涉叙利亚内战，停止阿盟成员国与叙政府的外交合作，对叙进行经济制裁，与叙反对派进行沟通。[④] 2012 年 6 月，有 54 个成员国的非洲联盟决议介入马里危机，要求解散军人组建的"民主复兴和国家重建全国委员会"，并讨论由联合国安理会军事干涉马里的事宜。[⑤] 2015 年 12 月，沙特发起了由 34 个伊斯兰国家组成的"伊斯兰军事联盟"。沙特官方发表声明称，该联盟"有义务保护伊斯兰国家免受

---

① 《美媒：难民潮挑战"无国界"，欧洲多国管控边境》，中国新闻网，2015 年 9 月 16 日，http://www.chinanews.com/gj/2015/09 – 16/7527496.shtml。

② Francine Keifer, "House Defies Obama on Syrian Refugees, as Larger Threat Emerges," *The Christian Science Monitor*, November 19, 2015, http://www.csmonitor.com/USA/Politics/2015/1119/House – defies – Obama – on – Syrian – refugees – as – larger – threat – emerges.

③ 朱丽：《美半数州拒收叙难民》，《参考消息》2015 年 11 月 18 日，第 8 版。

④ 黄尹甲子：《叙利亚认为阿盟声明干涉叙利亚内政》，新华网，2012 年 2 月 13 日，http://news.xinhuanet.com/world/2012 – 02/13/c_122696403.html。

⑤ 吴昌荣：《非盟要求解散马里政变军人委员会》，新华网，2012 年 6 月 8 日，http://news.xinhuanet.com/world/2012 – 06/08/c_112157252.html。

所有恐怖团体和组织的危害，不管这些组织属于何种宗派以及名称是什么"①。该军事同盟的建立，意味着对伊斯兰国家的军事干涉将进一步增加。

其三，"共同但有区别的责任"的规范有适用于多个领域的迹象。"共同但有区别的责任"原本是主要针对气候变化问题的原则，是一种照顾弱者的反向的双重标准规范。主权平等原则在赋予中小国家与大国同等权力的同时，也要求所有国家承担相同的国际责任。冷战后的全球化发展产生了全球治理的问题，这不是对权力的分配而是对国际责任的分担。由于中小国家无力承担与大国相同的责任，所以"共同但有区别的责任"原则在越来越多的领域开始实施。这一提法始于20世纪80年代，进入21世纪以来，尽管2002年的《德里宣言》和2007年的《巴厘岛路线图》都确认过这一原则，但是多数大国真正实践这一原则是在2009年《哥本哈根协议》对其进行再确认之后。② 目前，这一规范开始用于建立自由贸易区。2010年建立的中国－东盟自贸区就是以中国单方面采取零关税为基础的；2015年美国与其他12个国家达成的TPP协议，也是以给发展中国家成员单方面照顾为条件的。

（三）调整国际制度安排的呼声

虽然现行国际秩序总体上有利于西方国家，但和发展中国家一样，西方国家对现行国际秩序也不满意。发展中国家要求改革现有的国际秩序，意在争取增加它们的国际权力；而发达国家则认为现有的国际秩序正在遭到破坏，需要重构国际秩序，以维护它们原有的权力。就连拥有最大国际权力的美国都对现行国际秩序不满，认为美国

① 魏昕烨：《沙特组建34国伊斯兰国家反恐联盟，覆盖亚洲多国》，环球网，2015年12月15日，http://world.huanqiu.com/exclusive/2015-12/8182584.html。

② 罗琪：《共同但有区别的责任》，中国网，2011年11月20日，http://www.china.com.cn/international/zhuanti/cop17/2011-11/20/content_23963283.html。

的权力正在被侵蚀，美国推行 TPP 和"跨大西洋贸易与投资伙伴协议"（TTIP）就是对 WTO 不满的结果。美国认为 WTO 已成为由中国主导的国际机构，因此想通过建设 TPP 和 TTIP 的方法摆脱 WTO 的制度安排，以维护美国制定全球贸易规则的权力。

改革现有国际机构的呼声和建设新国际机构的努力已经出现。在安全领域，日本、德国、印度、巴西组成"四国集团"，要求改革联合国安理会并成为常任理事国。2015 年 9 月它们发表联合声明说："四国将在截至 2016 年 9 月的本届联合国大会期间加大努力，推动安理会进行改革，并取得具体成果。"[①] 在经济金融领域，发展中国家开始建设有国际影响力的金融机构，如亚洲基础设施投资银行和金砖国家银行。金砖国家还要求修改 IMF 的投票权比重。[②] 中国要求将人民币纳入 IMF 特别提款权（SDR）货币篮子。2015 年 10 月，IMF 代表对中国官员透露，人民币可能很快就能进入 IMF 的 SDR 货币篮子。[③] 中国还支持东盟建立"区域全面经济伙伴"（RCEP）的计划，并提出了建立亚太自贸区的建议。[④]

地区组织的影响力有进一步上升的趋势。美国实力的相对衰落使其对世界各地区事务的影响力相对下降。2009 年以来的东亚海洋争端、2010 年以来的中东地区政治动荡、2011 年成立的排斥美国的拉美和加勒比国家共同体、2014 年以来的欧洲乌克兰危机，都与美国在这些地区的主导权弱化相关。美国在世界各地的主导能力正在下降，但并无任何域外大国填补权力真空，于是各地区国际组织的作用

---

① 吴倩：《日德印巴四国发表声明，力促安理会改革谋求入常》，中国新闻网，2015 年 9 月 28 日，http://finance.chinanews.com/gj/2015/09 − 28/7547371.shtml。
② 杨牧、赵艳萍：《巴西批判 IMF 表决制度》，人民网，2012 年 4 月 23 日，http://world.people.com.cn/GB/17720800.html。
③ 《IMF 强烈预示人民币有望"入篮"》，《参考消息》2015 年 10 月 25 日，第 4 版。
④ 余申芳：《金融时报：中国重拾建立亚太自贸区战略》，新华网，2014 年 5 月 19 日，http://news.xinhuanet.com/world/2014 − 05/19/c_ 126518190.html。

上升。例如，中东的阿盟、东亚的东亚峰会、南美的拉共体、非洲的非盟等，这些组织在其地区事务中的作用都明显增强。在很多地区安全问题上，联合国需要得到这些地区组织的同意才能够采取行动。

在不同领域和不同地区有关国际制度安排的变化趋势不同。由于不同领域和不同地区的主导国不同，因此每个地区或领域的制度安排发展趋势不同。在全球层面，军事领域的制度安排仍以美国为主导，但在经济领域则有中美主导地位日益接近的趋势。目前东亚一些国家采取的安全靠美国、经济靠中国的双轨逆向战略开始向欧洲地区扩散。①英国不顾美国的反对，带头加入中国发起的亚洲基础设施投资银行就是个例子。②在地区秩序层面，北美、欧洲和大洋洲的地区制度安排不会有大的变化，因为美国、德国和澳大利亚分别在这三个地区的主导地位呈现上升趋势。东亚由于中国崛起的速度加快，地区的制度安排将会发生较大变化。拉美地区的制度安排很大程度上受巴西实力的影响。中东地区的制度安排则将由沙特、伊朗、土耳其、埃及四国的博弈结果决定。非洲的地区制度安排基本可保持现状，不过南非在非洲的影响力呈下降趋势。

五　中国关于建立国际新秩序的建议

鉴于国际秩序由主导价值观、国际规范和制度安排三个要素构成，因此本节将从这三个方面提出中国建立国际新秩序的建议。

---

① Kristine Kwok, "Economy vs Defence: America's Allies Take a 'Dual Track' Diplomatic Approach as Chinese Clout Grows," *South China Morning Post*, 15 November, 2015, http://www.scmp.com/news/china/diplomacy-defence/article/1879160/economy-vs-defence-americas-allies-take-dual-track.

② 杨宁昱：《日美对英加入亚投行很不满，称是个别国家的决定》，《参考消息》2015 年 3 月 17 日，http://www.cankaoxiaoxi.com/finance/20150317/707057.shtml。

（一）公平、正义、文明的价值观

鉴于主导价值观是制定具体国际规范的原则和标准，因此中国需要在中国和世界绝大多数国家的价值观之间找到契合点，而且这种价值观还需要符合国际政治的发展趋势。

中国应提倡公平、正义、文明三者并列的普世道义观。建立更加公平、正义的国际秩序是中国的传统建议，可在此基础上增加"文明"这一普世价值。人类是从蒙昧走向文明的，而文明意味着不使用武力和依据相关规范解决冲突，因此以文明作为国际秩序的价值标准具有天然的进步性和道义性。公平、正义、文明是分别高于平等、民主、自由的三个普世价值。[1] 提倡前三者并不意味着要否定后三者，而是在其基础上进一步提高价值观的标准。公平、正义、文明价值观的天然道义性，使其容易得到具有不同文化、不同政治体制和不同发展水平国家的广泛接受。中国的实力地位越高，中华文明的世界影响力就越大，从而中国传统文明被视为国际规范指导原则的概率就越大。公平、正义、文明符合中国传统文化中的"仁""义""礼"，有利于中国在国内实践的价值观与向国际社会推广的价值观相一致。[2]

（二）义利兼顾的国际规范

在和平共处原则的基础上提倡相互包容。和平共处原则在发展中国家中有较大的共识，但在靠实力优势遏制敌手的发达国家中还缺乏认同。当前，西方价值观仍居于全球的主导地位，因此中国可考虑将"和平共处"与"相互包容"并提。相互包容不仅具有改变西方中心

---

[1] 阎学通：《世界权力的转移：政治领导与战略竞争》，北京大学出版社，2015，第91～97页。

[2] 阎学通：《世界权力的转移：政治领导与战略竞争》，北京大学出版社，2015，第98～99页。

主义价值观的作用，同时也有防范冲突升级和促进国际合作的作用。和平共处意为国家之间互不采取敌对行为，而相互包容则意为冲突发生后要避免其升级。此外，相互包容还为国际合作提供了基础，因为没有相互包容双方就没有妥协的余地，不妥协就无法进行合作，特别是无法开展预防性的安全合作。事实上，盟友间的合作也需要以相互包容为前提条件。例如，美英在伊拉克战争中的合作还需要英国包容美军对英军的误炸。[①]

在不干涉别国内政的基础上提倡政策的透明开放。随着全球化和信息化的发展，国家的内政和外交相互交融，难以区分。大国在其军事、金融、贸易、投资、移民等方面的决策虽为内政，但都有可能影响到他国的利益，于是提高本国政策的透明度和开放度，就成了符合时代特点的国际规范。美国要求中国提高国防政策的透明度，中国要求美国提高投资政策的透明度。中国的对外政策原则已经明确提出要"统筹国际和国内两个大局和我国外交全局"[②]。加之"一带一路"倡议的推进，在我国海外利益加快拓展的同时，各种风险也会随之上升。故此，提高一国相关政策的透明度和开放度的国际规范，也符合中国的战略需求。

提倡以区域为主和政经分离的规范。在两极化过程中，美国的相对衰落将伴随着许多地区的秩序发生混乱，而联合国又缺乏单独维护地区秩序的能力，故此中国可提出由区域组织主导、全球性组织协助处理地区事务的原则。这种原则符合当前中东、拉美、非洲等地区的国家自我主导地区事务的意愿。地区安全冲突与经济冲突常常相互关联，将两类冲突分开处理，有助于防止冲突全面化和升级，有助于降

---

① 唐华：《调查证实美军 2007 年在阿富汗曾误炸英军导致 3 人死亡》，国际在线，2010 年 4 月 21 日，http://gb.cri.cn/27824/2010/04/21/2805s2824574.htm。

② 钱彤：《为我国发展争取良好周边环境推动我国发展，更多惠及周边国家》，《人民日报》2013 年 10 月 26 日，第 1 版。

低冲突的复杂程度和增强合作的可能性。2015 年，在中日双方的政治对抗无法化解的情况下，中国与日本对双方关系的发展采取了政经分离的原则，两国领导人在中日韩三国峰会上见面，并恢复了双边经济合作。①

提倡依据实力变化调整制度安排的规范。国际秩序难以长期维持的一个重要原因是国际权力的分配不能随着大国的实力结构变化而及时进行调整。为此，需要建立根据国家实力变化调整国际权力分配的规范。这种建议虽然不利于实力相对衰落的美国，但有利于实力正在上升的地区大国，因此可以得到多数地区大国的支持。这种规范在客观上还有助于增强国际秩序的稳定性，因为它是对"共同但有区别的责任"规范的补充，即实力上升的国家在获得更多国际权力的同时，也要承担更多的国际责任。

（三）符合实力的国际制度安排

从地理范围上讲，国际制度安排有全球和地区两个层面，依据内容划分则有安全、政治、经济、社会等多个领域。中国虽是崛起大国，但实力与美国的差距还较大，因此针对不同领域的制度安排提出的建议，应符合中国在该领域的实力地位。

第一，建议安理会常任理事国的改革方案只增加发展中国家的代表，而不增加发达国家的代表。联合国安理会的改革是建立国际新秩序的核心问题，事关重大国际权力的再分配。鉴于约占联合国 1/4 成员的发达国家已经拥有安理会常任理事国 3/5 的席位，而占联合国成员 3/4 的发展中国家却只拥有安理会常任理事国 2/5 的席位，中国可建议不再增加发达国家的席位，而将发展中国家的席位从 2 席增至 6

① 吕鸿、万宇、陈尚文：《李克强出席第五届中日韩工商峰会并致辞》，人民网，2015 年 11 月 3 日，http://politics.people.com.cn/n/2015/1103/c1001-27769778.html。

席。新增代表国应分别从亚洲、拉美、非洲和中东四个地区各选出一名。这个方案虽然不利于日本和德国，但是有利于不愿由德国主导欧洲的俄罗斯、法国、英国和拥有地区主导地位的印度、巴西、南非等地区大国。这个建议既体现了我国代表发展中国家利益的立场，又可以得到绝大多数国家的支持。

第二，建议将防止冲突升级的机制制度化。一方面，世界上许多地区没有地区安全机构，或者安全机构无力防止地区冲突的发生，这些地区的安全秩序在很大程度上是靠均势来维持的。例如，自1953年朝鲜战争结束后，虽然朝韩小规模军事冲突不断发生，但几十年来没有引发战争。但另一方面，以均势为基础的秩序是无法防止冲突发生的，因此，防止冲突升级具有特别的重要意义。例如，2015年8月20日朝韩相互炮击后，朝鲜宣布从21日17时进入"全面武装的战时状态"，韩国宣布启动40年未用的韩美联合作战体系。[1] 就在国际媒体报道朝鲜半岛战争危险迫在眉睫之时，次日朝韩双方在板门店进行了部长级会谈，战争危险随之烟消云散。[2] 当前，在全球各种安全冲突不断发生的情况下，防范冲突升级比防止冲突发生更为迫切，这个建议具有全球适用性。

第三，提倡建立由大国主导的东亚地区安全机制。在未来十年里，东亚有可能取代欧洲成为世界中心。[3] 然而，由于东亚地区的军事大国未能主导地区安全合作，该地区虽有多个安全机制，却无法维护地区秩序稳定。东盟主导地区安全机制的"小马拉大车"的做法已难以为继。东亚地区安全机制建设以量代质的策略并不能提高地区秩序的稳定性。例如，东盟峰会的成员国不断增加，但东亚实质性的安全合作开展不起来。鉴于东亚地区的两极化发展加快，中国可建议

---

① 周之然等：《朝韩命令军队"准备战争"》，《环球时报》2015年8月22日，第1版。
② 《朝韩举行高层对话缓和局势》，《参考消息》2015年8月23日，第2版
③ 阎学通：《历史的惯性：未来十年的中国与世界》，中信出版社，2013，第46～63页。

成立地区大国安全机制，待该机制发展成熟后再向亚太地区的其他国家开放。

管子曾说："天下者，无常乱，无常治。不善人在则乱，善人在则治。"[①] 这给我们两点启示。一是关于建立国际秩序的问题久已有之而非新课题。从古至今，人们都在研究建立国际秩序的问题，这说明国际秩序具有永恒的研究价值。二是管子将社会秩序的有无归于人治理得好坏，符合我们的认识，即国际秩序是由人建立的，而非自然形成的。作为崛起大国，中国正在成为建设国际秩序的主要力量，因此中国学者应对国际秩序的研究做出更多贡献。

---

① 《管子·小称第三十二》。

等级视角下的美国单极体系走向

孙学峰　刘若楠　欧阳筱萌

1991 年底苏联解体，美国成为国际体系中唯一的超级大国，其实力优势在近现代历史上都十分罕见。美国实力优势的突出特点是综合性，即体现在军事、政治、经济、文化和技术等各个方面。换言之，在个别领域某些国家可能具备与美国竞争的实力，但美国在综合实力上的绝对优势无人能及。[1]为此，20 世纪 90 年代初就有学者提出美国单极体系已初步浮现的观点。[2]

突然出现的美国单极体系极大地影响了国际关系学界的研究议程。20 多年来，就美国单极体系的发展趋势，国际关系学界先后围绕体系制衡能否重现、如何制约美国实力优势以及美国自由霸权秩序能否延续展开了三波争论，并催生了一批具有理论意义的学术成果。不过，这些学术争论和冷战后国际关系的实践表明，以近代至冷战时期欧洲经验为基础的国际关系理论已难以充分解释美国单极体系的发展趋势。为此，本

---

[1] G. John Ikenberry, Michael Mastanduno, William C. Wohlforth: "Introduction: Unipolarity, State behavior, and Systematic Consequences", *World Politics*, Vol. 61, No. 1, 2009, p. 1.

[2] Charles Krauthammer, "The Unipolar Moment", *Foreign Affairs*, Vol. 70, No. 1, 1990/1991, pp. 23 – 24.

文尝试在深入理解相关学术争论①的基础上，从美国安全等级体系的影响入手，更新分析美国单极体系发展趋势的理论思路，以推动学界深入思考新兴国家崛起背景下美国单极体系和国际（地区）秩序的发展趋势。

一 制衡能否重现？

美国是否会遭遇体系制衡是 20 世纪 90 年代单极体系研究的重点。面对突然出现的美国单极，坚信均势理论的学者断言，美国必然会遭遇体系制衡②，国际体系也将回归均势。主张单极持久的学者则强调，正是美国实力优势巨大才使得体系制衡难以重现。尽管冷战结束之初主流观点认为美国必将遭遇体系制衡，③ 不过随着美国主导地位的巩固，认为体系制衡难以再现的学者数量逐渐增加，从而在学术界形成了较为明显的争论。

（一）必将重现

肯尼思·沃尔兹（Kenneth Waltz）坚定地认为，美国的单极地位必将遭遇体系制衡，其理论依据是均势理论。按照均势理论，国际体系中实力最为强大的国家必然会遭遇其他国家的制衡。④在沃尔兹看来，这一规律并不会随着美国单极体系的出现而失效。⑤ 也就是说，

---

① 蒙泰罗新著的文献部分做出了重要贡献，参见 Nuno P. Monteiro, *Theory of Unipolar Politics* (Cambridge：Cambridge University Press, 2014), pp. 81 - 86, 146 - 150。

② "均势理论"强调的制衡是指内部制衡（增强军备）和外部制衡（建立军事同盟）。参见 Kenneth N. Waltz, *Theory of International Politics* (Reading, Mass.：Addison - Wesley, 1979), p. 118。下文"制衡"均采取这一定义。

③ Nuno P. Monteiro, "Unrest Assured：Why Unipolarity Is Not Peaceful," *International Security*, Vol. 36, No. 3, 2011/12, p. 10.

④ Kenneth N. Waltz, "America as a Model for the World? A Foreign Policy Perspective," *PS：Political Science & Politics*, Vol. 24, No. 4, 1991, p. 669.

⑤ 〔美〕肯尼思·沃尔兹：《冷战后的结构现实主义》，载于约翰·伊肯伯里主编《美国无敌：均势的未来》，韩召颖译，北京大学出版社，2005，第 30 页。

其他国家必然会通过内部或外部制衡来约束美国，促使国际体系的权力对比恢复平衡。①

沃尔兹强调，即使美国自我克制，其他国家仍将担心美国未来会威胁其生存安全，原因在于单极体系下的美国所遭遇的安全威胁会下降，而其实力优势又难以受到有效制约，因而极易一意孤行，干涉别国甚至发动战争。② 此外，沃尔兹认为，其他国家拥有核武器也无法弱化其制衡动力，原因在于美国在核武器和常规武器领域的优势依然能够威胁这些国家的生存。更为关键的是，美国大力发展导弹防御系统可能导致相互确保摧毁战略难以保证核大国的生存安全。③ 因此，即使这些国家拥有核武器，也仍然希望制衡美国，重塑被美国单极所打破的均势。④

与沃尔兹不同，克里斯托弗·莱恩（Christopher Layne）不仅认为单极体系下的体系大国具有制衡动机，同时强调其他大国制衡能力的增长必然促使单极回归均势。他认为，单极体系中的极国家在进行国际治理时会更倾向于选择"仁治"而非高压政策，从而为其他大国的自我壮大提供了可能性。更为重要的是，国际体系与霸权在本质上不可兼容，而单极体系中一国独大的局面更为其他大国的实力崛起提供了动力。这些大国的崛起会迅速打破单极体系中的力量分配，削弱极国家的实力优势并最终重塑均势。因此，美国的单极体系说到底只不过是短暂的幻象而已。⑤

---

① Kenneth N. Waltz, "The Emerging Structure of International Politics," *International Security*, Vol. 18, No. 2, 1993, p. 76.

② 〔美〕肯尼思·沃尔兹：《冷战后的结构现实主义》，载于约翰·伊肯伯里主编《美国无敌：均势的未来》，韩召颖译，北京大学出版社，2005，第 54~56 页。

③ 同上，第 59~61 页。

④ 同上，第 53 页。

⑤ Christopher Layne, "The Unipolar Illusion: Why New Great Powers Will Rise," *International Security*, Vol. 17, No. 4, 1993, p. 7; Christopher Layne, "The Unipolar Illusion Revisited: The Coming End of the United States' Unipolar Moment," *International Security*, Vol. 31, No. 2, 2006, pp. 7-41.

（二）难以重现

对于由均势理论衍生出的均势回归推论，威廉·沃尔福斯（William Wohlforth）等学者提出了截然相反的观点。1999年，沃尔福斯发表论文强调，尽管国际关系学界对美国单极体系并不看好，但它已然存在了十年而且并未遭遇制衡。[①]在他看来，美国未遭遇制衡的原因主要在于其地缘特点和实力优势。

就地缘特点而言，美国的地理位置使其远离其他大国，从而能够避免强大邻国的制约，而其他可能成为超级大国的国家（如中国）则会在未强大到与美国匹敌之前就率先遭遇邻国的平衡和制约。[②]更为关键的是，美国在经济、军事以及技术实力上的质量与规模优势，使得其他国家短期内难以具备与其抗衡的能力。[③]在沃尔福斯看来，除非这些国家完全不考虑制衡的成本和收益，否则绝不会将制衡作为其当前的战略选择。[④]刘丰也认为，在实力差距过大的情况下，国家需要慎重考虑制衡的风险与成本，否则会因制衡导致自身安全变得更加糟糕。[⑤]

约翰·欧文（John Owen）则从内政角度解释了美国未遭遇制衡的原因。在他看来，国家的战略选择取决于其统治精英与其他国家统治精英的意识形态差别。冷战后制衡美国的同盟之所以难以形成，正是源于冷

① William C. Wohlforth, "The Stability of a Unipolar World," *International Security*, Vol. 24, No. 1, 1999, p. 37; Stephen Brooks and William Wohlforth, *World Out of Balance: International Relations and the Challege of America Primacy* (Princeton: Princeton University Press, 2008).

② William C. Wohlforth, "The Stability of a Unipolar World," *International Security*, Vol. 24, No. 1, 1999, pp. 29 - 30.

③ Ibid., pp. 30 - 31.

④ 〔美〕威廉·沃尔福斯:《单极世界中的美国战略》，载于〔美〕约翰·伊肯伯里主编《美国无敌：均势的未来》，韩召颖译，北京大学出版社，2005，第104页。

⑤ 刘丰:《大国制衡行为：争论与进展》，《外交评论》2010年第1期，第119～120页。

战后大部分国家的统治精英中鲜有反对自由主义的力量。① 以自由主义为指导的精英并不认为美国的实力优势会对其所在国家的社会秩序构成任何威胁，而在重要问题的认识上更是与美国基本相同。因此，这些自由主义精英认为，将有限的资源用以恢复世界均势毫无意义。②

除了地缘特点、实力优势和自由主义意识形态之外，一些学者还认为美国霸权的温和特点有助于弱化其他国家制衡美国的动力。斯蒂芬·沃尔特（Stephen Walt）就认为，美国实力确实强大，但并不会带来威胁，至少其构成的威胁不足以促成对抗同盟。③ 约瑟夫·约菲（Josef Joffe）也指出，虽然美国在硬实力上享有绝对优势，但其国际行为不同于传统强国。美国不但未侵占他国领土，也不会因领土和荣誉发动战争，因而其他国家不会结成安全同盟制衡美国。④

在另外一些学者看来，美国霸权相对温和则源于其能够为他国提供不可或缺的公共产品。迈克尔·马斯坦都诺（Michael Mastanduno）强调，美国是全球安全的供给国，其他国家深受其益因而不愿削弱美国的主导地位。⑤沃尔福斯也持类似观点，认为出于维护自身既得利益的需要，美国不但不会频繁挑战现状，反而会肩负起维持国际秩序的责任。当其他国家有意发动战争时，美国可通过其政治影响力和军事实力调停、阻止甚至实施制裁，确保国际体系稳定，进而弱化其他国家的制衡动力。⑥

---

① 〔美〕约翰·欧文：《跨国自由主义与美国的主导地位：或旁观者眼中的慈善》，载于〔美〕约翰·伊肯伯里主编《美国无敌：均势的未来》，韩召颖译，北京大学出版社，2005，第242~249页。

② 同上，第241~242页。

③ Stephen M. Walt, "Alliances in a Unipolar World", *World Politics*, Vol. 61, No. 1, 2009, pp. 88-91.

④ 〔美〕约瑟夫·约菲：《对历史与理论的挑战：作为"最后超级大国"的美国》，载于〔美〕约翰·伊肯伯里主编《美国无敌：均势的未来》，韩召颖译，北京大学出版社，2005，第177~179页。

⑤ Michael Mastanduno, "Preserving the Unipolar Moment: Realist Theories and U. S. Grand Strategy after the Cold War," *International Security*, Vol. 21, No. 4, 1997, pp. 49-88.

⑥ William C. Wohlforth, "Unipolarity, Status Competition and Great Power War," *World politics*, 2009, 61 (1), pp. 52-53.

努诺·蒙泰罗（Nuno Monteiro）新近的研究则强调核威慑和美国恰当的战略选择能够弱化其他国家的制衡动力。蒙泰罗认为，随着核威慑的出现，有核国家无须借助武力对抗即可确保生存。因此，美国和一般大国都有充分的理由采取"防御"而非"进攻"战略。对于一般大国而言，只要拥有足够的核力量便可以确保美国不会轻易威胁其生存安全，而这些国家在确保生存安全后也不大可能再选择成本更高的手段挑战美国的主导地位。[①]

对于美国而言，选择维持现状可以弱化自身对其他国家的威胁，使这些国家不再愿意挑战和制约美国。因此，蒙泰罗强调，在核时代的单极体系下，美国若能坚持防御性融合战略（defensive accommodation）就能够规避体系制衡，将单极体系延续下去。该战略的核心是在保持军事战略优势的前提下，不针对体系内崛起大国实施经济遏制，确保其经济发展空间，从而弱化这些国家将经济能力转化为军事能力制衡美国的动力。[②]

不过，值得注意的是，一方面，随着经济实力的提升，崛起的自助大国必须要提升军事能力以保护日益拓展的海外利益；另一方面，自助国与其他国家的战略矛盾也可能威胁其核心利益，进而促使其发展军事能力。也就是说，仅仅依靠防御性融合战略无法有效弱化崛起国提升军事能力的动力。

---

① Nuno P. Monteiro, *Theory of Unipolar Politics* (Cambridge: Cambridge University Press, 2014), p. 98.

② Nuno P. Monteiro, *Theory of Unipolar Politics*, (Cambridge: Cambridge University Press, 2014), p. 112. 不过，蒙泰罗认为，尽管美国单极难以遭遇体系制衡但是并不能带来和平稳定。在他看来，单极格局下，美国有能力抑制两类战争，即其他大国对美国发起的战争以及其他大国针对小国的战争，却导致另外两类战争频次增加，即美国针对中小国家的战争以及中小国家之间的战争。按照他的统计结果，单极格局发生战争的概率是两极格局和多极格局的四倍之多。Nuno P. Monteiro, "Unrest Assured: Why Unipolarity Is Not Peaceful," *International Security*, Vol. 36, No. 3, 2011/12, pp. 18 – 20.

（三）等级视角

总体而言，制衡能否重现这一争论的核心在于均势理论是否仍然适用于美国单极体系。沃尔兹等学者认为依然适用，只是无法预测体系制衡出现的具体时间。沃尔福斯等学者则认为不再适用，即美国单极体系下其他国家既无能力更无意愿制衡美国，所以体系制衡难以重现。从冷战后国际关系的现实看，沃尔福斯等人的判断显然获得了更多支持。

但是，这些学者并未正确揭示其他国家缺乏制衡能力和制衡意愿的逻辑机制。对于美国的盟国而言，未采取制衡行动的真正根源其实在于其国家特性的变化。按照均势理论的假定，采取制衡行动最为关键的前提是以国家自助求安全。然而，二战结束以来多数主要大国都成为美国的盟国。对于这些国家而言，由于二战以来长期接受美国的安全保护，它们已经丧失了维护自身安全的能力，只能依赖美国的支持和保障才能有效应对重大安全威胁，因此在安全领域这些国家已不再是均势理论假定的自助国家。[①] 美国的同盟体系也随之转变为安全等级体系，其中美国是等级体系的主导国，向盟国提供安全保护（同盟关系和驻军），主导体系的安全战略；盟国作为从属国则要分担安全等级体系的成本。

盟国高度依赖美国的安全保护使美国能够在安全领域拥有支配性权威，可以合法干预盟国的安全战略。[②] 例如，2009 年 9 月，以鸠山由纪夫为首的民主党上台后不久即表示无意续签《新反恐特别法》，并希望

---

① 参见 David A. Lake, *Hierarchy in International Relations* (Ithaca: Cornell University Press, 2009), p. 9；孙学峰：《东亚准无政府体系与中国的东亚安全政策》，《外交评论》2011 年第 6 期，第 35～38 页；Negel R. Thalakada, *Unipolarity and the Evolution of America's Cold War Alliances*, London: Palgrave Macmillan, 2012, pp. 26, 70, 96, 111。

② David A. Lake, *Hierarchy in International Relations* (Ithaca: Cornell University Press, 2009), pp. 1 – 7；Jack Donnelly, "Sovereign Inequalities and Hierarchy in Anarchy: American Power and International Society," *European Journal of International Relations*, Vol. 12, No. 2, 2006, pp. 149 – 150。

就美军普天间基地搬出冲绳县重新谈判，结果招致美国的不满。[①] 面对国内外的巨大压力，鸠山政府仅执政 9 个月就不得不提前下台，而普天间基地问题则是鸠山下台的主要诱因。继任首相野田佳彦上台后对美外交的首要任务就是改善因普天间基地搬迁而出现裂痕的日美同盟关系。[②]

因此，对于美国安全等级体系中的从属国而言，制衡美国根本无从谈起。正如戴维·莱克（David Lake）所言，美国按照与从属国利益交换的"协议"对从属国发号施令不会改变后者追随美国的立场。[③]北约和美国的东亚同盟体系能够经受住苏联解体的冲击维持至今正是源于上述变化。[④] 同样的原因促使拉美国家虽在政治上担心美国，却未对美国强大的军事实力感到不安。[⑤]

对于国际体系内的自助国家而言，美国安全等级体系的形成意味着制衡美国不仅要与美国对抗，而且要承受美国安全等级体系的安全压力。一方面，美国可以更为有效地联合从属国制约其他自助国家。例如，2005年东亚峰会成立前夕，中国建议以"10 + 3"机制为基础建设东亚峰会，从而对美国的东亚战略主导地位提出了挑战。[⑥] 为此，美国利用从属国日本和澳大利亚直接出面成功阻止了中国的倡议。[⑦] 另一方面，美国可以利用权威推动从属国对抗自助国家。例如，为迫使韩国放弃对朝安抚政策，

---

① Aurelia George Mulgan, "What the New Hatoyama Government Means for the US – Japan Alliance," November 12, 2009; http://www. eastasiaforum. org/2009/11/12/what – the – new – hatoyama – government – means – for – the – us – japan – alliance/; Tobias Harris, "Gates Rules out Renegotiation of Okinawa Deal with Japan," October 24, 2009, http://www. eastasiaforum. org/2009/10/24/gates – rules – out – renegotiation – of – okinawa – deal – with – japan/.

② 张勇：《日美关系中的普天间基地搬迁问题》，《日本学刊》2012 年第 3 期，第 27 页。

③ David A. Lake, *Hierarchy in International Relations* (Ithaca：Cornell University Press, 2009), p. 11.

④ Negel R. Thalakada, *Unipolarity and the Evolution of America's Cold War Alliances* (London：Palgrave Macmillan 2012), pp. 6, 15.

⑤ David A. Lake, *Hierarchy in International Relations* (Ithaca：Cornell University Press, 2009), p. 11.

⑥ Jae Jeok Park, "The U. S. Led Alliances in the Asia – Pacific：Hedge against Potential Threats or an Undesirable Multilateral Security Order?," *Pacific Review*, Vol. 24, No. 2, 2011, pp. 137 – 158.

⑦ Galia Press – Barnathan, "The Impact of Regional Dynamics on US Policy Toward Regional Security Arrangements in East Asia," *International Relations of the Asia – Pacific*, Vol. 14, No. 3, 2014, p. 379.

2005 年 5 月，美国国防部官员公开表示，韩国担任东北亚平衡手无法与美韩同盟共存。如果韩国有意结束同盟关系，悉听尊便。[①]因此，单极体系下，美国安全等级体系的存在进一步提高了自助国家制衡美国的成本和风险。

在未来 10～15 年里，美国的军事实力仍能够维持较为明显的优势，其安全等级体系也将持续存在。因此，国际体系层面针对美国的制衡仍难以出现。不过，由于地区体系相对于全球体系具有一定的独立性，美国在地区层面遭遇的安全竞争可能会有所加剧。在东亚地区，随着自助大国中国的实力崛起，部分与中国存在安全矛盾的美国东亚从属国（如日本）会利用美国对中国的战略疑虑，强化其与中国的安全竞争，进而导致中美之间的安全竞争趋于升级。在东欧，美国安全等级体系的扩展会导致自助大国俄罗斯与美国及其从属国的安全对抗趋于强化。因此，如美国不能有效管控其安全等级体系内挑战现状的从属国，美国将在地区层面遭遇自助国家更为强烈的制约，卷入地区冲突的风险也会更大。

二　如何制约美国？

冷战结束以来，美国的单极地位未遭遇体系制衡并不意味着其实力优势未受到制约。"9·11"事件之后，美国以单边主义应对恐怖主义的趋势愈加明显。2003 年 3 月美国发动的第二次伊拉克战争遭到包括美国盟友在内的不少国家的反对与抵制，美国与欧洲传统盟友的关系更是因此出现了较为明显的裂痕。然而，无论从目的还是手段来看，这些反对和抵抗行为与均势理论所预期的制衡并不相同。为

---

① Yoichi Funabashi, *The Peninsula Question*: *A Chronicle of the Second Korean Nuclear Crisis* (Washington, DC: Brookings Institution Press 2007), p. 255.

此，单极体系下如何制约美国的实力优势成为学者们新的争论焦点，并在一定程度上突破了传统的"制衡—追随"两分法。[①]

（一）软制衡

2005 年罗伯特·佩普（Robert Pape）发表论文认为，一般大国其实已经开始对美国进行制衡，只不过并未依靠常用的军事手段，而是诉诸"软制衡"战略。所谓软制衡是指通过外交、经济、国际组织等途径阻挠和干预美国军事政策的实施。与"硬制衡"相比，软制衡并非与霸权国家进行公开对抗。在佩普看来，"软制衡"是其他国家无力"硬制衡"美国时的最佳选择，也是"硬制衡"的准备阶段。只要美国单边主义持续，软制衡就会越演越烈。[②]

T. V. 保罗（T. V. Paul）也注意到了"软制衡"的现象。在他看来，"9·11"事件之前，体系内的一般大国并不认为美国单极体系对其生存和主权构成了严重威胁。但此后美国对他国的武力干涉和单边主义行动引起了国际社会对其实力优势的担忧。为此，一般大国一方面加强自身国防建设，另一方面开始尝试对美国进行"软制衡"，即借助国际机制和外交手段干扰或限制美国政策目标的实现。[③]不过，保罗认为，"软制衡"是一般大国无须实施"硬制衡"条件下的策略选择，并不是在为"硬制衡"做准备，这是其与佩普理论框架最大的不同。

---

① 主要大国对美国主导地位战略反应的主要类型，可参见 G. John Ikenberry，"Strategic Reactions to American Preeminence: Great Power Politics in the Age of Unipolarity，"Washington，D. C.: National Intelligence Council，July 23，2003，http: //purl. access. gpo. gov/GPO/LPS53806。

② Robert A. Pape，"Soft Balancing Against the United States，"*International Security*，Vol. 30，No. 1，2005，pp. 7 – 10.

③ T. V. Paul，"Soft Balancing in the Age of U. S. Primacy，"*International Security*，Vol. 30，No. 1，2005，pp. 57 – 59.

软制衡理论一经提出就引发了较为激烈的学术争论。[1] 相关批评和质疑主要集中在以下三个方面。第一，从科学研究方法论的角度看，这种为挽救均势理论而做出的特设性假说会导致均势理论的退化。[2] 第二，软制衡假设难以同其他替代性解释相区分，[3]其所描述的国家行为也难以和常规的外交摩擦区分开来。[4] 若将国际社会中所有针对美国权力的非刚性制约措施都简单归类为软制衡则更有失客观。[5] 第三，即使根据学者们所给出的判断标准，也很难判定冷战后一般大国对美国实施了软制衡。[6] 此外，有学者提出，软制衡措施不但难以实施，实际效用也非常有限。[7]

尽管遭遇了批评和质疑，软制衡理论还是推动了其他学者进一步思考单极体系下制约美国的方式。例如，贺凯提出了消极制衡（negative balancing）的分析框架，将软制衡视为非军事消极制衡的一部分。[8]贺凯认为，国家采取消极制衡与否取决于其所面临的威胁程度。当面临的威胁程度高时，国家将采取军事积极制衡；当面临威胁程度一般时，则采取非军事积极制衡或军事消极制衡；当面临威胁程度低时，国家

---

① 相关综述还可参见杨少华《评软制衡论》，《世界经济与政治》2006 年第 7 期，第 40～45 页。

② 刘丰：《均势为何难以生成——从结构变迁的视角解释制衡难题》，《世界经济与政治》2006 年第 9 期，第 38 页。

③ 参见 Stephen G. Brooks and William C. Wohlforth, "Hard Times for Soft Balancing," *International Security*, Vol. 30, No. 1, 2005, pp. 79 – 80。

④ Keir A. Lieber and Gerard Alexander, "Waiting for Balancing: Why the World is Not Pushing Back," *International Security*, Vol. 30, No. 1, 2005, pp. 130 – 133.

⑤ Stephen G. Brooks and William C. Wohlforth, "Hard Times for Soft Balancing," *International Security*, 2005, 30 (1), pp. 76 – 80.

⑥ Ibid., pp. 126 – 130. 戴颖和邢悦的实证性研究也显示，冷战后中国在联合国的投票行为并未体现出对美国的软制衡。参见戴颖、邢悦《中国未在联合国对美国软制衡》，《国际政治科学》2007 年第 3 期，第 19～51 页。

⑦ Keir A. Lieber and Gerard Alexander, "Waiting for Balancing: Why the World is Not Pushing Back," *International Security*, vol. 30, No. 1, 2005, pp. 130 – 133, pp. 126 – 130.

⑧ 积极制衡一国通过军事或军事手段提升针对战略对手的权力资源，参见 Kai He, "Undermining Adversaries: Unipolarity, Threat Perception, and Negative Balancing Strategies after the Cold War," *Security Studies*, Vol. 21, No. 2, 2012, pp. 166 – 169。

将采取非军事消极制衡。① 贺凯的研究是软制衡争论的延续，力图更为准确地理解单极体系下制约美国的战略选择。② 但消极制衡的框架并未有效解决制衡概念扩展的缺陷，同时带来了新的含混之处。例如，贺凯强调，判断制衡行为要符合的四个特征之一就是以安全为目标。但在界定最为关键的以安全为目标的判断标准时，作者的判断标准较为模糊。③ 此外，消极制衡和积极制衡的主要区别在于制约或挑战的力度，其注重实力制约的战略属性并没有差异。因此，从知识贡献的角度而言，去合法化理论提供了不同于实力制约的规范思路。

（二）去合法化

一些学者认为，冷战后国际关系学界有关美国单极体系的研究大多集中于物质层面，特别是在如何有效制约美国这一问题上尤为突出。④ 因此，他们倾向于认为，削弱美国主导地位的合法性（即去合法化）是制约美国实力优势的一种重要方式。例如，沃尔特认为，如果美国的实力优势能够获得其他国家和行为体的认可，那么其政策目标会更容易实现，其主导地位也会更加巩固。反之，其政策实施会处处受到掣肘，其主导地位也会难以持久。从这个意义上讲，其他国家或行为体可以通过削弱美国主导地位的合法性来对其加以制约。⑤

---

① "Undermining Adversaries: Unipolarity, Threat Perception, and Negative Balancing Strategies after the Cold War," *Security Studies*, Vol. 21, No. 2, 2012, pp. 169–172.

② Ibid. , p. 156.

③ Ibid. , pp. 161–163.

④ Martha Finnemore, "Legitimacy, Hypocrisy, and the Social Structure of Unipolarity: Why Being a Unipole Isn't All It's Cracked Up to be," in G. John Ikenberry, Michael Mastanduno, and William C. Wohlforth, eds. , *International Relations Theory and the Consequences of Unipolarity*, Cambridge: Cambridge University Press, 2011, pp. 67–68.

⑤ Stephen M. Walt, "Taming American Power," *Foreign Affairs*, Vol. 84, No. 5, 2005, http://www. foreignaffairs. com/articles/61025/stephen – m – walt/taming – american – power. 在克拉克看来，合法性是界定霸权最为重要的标准。冷战后的美国并没有重获合法性，因而尽管其在硬实力方面优势巨大，也只能称其为领导国，并非霸权国。Ian Clark, *Hegemony in international Society* (New York: Oxford University Press, 2011), pp. 178–204.

在兰德尔·施韦勒（Randall Schweller）和蒲晓宇看来，由于单极体系下的制衡被视为改变体系的修正主义行为，而非均势体系下的维持现状行为，其他国家制衡美国之前必须实施去合法化战略，削弱其主导地位的合法性，以降低制衡的代价。[①] 弱化美国合法性可从言辞和行动两个方面入手。从言辞上，其他国家要阐述其对国际秩序设计的思考和梦想，明确描绘取代美国单极秩序的替代性方案，包括实现目标的方法和途径。[②] 从行动上，其他国家可采取制衡之外的抵抗，增加美国维持主导地位的成本。在两位学者看来，弱化美国合法性的言辞和行动会相互配合，共同发挥作用。[③]

两位学者比较重要的发现在于，单极体系下的制衡会被视作修正主义行为，因此其他国家制衡美国之前必须削弱其主导地位的合法性。不过，弱化美国主导地位的合法性是对单极体系较为严峻的挑战，原因在于丧失合法性极易导致主导地位的合法性最终瓦解。[④] 从这个意义上讲，去合法化带来的挑战并不亚于制衡战略。由此可见，在美国实力优势较为明显时，去合法化战略必须把握时机（如美国的重大政策失误）并控制力度，才能取得更为理想的效果。

玛莎·费丽莫（Martha Finnemore）强调，在美国实力优势明显的情况下，其他国家可以通过社会性机制说服美国，使其明白权力只有在分散和受限的情况下才能最大限度的实现。具体而言，这一战略包括三个环节，即以法律形式确定美国的权力范围；利用现行国际组织和制度监督和制约美国权力；促使美国认识到阳奉阴违的后果，以

---

① Randall L. Schweller and Xiaoyu Pu, "After Unipolarity: China's Visions of International Order in an Era of U. S. Decline," *International Security*, Vol. 36, No. 1, 2011, pp. 45 – 47.

② Ibid. , pp. 47 – 48.

③ Ibid. , pp. 48 – 49. 作者认为这些增加美国战略代价的措施就是软制衡。

④ 刘若楠：《地区等级体系衰落的路径分析》，《世界经济与政治》2014 年第 12 期，第 118 ~ 136 页。

防止其暗中破坏国际规范。[1] 不过，令人遗憾的是，美国单极体系下的众多国际制度和机构均曾依托美国权力优势而建立，其权责范围、偏好取向及运行机制必然也均由美国设计，因此很难想象这些国际制度能实质性地制约美国的权力优势。[2]

此外，遵从国际制度并非美国获得国际合法性的唯一方式，向他国提供安全保护以及主导自由开放的经济体系都是其国际合法性的重要来源。因此，在美国不完全依赖国际制度获得国际合法性的情况下，利用制度约束其实力优势难以真正发挥作用。再者，确立合法性并获得国际社会普遍支持是任何霸权国都追求的战略目标。如果其他国家在美国的规范框架内约束其实力优势，实际上是强化了美国的主导地位。

（三）战略对冲

在讨论如何制约美国实力优势时，上述两类学者都未充分考虑其他国家在试图制约美国的同时寻求与其战略合作的经验事实，而战略对冲理论则尝试对大国与美国既竞争又合作的情况进行理论整合。

布洛克·特斯曼（Brock F. Tessman）将战略对冲分为两个类型，其中 A 型是指防止短期内与主导国冲突并为长期冲突做好准备，而 B 型则指确保短期内主导国提供公共物品所带来的收益并为未来丧失相关利益做好准备。[3] 在特斯曼看来，同制衡战略相比，战略对冲谋求安全合作伙

---

① Martha Finnemore, *Legitimacy*, *Hypocrisy*, *and the Social Structure of Unipolarity*（Cambridge：Cambridge University Press，2011），pp. 69 – 71.

② 沃尔兹还认为，美国还可能歪曲或违反国际法。参见〔美〕肯尼思·沃尔兹《冷战后的结构现实主义》，载于〔美〕约翰·伊肯伯里主编《美国无敌：均势的未来》，韩召颖译，北京大学出版社，第 53 页。

③ 参见 Brock F. Tessman，"System Structure and State Strategy：Adding Hedging to the Menu，" *Security Studies*，Vol. 21，No. 2，2012，pp. 204 – 205；王栋课题组《中国崛起与亚太国家对冲行为研究》，《2012 – 2013 战略纵横研究报告汇编》，北京大学国际战略研究中心，第 78 ~ 79 页。

伴但不会组建新的军事同盟，谋求增强综合实力但不会展开军备竞赛。[①]
同软制衡相比，战略对冲的制约更为间接，更强调为未来的冲突做好准备。[②] 同日常外交摩擦相比，战略对冲具有长远的战略目标，既确保战略机会最大化，又最大限度地降低战略威胁，其设计、落实、监督和资源投入均由政府最高决策层而非行政官僚负责。[③]

特斯曼认为，在单极体系主导国实力相对衰落的过程中，战略对冲是一般大国限制主导国行之有效的战略。一方面，单极体系下主导国（美国）实力优势明显，一般大国都不愿采取制衡战略，以免与主导国发生直接对抗和冲突。同时，由于没有国家制衡美国，一般大国也因此无法采取推诿（buck - passing）战略。[④] 另一方面，从长远来看主导国实力优势将逐步下降，一般大国的战略机会和空间都会相应增加，追随主导国的动力则随之弱化。换言之，战略对冲所具有的灵活性能够帮助一般大国克服体系环境带来的不确定性，即短期内规避与主导国对抗，同时为未来谋求战略优势做好准备。相比而言，制衡、推诿和追随三类战略都无法有效满足一般大国的上述战略需求。[⑤]

战略对冲确实是美国单极体系下比较值得关注的现象。此前学者们关注的重点大都集中于冷战后美国和东亚国家对中国的战略对冲，[⑥] 而特斯曼等学者的努力则拓展了单极体系下制约美国方式的研

---

① Brock F. Tessman, "System Structure and State Strategy: Adding Hedging to the Menu," *Secruity Studies*, vol. 21, No. 2, 2012, pp. 209 - 211.

② Ibid., pp. 208 - 209.

③ Ibid., p. 209.

④ Ibid., pp. 198 - 199.

⑤ Ibid., pp. 202 - 203.

⑥ Evan S. Medeiros, "Strategic Hedging and the Future of Asia - Pacific Stability," *The Washington Quarterly*, Vol. 29, No. 1, 2005/2006, pp. 145 - 167; Evelyn Goh, "Great Powers and Hierarchical Order in Southeast Asia: Analyzing Regional Security Strategies," *International Security*, Vol. 32, No. 3, 2007/2008, pp. 113 - 57; Jae Jeok Park, "The U. S. Led Alliances in the Asia - Pacific: Hedge against Potential Threats or an Undesirable Multilateral Security Order?," *The Pacific Review*, Vol. 24, No. 2, 2011, pp. 137 - 158.

究视野。不过，其研究框架和研究设计仍留下一些遗憾。例如，在 B 型战略对冲的界定中有关公共物品的范围有些宽泛，集中在战略安全领域可能更为合适。再如，作者没有解释一般大国战略的非对冲行为。按照作者的案例分析，伊拉克战争之后法国并没有对美国采取战略对冲，但如何解释法国的这一非对冲行为研究中并未明确涉及。事实上，如果一般大国没有采取战略对冲且未承受战略损失，将从根本上动摇作者建立的解释框架。

（四）等级视角

总体而言，同均势体系下的制衡相比，上述制约方式的对抗性大都较弱，即更注重谨慎维持自身核心利益而非挑战美国主导地位，更倾向于采取非军事手段而非发起军备竞赛或组建军事同盟。这实际上印证了美国单极体系下体系制衡难以再现的判断。史蒂芬·布鲁克斯（Stephen Brooks）和沃尔福斯还曾系统批评尝试制约美国单极主导地位的行为，认为从软制衡、合法性等角度出发约束和挑战美国单极难以撼动其稳固性和持久性。[1]

事实上，软制衡和去合法化等制约方式均反衬出了美国的主导地位，这固然与其超强的军事和经济能力有关，但更为坚实的基础则来自其安全等级体系所赋予它的支配性权威。更为重要的是，美国等级体系内部和外部国家制约美国的目标和逻辑机制并不相同，而这正是既有研究普遍忽视的关键之处。

对于美国安全等级体系内的从属国而言，当其战略利益与美国发生冲突时，这些国家不会制约美国的实力优势，而是要求美国调整违背其与从属国共同认可的规范的行为。例如，法、德反对小布

---

[1]　Stephen Brooks and William Wohlforth, *World Out of Balance: International Relations and the Challege of America Primacy*, (Princeton: Princeton University Press, 2008).

什发动伊拉克战争并非针对美国的军事优势，而是因为美国不顾盟国利益的态度以及未经联合国授权就发动战争的单边主义行为。蒂姆·邓恩（Tim Dunne）就曾指出，尽管美国发动伊拉克战争并未违背所有国际社会的规则和制度，但美国的一意孤行确实忽略了盟国的权益。①

从制约方式上看，由于安全上依赖美国且认可与美国的权威关系，从属国除了通过言辞表达不满之外，通常采取躲避（distancing/hiding）和有限度借助体系外自助大国两种较为和缓的方式向美国施加影响。躲避战略是指在面对共同威胁时，受威胁程度较低的国家不愿与受威胁程度较高的盟国进行战略协调。② 在美国的从属国中，躲避战略集中表现为相关国家不愿为美国承担政策风险或成本。例如，2004 年 6 月，北约峰会通过帮助训练伊拉克军队的计划，但法国、德国和西班牙等国拒绝派遣教官参与训练。③ 再如，2012 年 6 月，美国国家航空航天局（NASA）计划在泰国的乌塔堡基地实施气候监测。由于担心该项目可能恶化其与中国的关系，泰国拒绝了美国的要求。④

从属国还可以借助安全等级体系之外的大国制约美国。例如，在得知美国将采取军事手段打击伊拉克之后，法、德两国与俄罗斯在巴黎举行外长级会谈，共同发表声明反对美国军事打击伊拉克并提出了

---

① Tim Dunne, "Society and Hierarchy in International Relations," *International Relations*, Vol. 17, No. 3, 2003, p. 315.

② Randall L. Schweller, "Managing the Rise of Great Powers: History and Theory", in Alastair Iain Johnston and Robert S. Ross, eds., *Engaging China: The Management of an Emerging Power* (New York: Routledge, 1999), p. 16.

③ 《法德等国拒绝派教官帮助训练伊拉克军队》，http://news.xinhuanet.com/world/2004 - 11/20/content_ 2239728.htm。

④ Euan Graham, "Southeast Asia in the US Rebalance: Perceptions from a Divided Region," Contemporary Southeast Asia: A Journal of International and Strategic Affairs, 2013, Vol. 35 (3), pp. 319 - 320.

替代性解决方案。① 再如，2004 年 7 月，在菲律宾宣布从伊拉克撤军后不久，美国表示了强烈谴责并将其从"志愿联盟"中除名。此后不久，时任总统阿罗约宣布把对中国的工作访问升级为国事访问，并在随后的访问中与中国签订了《南海联合地震勘探协议》。阿罗约的这一决定被认为是向美国"打中国牌"。②

躲避和借助自助大国这两种方式往往可以结合起来使用，③ 菲律宾从伊拉克撤军并在战略上适当靠近中国就是较为典型的例证。不过，为了维持美国的安全保护，从属国即使采取和缓方式制约美国也会十分谨慎，往往仅限于特定议题或地区且难以持续。例如，卢武铉执政时期韩美对朝政策的差异一度动摇了美韩同盟。不过，李明博执政后，美韩同盟合作迅速恢复而且还得以强化。④ 事实上，在多数情况下从属国都会积极响应美国的战略需求，至多在条件许可的范围内适度奉行战略对冲，以确保美国对其安全保护承诺的持久可靠。例如，2003 年 3 月美国执意发动伊拉克战争时，日本、韩国等东亚盟国都提供了大力支持。即使相对弱小的泰国和菲律宾也因为配合美国而获得了其"重要非北约盟国"的积极评价。⑤

对于自助国家而言，虽然其制约美国的意愿更加突出，但是考虑到与美国及其安全等级体系在综合实力以及国际合法性方面的巨大差距，这些国家往往不会直接制衡美国，而会在不损害与美国保持基本

---

① 《法德俄三国反对美国军事打击伊拉克和声明全文》，http://news.china.com/zh_cn/focus/kxylk/kxylkggfy/11010324/20030306/11424464.html。

② 查雯：《菲律宾南海政策转变的国内政治因素》，《当代亚太》2014 年第 5 期，第 122 页。

③ Randall L. Schweller, "Managing the Rise of Great Powers: History and Theory," p. 16。

④ TongFi Kim, "South Korea's Middle Powers and the Rise of China", Bruce Gilley and Andrew O'Neil, eds., *Middle Powers and the Rise of China* (Washington DC: Georgetown University Press, 2014), p. 93.

⑤ Amy L. Freedman, "Malaysia, Thailand and the ASEAN Middle Power Way", in Bruce Gilley, Andrew O'Neil, eds., *Middle Powers and the Rise of China* (Washington D.C.: Georgetown University Press, 2014), p. 111；代帆、金是用：《安全与发展：菲律宾对华政策研究》，《南洋问题研究》2009 年第 3 期，第 46 页。

战略合作的前提下，谨慎实施一些可能产生软制衡效果的战略举措。例如，上海合作组织曾号召成员国不要保留外国军事基地，实际上这一表态针对的是乌兹别克斯坦和吉尔吉斯斯坦境内的美国军事基地。① 不过，在安全议题上自助国家会特别注意把握制约美国的力度，担心遭遇美国更为严厉的反制措施。例如，2003 年，面对法国倡议在安理会否决美国入侵伊拉克的决议，中国表现得十分犹豫，就是考虑到美国可能不惩罚其盟国法国而仅仅针对中国采取报复措施。②

在非安全领域，自助国家因战略自主往往会在特定议题上更具制约美国的能力，而美国的从属国则往往会受限于美国的支配性权威。例如，2014 年中国建立亚洲基础设施投资银行的倡议得到了地区内外国家的积极响应。尽管美国对此十分不满，但也只能通过约束其从属国的方式加以抵制。与之形成鲜明对比的是，1997 年亚洲金融危机之后，日本提议建立亚洲货币基金组织则直接遭遇了美国的强烈反对，最终不得不彻底放弃。③ 研究表明，冷战结束以来日本对地区多边机制态度的反复正是受限于美国安全等级体系。④

自助国家也可以通过去合法化方式制约美国，但实施起来较为困难。一方面，美国对此十分敏感，其原因在于合法性是权威关系维持的关键，⑤而等级内权威的建立意味着主导—从属关系的合法性获得

① Thomas J. Christensen, "Fostering Stability or Creating a Monster? The Rise of China and U. S. Policy toward East Asia," *International Security*, Vol. 31, No. 1, 2006, p. 99.

② 2003 年 5 月对清华大学国际问题研究所专家的访谈记录。

③ Evelyn Goh, *The Struggle for Order, Hegemony, Hierarchy, and Transition in Post - Cold War East Asia* (Oxford: Oxford University Press, 2013), pp. 134 – 139.

④ Yun Zhang, "Multilateral Means for Bilateral Ends: Japan, Regionalism, and China - Japan - US Trilateral Dynamism," *Pacific Review*, Vol. 27, No. 1, 2014, pp. 5 – 25.

⑤ David C. Kang, "Hierarchy and Legitimacy in International Systems: The Tribute System in Early Modern East Asia," *Security Studies*, Vol. 19, No. 4, 2010, p. 597; David A. Lake, *Hierarchy in International Relations*, p. 18; Ian Clark, "How Hierarchical Can International Society Be?", *International Relations*, Vol. 23, No. 3, 2009, pp. 464 – 480.

了认可。如果主导国美国的国际合法性遭到削弱，其安全等级体系也会随之衰落。① 因此，美国对其他自助国家的去合法化行为不但非常敏感，而且也采取比软制衡更为严厉的报复。另一方面，自助国家的去合法化行为很难争取到美国从属国的支持，其原因在于一旦美国国际合法性弱化，主导地位动摇，将直接削弱美国向其盟国提供安全保护的能力。

因此，在美国安全等级体系持续存在的情况下，尽管自助国可能采取一些具有软制衡意味的战略，但是大多数自助国家不会长期、跨议题或跨地区地通过软制衡或去合法化方式制约美国，从属国则更不会如此。在这种背景下，战略对冲就成为自助国家较为可取的战略。战略对冲能够赋予其更大的政策灵活性，确保其能够在维持与美国及其安全等级体系正常互动的情况下，根据安全矛盾的强弱采取适度的制约措施。不过，对于少数与美国的安全矛盾关乎其国家生存的自助国家而言，采取战略对冲的措施之前，往往需要借助不对称战略确保其生存，包括寻求大规模杀伤性武器（特别是核武器）等。②

不难发现，引入美国安全等级体系有助于我们深入理解单极体系下不同类型的国家制约美国权力的策略选择和逻辑机制。不过，奥巴马担任总统后调整了小布什时期的单边主义政策，美国因反恐战略而引发的国际抵抗和制约逐步弱化。与此同时，2008 年金融危机爆发后，美国的经济实力优势有所减小，战略上也呈现收缩态势。这些变化使学者们的关注重点逐渐从美国实力优势转向美国单极体系下的国际秩序转型，而这正是新一轮学术争论的核心所在。

---

① John M. Hobson and J. C. Sherman, "The Enduring Place of Hierarchy in World Politics: Tracing the Social Logic of Hierarchy and Political Change," *European Journal of International Relations*, Vol. 11, No. 1, 2005, pp. 68, 83 – 85.

② Stephen M. Walt, "Taming American Power" *Foreign Affairs*, Vol. 84, No. 5, 2005.

三　国际秩序走向何方？

查尔斯·克劳塞默（Charles Krauthammer）曾指出，虽然美国拥有综合实力优势，但是经济实力才是决定单极体系能否持续的最为关键因素。[①] 然而，2008 年爆发的金融危机导致的大国经济实力对比变化使学者们开始思考美国单极体系之后国际秩序的变化方向，新一轮学术争论随之兴起，至今仍在持续。[②] 以约翰·伊肯伯里（G. John Ikenberry）为代表的学者认为，美国的自由霸权秩序经过调整后依然可以延续。另外一些学者则认为，在可预见的未来，即使美国依然能够维持一定的实力优势，但其自由霸权秩序已难以延续，国际体系将走向多元复合秩序或重新迎来大国竞争。

（一）自由霸权秩序

伊肯伯里主张，当今国际秩序是美国主导下的自由霸权秩序，尽管这一秩序遭遇了危机，但经过调整仍然能够延续下去。在他看来，自由霸权秩序是二战之后美国带领欧洲盟国确立的新型自由主义秩序，其核心特征是遵循等级逻辑，相对开放进步，更加尊重规则。随着冷战的和平结束，20 世纪 90 年代美国自由霸权秩序的影响力达到了顶峰。[③]

21 世纪以来，小布什的单边主义政策和 2008 年金融危机使得自由霸

---

① Charles Krauthammer, "The Unipolar Moment Revisited," *National Interest*, Vol. 70, No. 3, 2003, pp. 23 – 24; Charles Krauthammer, "The Unipolar Moment Revisited", *National Interest*, Vol. 70, No. 3, 2003, pp. 16 – 17.

② 2008 年金融危机之前有关国际秩序的争论，参见 George Sorensen, "What Kind of World Order? The International System in Millennium", *Cooperation and Conflict*, Vol. 41, No. 4, 2006, pp. 343 – 364; George Sorensen, *A Liberal World Order in Crisis: Choosing Between Imposition and Restraint* (Ithaca: Cornell University Press, 2011), chapter 1。

③ G. John Ikenberry, *Liberal Leviathan: The Origins, Crisis, and Transformation of the American World Order* (Princeton: Princeton University Press, 2011), p. 3.

权秩序陷入危机。但是伊肯伯里强调，美国权威和自由霸权秩序的危机源于治理方式，而秩序的根本原则并未动摇。[①] 国际社会对自由霸权秩序依然有着广泛的需求，其替代方案尚未成型。非西方国家的崛起以及日益增长的安全和经济间的相互依赖，既对自由霸权秩序形成了压力，同时也为其提供了新的支持力量。非西方国家受益于自由霸权秩序，因而不会对其彻底否定，更希望在既有秩序框架内重新谈判，分享权威。[②]

在伊肯伯里看来，当前国际体系中的诸多特点均有利于美国与新兴国家协商分享权威。从颠覆方式上看，如今大国战争的消失使自由霸权秩序很难遭到武力颠覆。从覆盖范围看，自由民主国家在数量上的增长及其地缘位置的重要性为既有秩序的稳定奠定了基础。从秩序特性看，自由主义秩序具有强大的融合能力，使新兴国家易于加入但难于脱离。中国和俄罗斯虽尚未完全融入自由霸权秩序，但依然能够从中获益。不过，伊肯伯里也承认，金融危机之后美国的主导能力确实有所弱化。[③] 他强调，美国应有意识地放弃此前拥有的权力和特权，同时寻求塑造切实有效且能够获得广泛支持的全球规则和机构。为此，美国要在更为广泛的民主国家联盟中分享权威，而经过重新协商的美国自由霸权秩序将得以延续。[④]

对于伊肯伯里的分析判断，查尔斯·库普乾（Charles A. Kupchan）通过回顾西方兴起的历史提出了质疑。他认为，中世纪以来欧洲的崛起和对外扩张使全球连为一体，与此同时，欧美借助实力

[①] G. John Ikenberry, *Liberal Leviathan: The Origins, Crisis, and Transformation of the American World Order* (Princeton: Princeton University Press, 2011), p. 6.

[②] Ibid., p. 7.

[③] Ibid., p. 6.

[④] Ibid., pp. 9 – 10. 伊肯伯里的最新论文甚至认为，即使美国霸权地位衰弱了也不意味着二战后的自由主义国际秩序会瓦解，因为这一秩序并非仅由美国一国支撑。参见 G. John Ikenberry, "The Logic of Order: Westphalia, Liberalism, and the Evolution of International Order in the Modern Era", in G. John Ikenberry, *Power, Order and Change in World Politics* (Cambridge: Cambridge University Press, 2014), pp. 105 – 106。

优势确立了西方主导的世界秩序。① 不过，随着新兴地区大国物质实力的增强，这些拥有自身社会文化基础的国家将会修正而非巩固西方建立的国际秩序，并尝试建立符合其利益和意识形态偏好的替代性秩序。因此，美国和西方的意识形态主导地位将面临严峻挑战。②

尽管西方的自由民主依然会缓慢扩散传播，但是未来国际秩序不大可能表现为西方秩序的进一步"普世化"，其原因在于两个方面：一是，新兴国家的民主转型可能需要几十年甚至几代人的时间；二是，新兴国家的转型并不等于会遵循西方的理念和规则，即使新兴国家遵循西方的规则，也可能因国家利益分歧和争夺国际地位与西方国家产生矛盾。③ 为此，库普乾强调西方国家要与非西方国家协商塑造未来的国际秩序。④ 换言之，新兴国家已经不再仅仅是国际秩序的承受者，而将越来越多地扮演塑造者的角色，而这一趋势正是主张多元复合秩序的学者关注的重点。

（二）多元复合秩序

20 世纪 90 年代以来，小约瑟夫·奈（Jr. Joseph Nye）一直预测国际体系不同领域的实力结构将呈现明显差异。从军事领域看，单极体系仍将延续，美国依然拥有其他国家难以匹敌的军事优势。从经济领域看，美国、中国、日本和欧洲将呈现多极局面。从跨国关系看，权力则呈现分散状态。没有哪个大国能单独应对不断涌现的全球问题。⑤西蒙·里奇（Simon Reich）和理查德·内德·勒博（Richard

---

① Charles A. Kupchan, *The West, the Rising Rest, and the Coming Global Turn* (New York: Oxford University Press, 2012), pp. 5 – 7.

② Ibid. , p. 7.

③ Ibid. , pp. 8 – 10.

④ Ibid. , p. 10.

⑤ 〔美〕小约瑟夫·奈：《理解国际冲突：理论与历史》，张小明译，上海人民出版社，2002，第 333 ~ 335 页；Joseph S. Nye, Jr, "The Future of American Power Dominance and Decline in Perspective", *Foreign Affairs*, Vol. 89, No. 6, 2010, pp. 2 – 12.

Ned Lebow）新近的研究也做出了类似判断。他们认为，随着美国主导地位的衰弱，不同国际行为体将凭借自身的资源优势在各自擅长的领域发挥影响力。具体而言，美国依然是安全领域里最具影响力的国家，欧盟将通过倡导全球治理改革来扩展规范其影响力，中国则会在经贸领域发挥更为重要的作用。①

在理查德·哈斯（Richard N. Haass）看来，当今世界已向无极化发展。全球性无极意味着世界不会为少数国家主宰，而是由多重因素和多重力量所共同操控。②无极与多极的本质差别在于权力的集中状态，即多极意味着多个国家联合主导国际体系，而无极则意味着国际体系的运行将受到众多权力中心的共同影响。这些权力中心可以是国家，也可以是国际组织等非国家行为体。国家与非国家行为体将通过多种对话方式和协调机制就国际问题展开商讨并协同治理。③在无极秩序下，美国仍会长期拥有实力优势，但由于实力与国际影响力逐渐分离，因此美国的政策导向对国际社会的影响会渐趋弱化。④

阿查亚（Amitav Acharya）也持类似的观点，认为在可预见的未来美国依然会发挥中心作用，但是美国主导的自由霸权秩序将走向多元复合秩序（multiplex world order）。这一秩序以政治和经济上的互联互通（interconnectedness）为基础，文化上更加多元，制度安排则依赖于多个行为体而非某个行为体的权力或目标。⑤多元复合秩序兴

---

① Simon Reich and Richard Ned Lebow, *Good - Bye Hegemony！ Power and Influence in the Global System*（Princeton：Princeton University Press, 2014）pp. 175 - 178.

② Richard N. Haass, "The Age of Nonpolarity：What Will Follow U. S. Dominance," *Foreign Affairs*, Vol. 87, No. 3, 2008, p. 44.

③ Ibid. , p. 45.

④ Ibid. , p. 46；2012 年年底，美国国家情报委员会也提出，2030 年美国单极霸权将不复存在，多极体系下权力将分散至联盟和关系网络，参见 "Global Trends 2030：Alternative Worlds", December 2012, National Intelligence Council 2012 - 001, http：//globaltrends2030. files. wordpress. com/2012/11/global - trends - 2030 - november2012. pdf。

⑤ Amitav Acharya, *The End of American World Order*（Cambridge：Polity, 2014），p. 113.

起的重要背景是多个新兴大国在不同地区同时崛起并能够实现持续互动，而这在历史上并无先例可循。①与多极秩序相比，多元复合秩序更加强调体系内大国的相互依赖而非大国的实力分布。与此同时多元复合秩序更加去中心化，多个大国共治的可能性更小，行为体更加多元，其选择空间也更大。②因此，阿查亚认为，自由霸权秩序的要素（如传统多边主义、依赖美国实力、西方领导、政府间主义和全球层次互动）将让位于更加包容的多元复合秩序模式。③

与上述学者从不同议题领域或行为体来探讨未来国际秩序的多元属性不同，亨利·基辛格（Henry Kissinger）则基于地区和文明分析了未来的多元秩序。他指出，不同国家和地区的秩序理念并不相同，而且各自的秩序观也会随着时代和环境的变迁而发生变化。④从这个角度看，国际体系并不存在占据主导地位的单一世界秩序，至多存在一种以西方为中心的国际秩序。不过，因权力对比和合法性认知的变化，当下的西方秩序已陷入危机。因此，基辛格主张，追求世界秩序必须超越单一国家或地区的秩序观，抛弃由某个国家主导秩序的观念，转而包容多元文化，以实现威斯特法利亚体系的现代化。⑤

对于美国单极之后的多元秩序能否带来稳定，学者们看法不尽相同。阿查亚对多元秩序下的国际稳定持乐观态度。哈斯则认为，从短期来看，众多国家享有话语权和影响力可能引发混乱和失序，但是从长远看，权力分散能够推进全球一体化进程，进而有利于国际社会的稳定发展。⑥ 不过，施韦勒持悲观态度，认为未来的国际体系将处于

---

① Amitav Acharya, *The End of American World Order* (Cambridge: Polity, 2014), p. 11.

② Ibid. , p. 9.

③ Ibid. , p. 10.

④ 有关欧洲、伊斯兰、伊朗、俄罗斯、印度、中国和美国等国家和地区秩序观及其演变，参见 Henry Kissinger, *World Order* (New York: Penguin Press, 2014), chapters 1 - 8。

⑤ Henry Kissinger, *World Order* (New York: Penguin Press, 2014) pp. 361 - 374.

⑥ Richard N. Haass, "The Age of Nonpolarity: What Will Follow U. S. Dominance," *Foreign Affairs*, Vol. 87, No. 3, 2008, pp. 47 - 48, 52.

充满未知、复杂性的混乱状态，与热力学中体系走向熵的过程十分相似。① 多个追求自身利益的规则制定集团和组织将会相互冲突竞争，国际规范新的特点就是没有规范。国际体系权力权威更加流散，进而整个体系由稳定转向失序并引发全球性的萧条与不满。②

而在苏长和看来，当前国际体系既可能退回到无序混乱之中，也可能迈向有序共生的发展道路。共生国际体系强调相互结合、包容或共题间交融，即和谐化过程。③ 随着体系变革和多极力量的发展，当前国际体系中出现了较强的共生力量和意识，特别是经济相互依赖、核武器和环保运动为国际体系走向共生体系创造了有利条件。④ 未来的共生体系将呈现以下特点：各大文明的核心价值体系遵循费孝通规则（"各美其美、美人之美、美美与共、天下大同"）和谐共处；以包容化解国际体系权力转型期的风险；安全领域奉行结伴而非结盟；通过行政合作连接国内政治与国际关系。⑤

（三）重回大国竞争

秉承现实主义思路的学者同样认为，随着美国实力优势的相对弱化，美国的单极体系和自由霸权秩序将难以持续，大国竞争正在回归，⑥ 而参与竞争的大国数量和战略选择将决定未来国际秩序的趋势

---

① Randall L. Schweller, *Maxwell's Demon and the Golden Apple*：*Global Disorder in the New Millennium*（Baltimore：John Hopkins University Press, 2014），pp. 3 – 9.

② Ibid. , pp. 9, 26.

③ 苏长和：《共生型国际体系的可能——在一个多极世界中如何构建新型大国关系》《世界经济与政治》2013 年第 9 期，第 9、22 页。共存逻辑参见秦亚青《关系与过程——中国国际关系理论的文化建构》，上海人民出版社，2012，第 96 页。任晓认为，传统东亚秩序则是典型的共生体系。参见任晓《论东亚"共生体系"原理——对外关系思想和制度研究之一》，《世界经济与政治》2013 年第 7 期，第 4 ~ 22 页。

④ 苏长和：《共生型国际体系的可能》，《世界经济与政治》2013 年第 9 期，第 11 ~ 12 页。

⑤ 苏长和：《共生型国际体系的可能》，《世界经济与政治》2013 年第 9 期，第 12 ~ 14 页。

⑥ Thomas Wright, "The Rise and Fall of the Unipolar Concert," *The Washington Quarterly*, Vol. 37, No. 4, 2014, pp. 7 – 24.

与特征。

在莱恩看来，2008 年金融危机之后，新兴大国尤其是中国的崛起正加速蚕食美国的权力范围，美国的相对衰落与中国等国家的迅速崛起标志着国际体系正在从单极体系向多极体系演进。[①] 阎学通则认为，2008 年金融危机后，中美综合实力差距缩小，同时两国与其他大国的实力差距则在扩大。因此，大国综合实力结构正由美国单极体系向两极化发展，国际秩序向多极化发展的潜在可能性越来越小。[②]

尽管美国学者强调中美可形成两国集团合作参与全球治理，[③] 但阎学通认为在单极转向两极的过渡阶段，中美无法回避战略竞争，而竞争的焦点则是东亚。2020 年之前美国仍将是世界中心的一部分，但目前欧洲的世界中心地位将由东亚取代。美国要保持在新世界中心的影响力，中国则要提高其在所在地区的影响力，两国在东亚的矛盾难以避免，战略竞争的激烈程度也将远远超过两国在其他地区的战略竞争激烈程度。[④]

在周方银看来，中美在东亚展开竞争所依赖的优势各不相同。中国的优势在于其迅速增长的经济实力。而美国在战略安全领域的优势则依旧非常明显。因此，东亚在一定意义上形成了安全中心与经济中心明显分离的二元格局，使得东亚国家对中美采取了"两面下注"的对冲政策，即安全问题上东亚国家更倾向于依赖美国，而在经济问

① Christopher Layne, "This Time It's Real: The End of Unipolarity and The *Pax Americana*", *International Studies Quarterly*, Vol. 56, No. 1, 2012, pp. 204, 212.

② 阎学通：《权力中心转移与国际体系转变》，《当代亚太》2012 年第 6 期，第 18 页；阎学通：《历史的惯性》，中信出版社，2013。

③ C. Fred Bergsten, "A Partnership of Equals", *Foreign Affairs*, Vol. 87, No. 4, 2008, pp. 57 - 69; Zbigniew Brzezinski, "The Group of Two That Could Change the World", *Financial Times*, January 13, 2009.

④ 阎学通：《权力中心转移与国际体系转变》，《当代亚太》2012 年第 6 期，第 10 页。米尔斯海默也持类似观点，参见 John Mearsheimer, *The Tragedy of Great Power Politics* (*Update Version*) (New York: W. W. Norton, 2014), chapter 10。

题上东亚国家主要依靠中国。展望未来较长时期的东亚，中国的经济优势与美国的军事安全优势都不会发生根本性的变化或动摇，东亚的中美二元格局也将长期存续下去。①

在两极化或二元格局持续的过程中，中美的战略选择将成为影响未来国际秩序走向的关键。为了在大国竞争中赢得先机，约翰·米尔斯海默（John Mearsheimer）认为中国会遵循进攻现实主义的逻辑，采取对外军事扩张战略并逐步将美国的影响力排挤出东亚。20 世纪初，崛起过程中的美国就采用这一战略迫使当时的主导国英国退出美洲。② 阎学通则提出了道义现实主义理论，在肯定物质实力作用的同时，认为政治领导是决定大国竞争成败的核心因素。③ 如果中国能借鉴"仁、义、礼"三个古代概念，在国际冲突中更多地维护弱者的合法权益，具有更强的战略可靠性，那么中国更有可能成功实现民族崛起并塑造国际秩序。④

（四）等级视角

到目前为止，围绕未来国际秩序走向的争论依然在延续。国际秩序的演变是一个长期的过程，新秩序的成型有赖于主要大国间的力量对比相对稳定以及主要大国就相应行为规范达成默契。由于当前的国际力量对比仍处于显著变动之中，新兴国家与发达国家围绕国际规则制定的竞争逐步展开，因此准确判断未来国际秩序尚需时日。

尽管还难以明确判断未来国际秩序的发展趋势，但学者们普遍认

---

① 周方银：《中国崛起、东亚格局变迁与东亚秩序的发展方向》，《当代亚太》2012 年第 5 期，第 10 ~ 17 页。

② John Mearsheimer, *The Tragedy of Great Power Politics* (*Update Version*), (New York：W. W. Norton, 2014), chapter 10.

③ 阎学通：《道义现实主义的国际关系理论》，《国际问题研究》2014 年第 5 期，第 102 ~ 128 页。

④ 同上，第 127 页。

为，在未来 10～15 年里美国依然拥有较大的实力优势并将继续在国际体系内发挥重要作用，其主导的安全等级体系也将维持稳定。与此同时，2008 年金融危机之后美国的实力地位确实相对下降，从而为其他国家和行为体参与塑造国际秩序留下了空间，特别是在这些国家或行为体影响力相对较大的特定地区和领域。

因此，上述三种国际秩序的适用范围可能会因地区和领域不同而存有差异。例如，由于新兴大国经济融入既有秩序程度较深，国际经济秩序延续自由霸权特征的可能性较大。多元复合秩序则更适合于全球政治和环境领域的秩序建设，新兴大国相应的治理理念和规范的影响力可能会逐步扩大。而大国竞争的逻辑会更集中地体现在战略安全领域。

值得注意的是，安全秩序的变迁可能主要体现在地区层面而非全球层面，其原因在于在未来 10～15 年里不大可能出现同美国一样具有全球安全影响的超级大国。从地区安全秩序来看，东亚安全秩序的走向最为引人关注，其原因在于从目前的发展态势看，中国是唯一能够缩小与美国实力差距的大国，而中国战略影响力的提升主要集中在东亚地区。因此，东亚安全秩序的发展趋势将对国际安全秩序的走向有着决定性的影响。[①]。

地区安全秩序是指安全复合体中主导的安全管理模式。[②] 在当前的东亚安全秩序中，美国东亚安全等级体系的存在使中国难以组建自身主导的安全等级体系。与此同时，中美结构性的安全矛盾使中国不可能成为美国东亚等级安全体系的一员。因此，自助大国中国与美国安全等级体系的共存竞争关系决定了东亚地区秩序既不可能是冷战时

---

① 阎学通：《权力中心转移与国际体系转变》，《当代亚太》2012 年第 6 期，第 4～21 页。

② Patrick M. Morgan, "Regional Security Complexes and Regional Orders", in David A. Lake and Patrick M. Morgan, eds. , *Regional Orders: Building Security in a New World* (University Park: Pannsylvania State University Press, 1997), p. 32.

期美苏两大等级体系对抗的均势秩序，也不可能是二战后德国加入北约后欧洲形成的纯粹的等级安全秩序。

在我们看来，东亚安全秩序呈现典型的局部等级秩序特征。局部等级秩序是指由单极大国的安全等级体系和自助国家共同构成的安全秩序，其与等级秩序的区别在于出现了能够挑战超级大国安全主导地位的自助大国。局部等级秩序与均势秩序的区别则在于体系内有且仅有一个超级大国主导的安全等级体系，即超级大国与其他大国具有相当的实力差距。此外，局部等级秩序也不同于单极秩序，其原因在于超级大国拥有稳定的等级体系，并在其中享有支配性权威。也即说，从结构、行为体和国际规范三个方面，局部等级秩序定义了一种不同于单极、等级和均势的国际安全秩序。

具体到东亚地区，美国主导的同盟体系是东亚地区唯一的安全等级体系，同时东亚地区还包括中国、越南等自助国家。从实力规模和发展趋势上看，中国处在综合国力的上升期并且已初步具备了动摇美国主导地位的能力，但尚难以直接挑战美国安全等级体系，而2008年之后美国虽实力有所下降但尚未显著影响其东亚安全等级体系的延续。此外，东亚中小国家虽尝试通过地区机制塑造东亚地区秩序，[1]但由于自身实力相对弱小，这些中小国家更多的时候是地区秩序的承受者而非塑造者。即使地区制度化程度最高的东盟，也由于自身的分裂而难以成为地区规范的引领者。[2] 因此在未来 10～15 年里，局部等级秩序仍将是东亚安全的核心特征。[3]

在局部等级秩序下，东亚地区稳定的核心挑战在于美国的东亚安

---

[1] Amitav Acharya, "The Emerging Regional Architecture of World Politics," *World Politics*, 7/2007, Vol. 59 (04), pp. 638 – 640.

[2] David Martin Jones and Michael L. R. Smith, "Making Process, Not Progress: ASEAN and the Evolving East Asian Regional Order", *International Security*, Vol. 32, No. 1, 2007, pp. 151 – 159.

[3] 孙学峰:《中国的钓鱼岛政策》，工作论文，2015 年 1 月。

全等级体系与中国如何协调利益诉求,[①] 而战略对冲将是各国维护地区稳定的核心机制和战略选择。对于实力较弱的中小国家,战略对冲将表现为同时与处于战略竞争关系的大国开展政治安全合作,而不是完全追随一方,对抗另一方。[②] 具体到美国的从属国,战略对冲意味着在接受美国安全保护的同时,保持与中国深层次的政治安全协调和战略经济合作,不完全追随美国可能遏制中国的战略。

对于实力较强的自助大国而言,战略对冲则表现为在增强实力谋求战略优势的同时采取合作手段安抚战略对手,力图短期内防止与战略对手爆发冲突,同时为长期可能爆发的冲突或丧失的既有利益做好准备。[③] 例如,中国一方面在经济实力上升的过程中适度提升军事实力,另一方面则主动开展与美国安全等级体系及其他国家的双边安全交流合作,积极参与美国等级安全体系推动的安全协调机制 (如六方会谈),同时广泛参与地区多边安全对话;即使倡导建立新的地区安全机制,也会坚持开放包容的原则而不会刻意排斥美国及其安全体系内的国家。

尽管战略对冲无法消除美国安全等级体系与自助国家的安全竞争,但可以确保东亚不再重现冷战时期欧洲两大安全体系全面对抗的局面,同时可以防止东亚国家之间因领土纠纷等安全矛盾爆发大规模冲突。因此,战略对冲是局部等级秩序下规避重大安全风险的

---

① Evelyn Goh, "Hierarchy and the Role of the United States in the East Asian Security Order", *International Relations of the Asia – Pacific*, Vol. 8, No. 3, 2008, pp. 369 – 372; Nick Bisley, "China's Rise and the Making of East Asia's Security Architecture", *Journal of Contemporary China*, Vol. 21, No. 73, 2012, p. 34; 孙学峰、黄宇兴:《中国崛起与东亚地区秩序演变》,《当代亚太》2012 年第 6 期, 第 6 ~ 34 页。

② Kuik Chen – Chwee , "Making Sense of Malaysia's China Policy: Asymmetry, Proximity, and Elite's Domestic Authority", *Chinese Journal of International Politics*, Vol. 6, No. 4, 2013, pp. 433 – 436.

③ Brock F. Tessman, "System Structure and State Strategy: Adding Hedging to the Menu," *Security Studies*, Vol. 21, No. 2, 2012, pp. 204 – 205.

有效措施。而东亚安全秩序的相对稳定将为中美在全球经济、政治和环境治理领域的合作创造有利条件，促进全球经济合作和全球政治和环境领域的多元协商，进而为美国自由霸权秩序之后的全球稳定奠定基础。

四 结论

从苏联解体算起，截至 2015 年美国单极体系已经维持了 24 年，这期间围绕其发展趋势的理论争论从未间断。从 20 世纪 90 年代的体系制衡是否重现，到伊拉克战争之后的如何制约美国，再到 2008 年金融危机之后的自由霸权秩序能否延续，贯穿这些学术争论的主线则是既往的理论积累是否依然适用于美国单极体系。从过去 20 余年的国际关系实践看，以近代至冷战欧洲均势体系为经验基础的理论已难以适用于美国单极体系，突出表现是体系制衡至今仍未出现，通过拓展制衡概念来分析制约美国的方式的变化广受质疑，冷战时期形成的自由霸权秩序框架也难以充分揭示国际秩序未来的发展趋势。正是在这一背景下，不少学者开始尝试拓展国际关系研究的时空维度和思想基础。①

为此，我们尝试从美国安全等级体系的影响入手破解美国单极体系发展趋势的理论困惑，并取得初步的研究进展。首先，等级视角有助于理解美国未遭遇制衡的根源。美国安全等级体系内的国家大多自

---

① 可参见 Stuart Kaufman, Richard Little, William C. Wohlforth, eds., *The Balance of Power in World History* (New York: Palgrave Macmillan, 2007); 许田波《战争与国家形成：春秋战国与近代早期欧洲之比较》，徐进译，上海人民出版社，2009; Yan Xuetong, *Ancient Chinese Thought Modern Chinese Power*, Princeton: Princeton University Press, 2011; 秦亚青《关系与过程——中国国际关系理论的文化建构》，上海人民出版社，2012; 阎学通《道义现实主义的国际关系理论》; Randall Schweller, *Maxwell's Demon and the Golden Apple: Global Disorder in the New Millennium* (Baltimore: John Hopkins University Press, 2014), chapters 2–7。

二战以来就接受美国的安全保护，这使这些国家只有依赖美国支持才能有效应对重大外部安全威胁。也就是说，这些国家已经不再是均势理论假定的自助国家。因此，美国未遭遇其盟国制衡的根源在于其盟国国家安全特性的变化。与此同时，接受美国安全保护的国家数量庞大且实力较强，进一步扩大了美国与自助大国的实力差距，结果导致其他国家更加难以针对美国采取制衡策略。其次，等级视角有助于理解制约美国实力优势的战略选择。对于安全等级体系内的国家而言，只能采取躲避和规范说服等策略，至多在条件许可的范围内适度奉行战略对冲，以确保美国对其安全保护承诺的持久可靠。对于自助国家而言，可在非敏感领域对美国进行适当约束或与美国的盟国联合进行软制衡，但要防止这些国家率先与美国和解。去合法化战略能够直接削弱美国向其盟国提供安全保护的能力，但也容易招致美国安全等级体系内国家的抵制。因此，自助国根据与美国安全矛盾的程度，采取战略对冲或不对称战略是较为理想的选择。最后，等级视角有助于准确理解国际秩序尤其是东亚秩序的发展趋势。美国安全等级体系的存在使东亚安全秩序呈现局部等级秩序的特征。局部等级秩序是指由超级大国的安全等级体系和自助国家共同构成的安全秩序。在局部等级秩序下，战略对冲将成为维护东亚稳定的核心机制和战略选择。而东亚安全秩序的相对稳定将为中国与美国在全球经济、政治和环境治理领域的合作创造有利条件，在这些领域推动多元协商秩序的形成。

长远来看，为了更加准确地把握美国单极体系发展趋势，我们要深入理解美国安全等级体系的重要影响。其一，重点关注美国等级安全体系对不同地区安全秩序的影响，通过系统比较厘清共同之处和差异所在，进而发展出适合解释单极体系下地区安全秩序的创新理论，其中东亚安全秩序研究将是重中之重。一方面，崛起国中国与美国东亚安全体系之间的互动不但决定了国际体系新中心东亚地区的稳定，而且将会直接影响美国自由霸权秩序之后国际经济和全球治理秩序的稳定；另一方面，东亚安全秩序的新特征有助于学者们利用东亚地区国际关系的历史经验和现实发展创新国际关系理论。①。其二，重点关注美国安全等级体系对美国主导地位合法性以及全球治理规范走向的影响，以便更加深入地理解美国单极体系下全球经济、政治和环境治理规范的发展方向和秩序走势。

---

① 参见高程《历史经验与东亚秩序研究：中国国际关系理论的创新视角》，《外交评论》2013 年第 3 期，第 1～19 页。事实上，二战以来国际关系的重要理论创新大都源于对地区安全秩序研究的突破。例如，古典现实主义、新现实主义（防御现实主义）和结构建构主义均源自对欧洲安全秩序的开创性研究，进攻性现实主义则主要源于针对美国崛起对美洲安全秩序的塑造。

冷战后东亚地区秩序的演变趋势

孙学峰　黄宇兴

冷战结束后，东亚地区秩序的变化显而易见，但是学界对于如何界定当今的东亚地区秩序一直存有争论。本章试图从地区秩序的界定和分类入手，结合冷战后有关东亚地区秩序的争论，分析中国崛起对东亚地区秩序形成的影响，辨析和把握东亚地区秩序的发展方向。我们发现，冷战后有关东亚秩序的争论说明，东亚地区尚未形成得到普遍认可的秩序安排，但决定其未来发展走向的两个核心因素已越发明确，即美国东亚安全等级体系的走向和中国实力地位的崛起。决定东亚地区秩序未来的关键是既有的美国东亚同盟体系如何应对中国崛起，而这一进程将直接塑造东亚地区秩序的走向和具体内容。

本章共分为五个部分，第一部分界定地区秩序的含义和分类标准；第二部分借助历史案例说明地区秩序的四个理想类型；第三部分重点阐述影响东亚秩序演变的两个关键因素，即中国崛起和美国的东亚安全等级体系；第四部分提出东亚地区秩序已逐步呈现美国安全等级体系与日益崛起的中国协调共治的特点；第五部分是总结部分。

一 地区秩序的含义与分类标准

地区秩序研究很大程度上源于功能主义学派有关地区主义的讨论，[①] 但长时间以来国际关系学界有关地区秩序的讨论并不是特别充分。[②] 理查德·施韦勒（Randall L. Schweller）认为，出现这种状况的主要原因在于，秩序的含义较为模糊，导致学者们难以达成一致意见。[③]

尽管难以达成一致意见，学者们还是就地区秩序的界定进行了许多有意义的探讨。例如，学者们普遍认可界定地区秩序首先始于对地区的界定。除地理因素之外，地区的概念还应该包括权力分配、历史、文化等因素。[④] 比如，布赞的"安全复合体"（Security Complexes）理论强调，在地理因素基础上，要注重考察国家间安全的相互依赖关系对地区秩序

---

① 关于地区安全主义的中文文献综述，参见郑先武《全球化背景下的安全区域主义：一种分析框架》，载朱瀛泉主编《国际关系评论第五辑》，南京大学出版社，2007，第44～66页。

② Yuen Foong Khong, "The Elusiveness of Regional Order: Leifer, the English School and Southeast Asia," The Pacific Review, Vol. 18, No. 1 (2005), pp. 23－41；朱锋：《国际关系理论与东亚安全》，中国人民大学出版社，2007，第146页。国际关系中的地区研究似乎只考察某些区域的国家间互动，例如，外交、经济和安全行为，但是对国家的行为对秩序的形成和影响却关注甚少，例如，W. Howard Wriggins eds, Dynamics of Regional Politics: Four Systems on the Indian Ocean Rim，尽管该书以地区为单位考察国家之间的互动，但基本上不涉及对秩序讨论。

③ Randall L. Schweller, "The Problem of International Order Revisited: A Review Essay," International Security, Vol. 26, No. 1. (Summer, 2001), pp. 161－186.

④ 对"地区"的界定参见 Björn Hettne, "The New Regionalism: A Prologue," and "Regionalism, Security and Development," in Björn Hettne, András Inotai and Osvaldo Sunkel eds., Comparing Regionalisms: Implications for Global Development (New York: Palgrave, 2001); Andrew Hurrell, "Explaining the Resurgence of Regionalism in World Politics," Review of International Studies, Vol. 21. No. 3. 1995, pp. 331－358, 333, 335, 337. Muthiah Alagappa, "Regionalism and Conflict Management: a Framework for Analysis," p. 363. Geoffrey Wiseman, "Common Security in the Asia－Pacific Region," Pacific Review, Vol. 5. No. 1. 1992, pp. 42－59.

形成的作用。① 再如，学者们充分肯定依照权力分配界定地区秩序的合理性。② 同时，随着建构主义理论的兴起，研究人员开始注重在地区文化概念的基础上讨论认同问题与地区秩序的形成。本文作者将在既有研究的基础上，提出具有较强操作性的地区秩序定义并划分地区秩序的类型。

（一）地区秩序的含义

"秩序"是政治学研究的重要概念，从政治哲学和比较政治学的视角出发，可以认为政府权威产生社会秩序。③ 而在国际关系中，无论是"国际体系"还是"国际社会"，前提都是无政府状态：缺少垄断暴力的权威机关。不过，"秩序是社会的标志，秩序可以和没有中央权威的状态并存，就像无政府不等于混乱一样"④。赫德利·布尔（Hedley Bull）从社会秩序的特征出发，尝试对国际秩序的含义进行界定。他认为，国际秩序指的是国际行为的格局或模式，其追求国际社会基本、主要或普遍的目标，具体包括：维持国家体系和国家社会本身的生存、维护国家的独立或外部主权、国际社会成员之间没有爆

---

① 安全复合体理论参见 Barry Buzan and Ole Waever, *Regions and Powers: The Structure of International Security* (Cambridge: Cambridge University Press, 2002); Barry Buzan, *People, States, and Fear: An Agenda for International Security Studies in the Post - cold War Era* (Boulder, CO: L. Rienner; New York: Harvester Wheatsheaf, 1991, 2nd); Barry Buzan, "Third World Regional Security in Structural and Historical Perspective," in Brian L. Job ed, *The Insecurity Dilemma: National Security of Third World States* (Boulder: L. Rienner Publishers, 1992). pp. 168 - 176; Barry Buzan, "The Logics of Regional Security in the Post - Cold War World," in Björn Hettne, András Inotai and Osvaldo Sunkel eds, *The New Regionalism and the Future of Security and Development* (New York: St. Martin's Press in association with UNU/WIDER, 2000), p. 2。

② 〔美〕彼得·卡赞斯坦：《地区构成的世界：美国帝权中的亚洲和欧洲》，秦亚青、魏玲译，北京大学出版社，2007，第41页。

③ 〔美〕安德鲁·海伍德：《政治学核心概念》，吴勇译，天津人民出版社，2008，第36页。

④ Harvey Starr, "International Law and International Order," in Charles W. Kegley, Jr. ed., *Controversies in International Relations Theory: Realism and the Neoliberal Challenge* (New York: St. Martin's Press, 1995), p. 303.

发战争、限制暴力行为、信守承诺等。[①] 缪赛亚·阿拉加帕（Muthiah Alagappa）界定的国际秩序与布尔的定义也较为相似。他认为，国际社会中的秩序，指国家间正式或非正式的安排，这些安排为国家提供了一种可预测的、稳定的国际环境，使它们能够通过基于规则的互动来追求集体目标，如和平解决争端、和平实现政治变革。[②]

从这些定义出发，我们可以发现，任何地区秩序必然包括三个基本要素：稳定与和平成为共同目标、特定的规则，以及特定的权力分配。[③] 因此，本文对地区秩序的操作性定义是：既定地理范围内国际行为的模式，这一模式推动地区基本目标的实现，具体包括维护地区内国家的生存和主权、减少和防止地区内的暴力冲突、地区规则得以有效执行、地区制度安排和组织运转良好。

具体到经验层面，考察地区秩序的形成和发展水平有赖于观察三个方面的经验现象。首先，地区内的相关国家存在基本的共识，允许彼此的生存。[④] 地区内暴力冲突较少，没有出现地区主要力量之间的大规模冲突。[⑤] 同时，地区内的相关国家能够有效防止地区外的国家在本地区内，与本地区国家或地区外的其他国家发生冲突。其次，地

---

① Hedley Bull, *The Anarchical Society: a Study of Order in World Politics* (New York: Palgrave, 2002), p. 4, 16 - 19.

② Muthiah Alagappa, eds., *Asian Security Order: Instrumental and Normative Features* (California: Stanford University Press, 2003), p. 39.

③ 赫德利·布尔把共同目标看作人类社会秩序的唯一要素，把规则和权力结构排除在秩序概念之外。他认为国际社会的共同目标主要包括：维持国家体系的存在、维护国家主权独立、维护和平。参见〔英〕赫德利·布尔《无政府社会：世界政治秩序研究》，张小明译，世界知识出版社，2003，第2~15页。根据这种定义，不同历史时期的国际秩序是没有区别的。这不符合实际情况，也使我们无法认识国际秩序的演化。事实上，布尔在他的著作中还讨论了均势和大国与国际秩序之间的关系，以及国际法和国际秩序的关系，这表明他实际上认识到，权力结构和规则都是国际秩序必不可少的要素。

④ 从这个角度论证秩序存在的观点，参见 Joseph S. Nye Jr, *The Paradox of American Power: Why the World's Only Superpower Cant Go It Alone* (New York: Random House, 1993), p. 142; Paul Kennedy, *Preparing for the Twenty - first Century* (New York: Random House, 1993), p. 349。

⑤ 梁守德、洪银娴：《国际政治学理论》，北京大学出版社，2000，第237~238页。

区内国家遵守共同的规则，这些规则既可以是适用于整个国际社会的国际法，也可以是仅仅适用于调整地区国家相关关系的各种规则；既可以是经过条约明确宣示的，或者是经过习惯法广泛实践而被接受的，也可能是地区内的国家为处理特定问题而临时草创的。不管怎样，这些规则是对地区内国家行为的限制，其作用越完善有效，地区秩序的发展水平越高。① 再次，地区拥有相应的制度形式、组织机构，维持地区稳定，确保地区规则切实发挥效力。这些制度形式可能是正式的，也可能是非正式的，可能拥有明确的组织机构，可能没有相应的机构形式，② 但是这些制度安排、地区组织能够推动地区秩序的发展方向，创造地区意识，从而实现所谓"地区化"（Regioness）③。不难发现，在反映地区秩序化水平方面，这些具体目标呈现依次递进的关系。地区稳定是基本要求，地区规则行之有效则意味着地区秩序化程度的提升，地区组织、制度安排运转良好则是地区秩序迈向更高水平的直接体现。

（二）地区秩序的分类标准

地区稳定是地区秩序形成的基本特征，而地区稳定有赖于地区内部主要国家的力量对比和区域内国家对地区规则的认可程度。正如亨利·基辛格（Henry A. Kissinger）在考察维也纳会议之后得出的结论，"有实力而无合理的安排会引起测试实力的征战，有合理安排而

---

① K. J. Holsti, Governance without Government: Polyarchy in Nineteenth – century European International Politics, in James N. Rosenau and Ernst – Otto Czempiel eds, *Governance Without Government: Order and Change in World Politics* (Cambridge England: Cambridge University Press, 1992), pp. 30 – 57.

② Norman Dunbar Palmer, *The New Regionalism in Asia and the Pacific* (Lexington, Mass.: Lexington Books, 1991), pp. 4 – 5.

③ 国际组织界定国家利益的观点同样可以发展为地区组织界定地区相关国家的利益。参见 Martha Finnemore, *National Interests in International Society* (Ithaca, N. Y.: Cornell University Press, 1996)。

无实力为后盾，则徒有其表"①。而地区规则的效力和地区制度安排或组织的运行也有赖于上述两个基本因素。正如汉斯·摩根索（Hans J. Morgenthau）谈及拉丁美洲秩序时指出的那样，美国主导的秩序除了面临地区外国家的挑战外，地区成员的态度也至关重要。②也就是说，在任何地区秩序中，国家间的交往必然遵守一定的规则，同时受到权力结构的制约。不同的国际秩序，差别在于不同的规则，以及不同的权力结构。基于此，本文尝试从实力分配和地区规则认同两个方面对地区秩序进行类型划分。

根据地区内主要国家的实力对比情况，地区秩序可分为"拥有单一力量中心"③和"缺乏单一力量中心"④两类。拥有单一力量中心的地区内，力量中心拥有绝对的实力优势，使地区秩序实质上接近了等级制，尽管地区内国家在国际法意义上仍是平等的行为体。⑤也就是说，中心国家成了"中央政府"，地区成了"一个国家"，地区中的各国成了"自治地方"。这种秩序类似于基辛格和亚历山大·温特（Alexander Wendt）等人考察的非正式帝国。⑥例如，19世纪中期以来，美国在北美及加勒比海地区就一直是毫无争议的地区力量中

① 〔美〕亨利·基辛格：《大外交》，顾淑馨、林添贵译，海南出版社，1998，第57页。

② Hans J. Morgenthau, "In Defense of the National Interest," in Jerald A. Combs ed., *Nationalist, Realist, and Radical: Three Views of American Diplomacy* (New York: Harper & Row, 1972), p. 6.

③ 某国占据体系的权力资源达到一半以上，则该国垄断了权力分配。参见 Glenn H. Snyder, "Alliance Theory: A Neorealist First Cut," *Journal of International Affairs*, Vol. 44. No. 1 (Spring 1990), pp. 103 – 123, 108。

④ Inis L. Claude, "The Balance of Power Revisited," *Review of International Studies*, Vol. 15. No. 1. 1989, pp. 77 – 85, 79.

⑤ 等级制下的秩序类型参见 David A. Lake, "Beyond Anarchy: The Importance of Security Institutions," *International Security*, Vol. 26, No. 1. (Summer, 2001), pp. 129 – 160。

⑥ 〔美〕亨利·基辛格：《大外交》，顾淑馨、林添贵译，海南出版社，1998，第5页；Alexander Wendt and Daniel Friedheim, "Hierarchy under Anarchy: Informal Empire and the East German State," in Thomas J. Biersteker and Cynthia Weber eds., *State Sovereignty as Social Construct* (Cambridge: Cambridge University Press, 1996), p. 249.

心。而在近代欧洲地区内部,则一直缺乏这样的单一力量中心。

根据地区规则的认可程度,地区秩序可分为认可程度较低和认可程度较高两个类型,而区分不同接受程度的操作性标准是地区内国家遵守规则的基础。认可程度较低是指地区内国家遵守地区规则主要依靠外在力量的限制,地区内国家会尽可能利用机会尝试突破既定的规则,甚至包括暴力形式。冷战时期,东欧地区国家遵守社会主义阵营的内部规则就是较为典型的例证。认可程度较高是指地区内国家遵守地区规则主要依靠规则内在的合理性,外在力量的变化依然能够对国家遵约行为产生影响,但已大大降低。国家有关地区规则的不同意见往往在承认基本规则的基础上通过谈判、协商加以解决。需要指出的是,拥有单一力量中心的地区内,对地区规则的认可程度往往要转化为对地区力量中心国家主导地位的认可,因为地区内的规则主要依靠地区力量中心来制定和维持。①

二 地区秩序的类型

根据以上分类标准,我们可以把地区秩序划分为四个类型(见表 3 - 1):"霸权秩序"和"朝贡秩序";"均势秩序"和"共同体秩序"。以下我们结合历史案例详细讨论四类地区秩序的具体内容。

表 3 - 1 地区秩序的类型

项目	地区规则认可 程度较低	地区规则认可 程度较高
有单一力量中心	霸权秩序	朝贡秩序
无单一力量中心	均势秩序	安全共同体

---

① 关于体系内国家对强国统治权合法性的认同问题,参见 Robert Gilpin, *War and Change in World Politics* (Cambridge, Cambridge University Press 1981), p. 34。

（一）霸权秩序

在霸权秩序下，既定地区内存在实力超强的单一国家力量中心，即霸权国家。为了维护地区秩序，霸权国家通常借助本国的实力优势，提供公共产品，[①] 制定规则并依靠外在强制力和互惠机制维持秩序。[②] 同时，霸权国家需要防止敌对国家对地区边缘的蚕食[③]，进而在维持秩序的同时达到增进本国安全的目的。不过，在霸权秩序下，中心国家的地位和相应政策、规则并未得到地区大多数国家的高度认可。地区中的国家时常公开或私下批评霸权国家的专横行为，一些国家还尝试利用机会突破中心国家的政策和规则。因此，霸权国家的相应地区政策和规则主要依靠自身的强制力量来保证实施。在有些情况下，中心国家的政策难以得到地区内国家的响应，而中心国家又不愿坐视利益丧失，因而常常利用实力优势加以干涉，包括直接推翻地区内国家的执政政府，引发地区内国家内部的动荡。从总体上看，在霸权秩序下，地区国家之间的稳定能够得以维持，主导国家相应规则能够得以遵守，但地区稳定和

---

① 对霸权提供公共产品的论证，参见 Charles P. Kindleberger, "Dominance and Leadership in the International Economy: Exploitation, Public Goods, and Free Rides," *International Studies Quarterly*, Vol. 25, No. 2, 1981, p. 253; Charles P. Kindleberger, "International Public Goods without International Government," *American Economic Review*, Vol. 76, No. 1. (Mar., 1986), p. 7; David P. Calleo, *Beyond American Hegemony: the Future of the Western Alliance* (New York: Basic Books, 1987), p. 14; Kaul Inge Grunberg Isabelle and Marc A. Stern, "Introduction," and Ruben P. Mendez, "Peace as a Global Public Good," in Kaul Inge Grunberg Isabelle and Stern Marc A., ed., Global Public Goods: International Cooperation in the 21st Century (New York: Oxford University Press, 1999), pp. 3 – 4, p. 404.

② 参见 Robert O. Keohane and Joseph S. Nye, *Power and Interdependence*, (New York: HarperCollins, 1989), pp. 44 – 45。

③ Michael C. Desch, "The Keys that Lock up the World: Identifying American Interests in the Periphery", *International Security*, Vol. 14, No. 1. (Spring, 1989), pp. 86 – 121, 98.; Steven R. David, "Why the Third World Matters," *International Security*, Vol. 14, No. 1. (Spring, 1989), pp. 50 – 85, 59 – 61; Stephen M. Walt, "American Primacy: Its Prospects and Pitfalls", *Naval War College Review*, Vol. 52, No. 2. 2002. pp. 9 – 28, 10.

规则较为脆弱。地区内大多数国家对实力超强的力量中心国家认可程度较低。也就是说，"霸权秩序"最为重要的基础是中心国家的强制力量。

"霸权秩序"的典型是 20 世纪初至 20 世纪 30 年代中期的拉美地区秩序。整个 19 世纪，美国有计划地向美洲地区进行商品输出①，"门罗主义"的出台标志着美国试图在拉丁美洲地区建立独立的势力范围②。但直至美西战争结束③，美国才开始逐步确立其在美洲地区的主导地位④。尽

---

① 经济扩张的数据参见 Charles Lyon Chandler, "United States Commerce with Latin America at the Promulgation of the Monroe Doctrine," *Quarterly Journal of Economics*, Vol. 38, No. 3. (May, 1924), pp. 466 – 467; Kinley J. Brauer, "1821 – 1860: Economics and the Diplomacy of American Expansionism," in William H. Becker and Samuel F. Wells eds, *Economics and World Power: an Assessment of American Diplomacy since 1789* (New York: Columbia University Press, 1984), p. 75; Walter LaFeber, *Inevitable Revolutions: the United States in Central America* (New York: W. W. Norton, 2nded, 1993), pp. 31 – 34。

② 门罗主义的内容、意义和对美洲国家间关系的影响，参见 Conde A. De, *A History of American Foreign Policy* (New York: Scribner, 1963), p. 140; Walter LaFeber, *Inevitable Revolutions: the United States in Central America* (New York: W. W. Norton, 2nded, 1993), p. 23.; Bradford Perkins, *The Creation of a Republican Empire*, 1776 – 1865. In Cohen Warren I ed, The Cambridge history of American foreign relations (Cambridge England: Cambridge University Press, 1993), p. 158; Gale W. Mc Gee, "The Monroe Doctrine—A Stopgap Measure," *Mississippi Valley Historical Review*, Vol. 38, No. 2. (Sep., 1951), p. 250; William Appleman Williams, "The Age of Mercantilism: An Interpretation of the American Political Economy, 1763 to 1828," *William and Mary Quarterly*, 3rd Ser., Vol. 15, No. 4. (Oct., 1958), pp. 436 – 437; Walter LaFeber, *The American Age: United States Foreign Policy at Home and Abroad 1750 to the Present* (New York: Norton, c1994, 2nd ed), p. 87; William R. Shepherd, "Future Pan – American Relations: The Attitude of the United States toward the Retention by European Nations of Colonies in and around the Caribbean," *Proceedings of the Academy of Political Science in the City of New York*, Vol. 7, No. 2, (1917), p. 397。

③ 有观点认为美西战争意味着美国主导的开始，参见 Alstyne Van, *The Rising American Empire* (Oxford: Blackwell, 1960), pp. 165 – 166。

④ 美国无法实现"主导秩序"表现为门罗主义表面强调共和，但拒绝任何结盟。当拉美国家在独立过程中求助于美国，美国既不反对西班牙、葡萄牙等旧殖民者，也无力反对英、法等新殖民强国。美国对拉美国家采取作壁上观的态度。美国不帮助巴西脱离葡萄牙的殖民统治导致拉美各国批评美国对拉美国家只有"压迫、抢劫、奴役"。参见 Morrell Heald and Lawrence S. Kaplan, *Culture and Diplomacy: the American Experience* (Westport, Conn.: Greenwood Press, 1977), p. 73; Murrin John M., "The Jeffersonian Triumph and American Exceptionalism," *Journal of the Early Republic*, Vol. 20, No. 1. (Spring, 2000), p. 21; Thomas A. Bailey, *A Diplomatic History of the American People* (Englewood Cliffs, （转下页注）

管如此，拉美国家对美国的地区政策认可程度一直较低。西奥多·罗斯福的"大棒政策"①、塔夫脱的"金元外交"和威尔逊的"理想主义"一经提出，就成为拉美各国批判的对象。拉美国家还利用泛美大会与美国就地区问题展开斗争，从阿根廷反对关税同盟②到墨西哥反对美国仲裁③，从拉美国家抨击美国对古巴和巴拿马的"保护"④到各国试图成立"拉美国联成员联盟"⑤，1928 年在哈瓦那的第六届泛美会议几乎成了拉美各国一致声讨美国的批判大会。⑥ 20 世纪上半

（接上页注④）N. J. ：Prentice – Hall，1974，9th），p. 184；William Earl Weeks，*Building the Continental Empire；American Expansion from the Revolution to the Civil War*（Chicago，Ill. ：Ivan R. Dee，1996），p. 57；Charles E. Hughes，"Observations on the Monroe Doctrine，"*American Journal of International Law*，Vol. 17，No. 4. （Oct. ，1923），p. 617；William Spence Robertson，"South America and the Monroe Doctrine，1824 – 1828，"*Political Science Quarterly*，Vol. 30，No. 1. （Mar. ，1915），p. 105；S. Gionionsky，"The Unburied Corpse of the Monroe Doctrine，"in Jerald A. Combs ed. ，*Nationalist，Realist，and Radical：Three Views of American Diplomacy*（New York：Harper & Row，1972），p. 180。

① 大棒政策的核心是实力威慑，手段主要是使用武力威胁或使用武力粗暴干涉他国内政，甚至领土夺占，目的是营造美国控制的垄断封闭型美洲体系。参见王玮、戴超武《美国外交思想史：1775 ~ 2005 年》，人民出版社，2007，第 233 页；洪国起、王晓德《冲突与合作：美国与拉丁美洲关系的历史考察》，山西高校联合出版社，1994，第 102 页。

② Thomas A. Bailey，*A Diplomatic History of the American People*（Englewood Cliffs，N. J. ：Prentice – Hall，9thed，1974），p. 408；Jerald A. Combs and Arthur G. Combs，*The History of American Foreign Policy*（New York：McGraw – Hill，2nd ed，1997），pp. 118 – 119；〔苏〕列·伊·祖波克：《美国史纲：1877 ~ 1918 年》，庚声译，生活·读书·新知三联书店，1972，第 293 页；徐世澄主编《美国和拉丁美洲关系史》，社会科学文献出版社，2007，第 79 页；洪国起、王晓德：《冲突与合作：美国与拉丁美洲关系的历史考察》，山西高校联合出版社，1994，第 94 页。

③ 参见徐世澄主编《美国和拉丁美洲关系史》，社会科学文献出版社，2007，第 79 页。

④ 如哥伦比亚持该种观点，参见〔苏〕谢·阿·冈尼昂斯基《美国侵占巴拿马运河史》，薛锺柔译，生活·读书·新知三联书店，1964；〔美〕比米斯《美国外交史（第三分册）》，叶笃义译，商务印书馆，1985，第 27 ~ 65 页。

⑤ 洪国起、王晓德：《冲突与合作：美国与拉丁美洲关系的历史考察》，山西高校联合出版社，1994，第 144 页。

⑥ 参见〔苏〕谢沃斯季扬诺夫主编《美国现代史纲》，桂史林等译，上海三联书店，1978，第 188 页。

叶，在加勒比和中美洲地区①，美国先后 20 余次派出海军陆战队对这一地区实施干涉②。

鉴于泛美会议上拉美各国的抵制与冲突，美国自哈定政府以来，开始有意识地改变美洲政策。1923 年，美国国务卿休斯在做了相当保留的情况下，声称门罗主义既不侵犯任何美洲国家的独立，也不承认美国可以干涉邻国事务。1929 年初，当选美国总统的胡佛宣称，美国认为有必要对拉美国家进行干涉时，应取得其他西半球国家的同意。胡佛政府又出台了《克拉克备忘录》，明确指出，美国放弃利用门罗主义来为干涉辩解的做法。③ 在第七次泛美会议上，美国代表团团长、国务卿赫尔一再声明，美国愿意在与美洲国家合作的基础上推行"睦邻政策"④。美国也于 1934 年 8 月从海地撤军；1936 年 3 月废除了对巴拿马的无限干涉权；1940 年 9 月放弃对多米尼加的干涉，以示诚意。"睦邻政策"导致拉丁美洲国家对美国的态度发生了根本性的转变⑤，在感情上对美国产生了亲近感。

---

① 当时美国国内关于重视加勒比和中美洲地区秩序的讨论，参见 Julius W. Pratt, "The "Large Policy" of 1898," *Mississippi Valley Historical Review*, Vol. 19, No. 2. (Sep., 1932)；〔英〕贝瑟尔主编《剑桥拉丁美洲史 第四卷 约 1870~1930》，中国社会科学院拉丁美洲研究所组译，社会科学文献出版社，1991，第 94~95 页。

② 一个关于美国使用武力干涉拉丁美洲各国的数据，参见邓超《美国侵略下的拉丁美洲》，世界知识出版社，1957，第 26~28 页。

③ 参见〔美〕林克、卡顿《一九〇〇年以来的美国史上卷》，刘绪贻等译，中国社会科学出版社，1983，第 414 页；王玮、戴超武《美国外交思想史：1775~2005 年》，人民出版社，2007，第 305 页；〔美〕拉尔夫·德·贝茨《美国史：1933~1973 上卷》，南京大学历史系英美对外关系研究室译，人民出版社，1984，第 248~249 页。

④ 赫尔的思想可参见王立新《意识形态与美国外交政策：以 20 世纪美国对华政策为个案的研究》，北京大学出版社，2007，第 220 页关于赫尔回忆录中的引言。

⑤ 这种转变可以参见 1934 年 7 月 12 日阿根廷《民族报》、1934 年 3 月 10 日圣地亚哥报纸、1934 年 12 月 15 日洪都拉斯一家主要报纸刊登的评论。原文参见洪国起、王晓德《冲突与合作：美国与拉丁美洲关系的历史考察》，山西高校联合出版社，1995，第 173 页；〔美〕布卢姆等《美国的历程下册第二分册》，戴瑞辉等译，商务印书馆，1988，第 425 页。

（二）朝贡秩序

同霸权秩序一样，朝贡秩序内部也存在一个实力超强的中心国家，能够为地区提供公共产品。与霸权秩序不同的是，朝贡秩序下，地区国家追随中心国家的主要动力并非来自外力胁迫或互惠机制，而是遵守中心国家制定的地区规则的主观意愿。随着时间的推移和中心国家的示范作用，地区内其他国家逐渐会形成对地区中心力量及其制定的相应地区规则的高度认同，将地区秩序视为界定自身身份的文化概念。[1] 地区国家对规则体现出的规范性因素不仅大加赞同，而且可能主动对规则的文化含义加以发挥。"朝贡秩序"的典型就是明、清时期东亚地区的"华夷秩序"[2]。

---

[1] 关于朝贡秩序观，参见 Muthiah Alagappa, "International Politics in Asia: The Historical Context," in Muthiah Alagappa ed., *Asian Security Practice: Material and Ideational Influences* (Stanford, Calif.: Stanford University Press, 1998); Akria Iriye, "Culture and Power: International Relations as International Relations," *Diplomatic History*, Vol. 3. No. 2. 1979. pp. 115 - 128; Zbigniew Brzezinski, *The Grand Chessboard: American Primacy and Its Geostrategic Imperatives* (New York, NY: BasicBooks, 1997), Chapter 1; 〔美〕罗兹曼主编《中国的现代化》，江苏人民出版社，1988，第27~29页；康绍邦、宫力：《国际战略新论》，解放军出版社，2006，第276~277页。

[2] "华夷秩序"是对以中国为中心的朝贡体系的一种描述。关于朝贡问题的文献综述，参见权赫秀《中国古代朝贡关系评述》，《中国边疆史地研究》2005年第3期。关于该秩序的等级制特征，参见〔美〕彼得·卡赞斯坦《地区构成的世界：美国帝权中的亚洲和欧洲》，秦亚青、魏玲译，北京大学出版社，2007，第97页；〔日〕滨下武志《近代中国的国际契机：朝贡贸易体系与近代亚洲经济圈》，朱荫贵、欧阳菲译，中国社会科学出版社，1999；何芳川《"华夷秩序"论》，《北京大学学报》1998年第6期；王明星《韩国近代外交与中国：1861-1910》，中国社会科学出版社，1998，第9、11页；杨军、王秋彬《中国与朝鲜半岛关系史论》，社会科学文献出版社，2006，第155页。关于历史上中国在东亚地区的文化主导地位和地区国家对其认同，参见Wang Gungwu, "The Cultural Implications of the Rise of China on the Region," in Kokubun Ryosei and Wang Jisi eds, *The Rise of China and a Changing East Asian Order* (Tokyo; New York: Japan Center for International Exchange; Washington, D. C.: Distributed outside Japan by Brookings Institution Press, 2004), pp. 78 - 87。

"朝贡秩序"的范围主要包括郑和下西洋①吸引而来的东亚国家和在明、清两朝一直觐见的朝鲜、琉球等国。明成祖时，满剌加第一代国王拜里迷苏拉于 1411 年亲自率领 540 余人的代表团访华，受到明成祖最高规格的接待。② 朝鲜是"朝贡秩序"中对中央王朝认同程度最高的藩属国家，这不仅因为中国为了维护"朝贡秩序"，曾经两次出兵朝鲜，③ 而且因为"东土名藩"的对外政策本就特指对中央王朝的"朝贡"，其外交的精要是"字小事大""事大以诚"。

朝鲜对中央王朝的恭顺达到了相当高的程度。当执行册封世子的任务的明使到达时，"上（朝鲜李氏世宗国王）以便服，朝臣以朝服出迎于慕华楼。使臣将至，上于帐殿之西率群臣躬身迎。……至景福宫，上王（退位之太宗国王）迎命于宫门之外，使臣奉节诰，至勤政殿。上王先拜节诰于上殿厅。入幄帐，上率群臣四败，讫，开殿。使臣亲授诰命于上，上受讫，下庭与群臣四拜，毕，入幄次，服冕服，出，与群臣遥谢，四拜，焚香，又四拜。山呼舞蹈，四拜，入幄

---

① 郑和行动对朝贡秩序地作用参见何芳川《古代来华使节考论》，《北京大学学报》2005 年第 3 期；何芳川《"华夷秩序"论》，《北京大学学报》（哲学社会科学版）1998 年第 6 期，第 35 页；李云泉《朝贡制度史论：中国古代对外关系体制研究》，新华出版社，2004，第 61 页；万明《中国融入世界的步履：明与清前期海外政策比较研究》，上海财经大学出版社，2000。关于洪武、宣德年间海外诸国朝贡的统计表，参见李庆新《郑和下西洋与朝贡贸易》，载王天有、徐凯、万明主编《郑和远航与世界文明：纪念郑和下西洋 600 周年论文集》，北京大学出版社，2005，第 238 ~ 239 页。

② 梁立基：《郑和下西洋与中国 - 东南亚关系》，载王天有、徐凯、万明主编《郑和远航与世界文明：纪念郑和下西洋 600 周年论文集》，北京大学出版社，第 451 页。

③ "壬辰倭乱"是日本直接挑战明王朝和朝鲜王朝之间封贡关系的尝试。明朝应朝鲜国王的请求，在女真部努尔哈赤对东北边防已经形成巨大的军事压力的前提下，仍然出兵朝鲜，抗击日本。明朝在 1592 年底从辽阳发兵十万援助朝鲜。后中日议和不成，朝鲜战事再起。1598 年 11 月的连场海战，成为"壬辰战争"中的决定性战役，日本遭到决定性的打击。朝鲜的"壬辰卫国战争"是明朝为维护封贡体系的重大努力。关于战争中的明、朝、日的战略决策、外交运作和军事行为，参见黄枝连《天朝礼治体系研究中卷东亚的礼义世界》，中国人民大学出版社，1994，第 4 章；或参见陈尚胜《字小与国家利益：对于明朝就朝鲜壬辰倭乱所做反应的透视》，《社会科学辑刊》2008 年第 1 期。

次，释服。"① 朝鲜君臣就是在一次次跪拜中，诚心体会着对中华文明的向往，这便是维持"朝贡秩序"的要义。

尽管朝鲜并非一开始就对清朝政权产生认同，但是当明朝灭亡已久，大清显露"康乾盛世"，朝鲜对清朝的认同随之大为提高。朝鲜方面把来自中国的使者一概称为敕使，迎敕礼仪基本沿用明制。在敕使出发之前，先有牌文从驿站快速传递至朝鲜王廷，朝鲜王廷立即组织"迎接都监厅"开始行动。敕使从渡江直至抵达王京，一路都有朝鲜高官的照料。其间国王还会派出宣慰使（二品以上大员）问安、宴享。敕使抵达汉城（今首尔），从迎恩门、崇礼门到敦化门，到处彩绸飘扬，鼓乐喧天，朝鲜领议政大臣肃迎。一般情况下，国王于次日会率领文武百官行郊迎礼，然后举行颁敕大典。1739 年（乾隆四年），《明史》刊行之后，应朝鲜之请，乾隆皇帝特把《明史朝鲜传》部分赐给朝鲜国王。朝鲜国王以最隆重的礼仪接受该书，并"告庙称庆"②。尽管自乾隆时代，中国主导下的"华夷秩序"在南亚、东南亚相继解体，③ 但清朝与朝鲜的宗属关系一直维持到甲午战争结束。

（三）均势秩序

在均势秩序下，地区内部没有实力超强的力量中心，但地区成员之间普遍接受均势原则，并愿意根据这个原则来管理国际安全事务，维持国际稳定与和平。为此，国家会尊重彼此的利益，彼此的互动充满精明的算计和互相理解，国家之间存在"自动"

① 何芳川：《"华夷秩序"论》，《北京大学学报》（哲学社会科学版）1998 年第 6 期，第 39 ~ 40 页。
② 宋慧娟：《清代中朝宗藩关系嬗变研究》，吉林大学出版社，2007，第 46 页、第 91 ~ 92 页。
③ 这一解体过程，参见何芳川《"华夷秩序"论》，《北京大学学报》（哲学社会科学版）1998 年第 6 期；何芳川《世界历史上的大清帝国》，《史学理论研究》2004 年第 1 期；梁凯《晚清华夏秩序的解体——兼论"朝贡"关系的终结》，《社会科学研究》2000 年第 6 期；李潇《论晚清朝贡体系的解体》，载朱瀛泉主编《国际关系评论》（第五辑），南京大学出版社，2007，第 184 ~ 205 页。

运行的规则以限制各国行动[1]：过分的权力扩张会遭到抵制[2]。尽管国家可能对现存的秩序并不满意，但是出于权力强迫或是理性计算得失的结果不愿打破现存的秩序，从而使秩序得以维持。为了维持均势秩序，大国可能兼并小国以寻求补偿[3]，但更为主要的手段包括两种：结盟和大国协调。结盟是自动履行均势原则、实现均势的一种手段，而大国协调则是大国的集体行动，是均势秩序的一种制度化形式。即地区主要大国主动为解决问题创造条件，在彼此尊重的前提下，对可以共同接受的方案进行变动调整，达成一致意见才能采取相应行动，从而建立地区约束和管理的机制。[4]

一般而言，大国协调呈现三个重要特征。[5] 首先，地区国家通过

[1] 对这种规则的"自动性"的论证，参见 James R. Sofka, "The Eighteenth Century International System Parity or Primacy," *Review of International Studies*, Vol. 27. No. 1. pp. 147 – 163；对规则限制国家行为的论证，参见施罗德对均势的定义，Paul W. Schroeder, "Did the Vienna Settlement Rest on a Balance of Power?," *American Historical Review*, Vol. 97, No. 3. (Jun., 1992), pp. 683 – 706, 685。

[2] Inis L. Claude, "The Balance of Power Revisited," *Review of International Studies*, 1989, 15 (2), pp. 77 – 85, 80; Herbert Butterfield, "The Balance of Power", in Herbert Butterfield and Martin Wight eds., *Diplomatic Investigations: Essays in the Theory of International Politics* (Cambridge: Harvard University Press, 1968), pp. 140 – 143; Michael Leifer, "The Balance of Power and Regional Order," in Michael Leifer ed, *The Balance of power in East Asia* (London: Macmillan, 1986) pp. 143 – 154, 145.

[3] Hedley Bull, *The Anarchical Society: a Study of Order in World Politics*, p. 103.

[4] Robert Jervis, "A Political Science Perspective on the Balance of Power and the Concert," *The American Historical Review*, 1992, 97 (3), p. 724.

[5] 关于"协调秩序"总体特征的讨论参见 Amitav Acharya, *Constructing a Security Community in Southeast Asia: ASEAN and the Problem of Regional Order*, chapter 6; Hans J. Morgenthau, rev. by Kenneth W. Thompson, *Politics Among Nations: the Struggle for Power and Peace* (New York: McGraw – Hill, 1985, 6th), p. 489; Charles A. Kupchan, *The End of the American Era: U. S. Foreign Policy and the Geopolitics of the Twenty – first Century*, Chapter 7. "协调秩序"存在的条件包括地区国家对现状满意，大国之间不可能爆发战争，各国之间形成互惠机制，信息透明等等。参见 Charles A. Kupchan and Clifford A. Kupchan, "Concerts, Collective Security and the Future of Europe," International Security, Vol. 16, No. 1 (1991), p. 144。

多边会议的形式，依照多边主义的原则讨论地区事务。① 其次，大国在多边会议上不能受到羞辱。② 在均势法则的基础上，加入了地区国家的责任、荣誉、权利、义务等要素，促使国家发自内心感到"满意"③。最后，以共同的道德和规范④维持地区秩序。国家间对规则的认同不仅以计算物质利益的成本收益为基础，而且大国建构的"协调秩序"使它们会在实现利益的基础上，讨论彼此关心的道德与规范问题，并以此为共同利益的联系和调和冲突的润滑剂。⑤

"均势秩序"的典型代表是 1856 年《巴黎和约》签订之后的欧洲秩序，其现实基础是地区主要大国通过结盟组合实现实力均衡和利益交换。在德意志统一之前，普鲁士是欧洲大国中最弱的一个，为了克服统一过程中的障碍，俾斯麦通过 1866 年与意大利签订的条约和俄国对普鲁士的同情实现了对法国孤立，并通过同年的《普拉克和约》保全了实力相对较弱的奥匈帝国。⑥ 普法战争之后，

---

① 关于"多边主义"的定义和特征，参见 John Gerard Ruggie, "Multilateralism: the Anatomy of an Institution," *International Organization*, Vol. 46, No. 3. (1992), pp. 561 – 598, 567 – 572; James A. Caporaso, "International Relations Theory and Multilateralism: The Search for Foundations," *International Organization*, Vol. 46, No. 3. (1992), pp. 599 – 632。

② Richard B. Elrod, "The Concert of Europe: A Fresh Look at an International System," *World Politics*, Vol. 28, No. 2. (Jan., 1976), pp. 159 – 174, 159 – 166; K. J. Holsti, Governance without Government: Polyarchy in Nineteenth – century European International Politics, in James N. Rosenau and Ernst – Otto Czempiel eds, *Governance Without Government: Order and Change in World Politic*, pp. 30 – 57.

③ Paul W. Schroeder, "The Nineteenth Century System: Balance of Power of Political Equilibrium?," *Review of International Studies*, Vol. 15. 1989. pp. 135 – 153, 143.

④ 欧洲协调期间的国际规范包括自我克制，危机间进行协商，以多边代替单边，公开国家意图。参见贾烈英《无政府性与国际制度有效性的实证研究》，外交学院博士论文，2005 年 6 月，第 34～37 页。

⑤ 利特尔给出的均势的第二种含义实际上是协调秩序，因为利特尔界定国家在这种秩序下会加强合作，秩序的建立表现为国家独立与利益互动的结合。这种秩序是不会自发生成的。参见 Richard Little, "Deconstructing the Balance of Power: Two Traditions of Thought," *Review of International Studies*, 1989, 15 (2), pp. 88, 94 – 95。

⑥ 《普拉克和约》内容参见周鲠生编《近代欧洲外交史》，武汉大学出版社，2007，第 113～114 页。

德国实现统一，欧洲大国的实力分配趋于均衡，从而开始了构建欧洲均势的第一步。

此后，俾斯麦通过同盟体系使德国成为各个同盟的联系者，仲裁每个同盟之中的利益纠纷，以维持欧洲大陆的均势秩序。为防止奥匈帝国因国内的孱弱或因同俄国在近东竞争的失利而垮台，俾斯麦促成了 1872 的三皇同盟和 1879 年的德奥同盟。① 借助德奥同盟，普鲁士坚决维护奥匈帝国的大国地位②，同时劝告奥匈容忍俄国在巴尔干和近东地区的扩张。③ 借助三皇同盟，普鲁士成为俄国和奥匈的仲裁人。这些举措使奥匈帝国始终以大国的姿态维护欧洲秩序，同时促使俄国利用德国的支持而在近东拓展势力范围，加剧了俄国同英、法的矛盾。

为防止法国拉拢中欧国家反对德国，俾斯麦极力促成了 1882 年的德、奥、意三国同盟，④ 并于 1883 年吸纳罗马尼亚加入。俾斯麦还推动在三国同盟框架下解决巴尔干问题，以防止法国利用奥地利和意大利在巴尔干问题上的矛盾。同时，俾斯麦利用德俄领导人的亲近

① 三皇同盟的形成过程，参见〔英〕泰勒《争夺欧洲霸权的斗争：1848 - 1918》沈苏儒译，商务印书馆，1987，第 253 ~ 262 页；〔苏〕赫沃斯托夫编《外交史》第二卷下册近代外交（1871 ~ 1914 年），高长荣等译，生活·读书·新知三联书店，1979，第 38 ~ 43 页。德奥同盟缔结的原因分析，参见蔡建《1879 年德奥同盟形成原因浅析》，《吴中学刊》1997 年第 2 期。

② "如果俄国迫使我们在它和奥地利之间进行选择，那么我相信，奥地利会给我们宣示一种保守的和爱好和平的方向，而俄国宣示的则是一条不确定的方向。" 参见〔德〕奥托·冯·俾斯麦《思考与回忆：俾斯麦回忆录第二卷》，杨德友、同鸿印等译，生活·读书·新知三联书店，2006，第 209 页。德国对保持奥匈帝国是相当重视的，参见亨利·基辛格《大外交》，顾淑馨、林添贵译，第 119 页；邱凯淇《俾斯麦外交再讨论——兼与王鹏飞同志商榷》，《世界历史》1983 年第 6 期，第 38 页。

③ 俄奥之间的历次矛盾中对俾斯麦建立的"均势秩序"威胁最大的一次是保加利亚危机，参见马俊《论保加利亚危机期间的俾斯麦外交》，《学海》2000 年第 2 期；承庆昌《评德意志帝国宰相俾斯麦的外交政策》，《山西师大学报》1991 年第 1 期。

④ 三国同盟的形成过程，参见〔英〕泰勒《争夺欧洲霸权的斗争：1848 - 1918》，沈苏儒译，商务印书馆，1987，第 313 ~ 317 页。

感先后在 1881 年和 1884 年两次签订三皇同盟条约;① 此外，普鲁士还作为幕后力量积极促成了 1887 年两次地中海协定，以拉拢英国，通过再保险条约延迟了俄、法的接近。② 结果，普鲁士不但孤立了法国，还使德国成为英、俄矛盾的协调国。也就是说，俾斯麦通过近东地区的动荡换来了欧洲的相对稳定。

（四）共同体秩序

共同体秩序下，既定地区中同样不存在实力超强的单一力量中心，但国家遵守地区规则的主要动因不是受到外力强迫或者因为利益计算的结果，而是出于对规则、规范的高度认可和道德自律，合作的方式是通过谈判、对话、沟通来取得观念共识、取消暴力、消灭争端的过程，是塑造朋友身份和友好文化的过程。③ 安全共同体秩序下，地区国家之间因为互信而没有敌意，表现为没有冲突和战备行为；地区国家在地区组织或区域制度中发展合作，这使得国家间的关系与社会中个人间的关系颇为类似，从而使国家在国际层面上实现了社会化，秩序的变迁得以在地区国家之间以和平的方式实现。④ 安全共同

---

① 俄国外相哥尔查科夫对法国较亲近，对德国则不亲近，这部分抵消了俄皇对德国的好感。相比，继任外相吉尔斯对德国则颇有好感。参见〔英〕艾伦·帕尔默，《俾斯麦传》，高年生、张连根译，商务印书馆，1982，第 201 页。俾斯麦论证说，"在俄国，亚历山大二世皇帝的个人感情，不仅是对她舅舅的友好感情，而且还有他对法国的反感，给我们提供了一种保障。""我们同俄国的关系主要是建立在两国君主的相互个人关系上，建立在通过宫廷方面和外交方面的干练和双方代表的各自思想意识加以正确维护的基础上。"参见〔德〕奥托·冯·俾斯麦《思考与回忆：俾斯麦回忆录第二卷》，杨德友、同鸿印等译，生活·读书·新知三联书店，第 88 页、第 94 页。

② 再保险条约订立的过程及其内容，参见〔苏〕赫沃斯托夫编《外交史》第二卷下册近代外交（1871～1914 年），生活·读书·新知三联书店，1979，第 327 页；周鲠生编《近代欧洲外交史》，武汉大学出版社，2007，第 171 页；〔美〕亨利·基辛格《大外交》，顾淑馨、林添贵译，海南出版社，1998，第 144 页；〔英〕泰勒《争夺欧洲霸权的斗争：1848–1918》，沈苏儒译，商务印书馆，1987，第 358～359 页。

③ 参见亚历山大·温特《国际政治的社会理论》，秦亚青译，上海人民出版社，2000 年。

④ Ernst B. Haas, "International Integration: The European and the Universal Process," *International Organization*, Vol. 15, No. 3. (Summer, 1961), 366–367.

体秩序下，国家共享的规则、规范会逐步发展成为界定身份的文化因素，① 国家不再忠诚于狭隘的"国家利益"，而将对国家的忠诚上升为对共同体的忠诚。② 也就是说，共同体秩序意味着地区内国家层次的自治在一定程度上转向了地区层次。③ 这不仅是共同体秩序成熟的表现，也是地区国家所追求的共同目标。

人们普遍倾向于认为当今的欧洲，至少是西欧已经形成了共同体秩序，这种判断的基础是在欧洲经济和安全合作过程中形成的政治信任。尽管舒曼计划和莫内计划推行的是欧洲经济一体化，但经济合作过程中产生的政治互信成为欧洲共同体秩序的重要基础。④ 法德两国的和解标志着法国放弃了自黎塞留以来削弱德国的一贯政策。⑤ 冷战后，法德合作组建欧洲军团，统一后实力强大的德国仍然坚持以合作的态度融入欧洲的安全机制，以赢得邻国的信任和支持。⑥ 随着一体

① 尽管这种文化因素可能来自国内，例如民主要素，但是共同体秩序对共有的文化因素要求较高。参见 Wolfgang Wagner, "Building an Internal Security Community The Democratic Peace and the Politics of Extradition in Western Europe," *Journal of Peace Research*, Vol. 40. No. 6. pp. 695 – 712; 多伊奇认为，共同价值观是形成共同体的前提，参见 Karl W. Deutsch etal. , "Political Community and the North Atlantic Area," *International Affairs*, 1 Aprl, 1958, Vol. 34 (2), pp. 46 – 47。

② 参见 Ernst B. Haas, *The Uniting of Europe: Political, Social, and Economic Forces*, 1950 – 1957 (Stanford, Calif. : Stanford University Press, 1968), p. 16; Jose T. Almote, "Ensuring Security the 'ASEAN' Way," *Survival*, Vol. 39. No. 4. 1997/1998. pp. 80 – 92, 90。

③ Dorette Corbey, "Dialectical Functionalism: Stagnation as a Booster of European Integration," *International Organization*, Vol. 49, No. 2. (Spring, 1995), pp. 254 – 255.

④ 关于莫内计划，参见 George W. Ball, "Introduction," Francois Duchene, "Jean Monnet's Methods," in Douglas Brinkley and Clifford Hackett eds, *Jean Monnet: the Path to European Unity* (New York: St. Martin's Press, 1991)。

⑤ Willis F. Roy, "Schuman Breaks the Deadlock," in Willis F. Roy ed. , *European Integration* (New York: New Viewpoints, 1975), p. 20. John Pinder, *European Community: the Building of a Union* (Oxford: Oxford University Press, 1995, 2nd), p. 4; Geoffery Till, Europe: Past, Present and Future, in Richard Cobbold ed, *The World Reshaped* (New York, N. Y. : Macmillan; St. Martin's Press, 1996), p. 4.

⑥ 西欧联盟内部控制军备，形成认同，参见 Ernst B. Haas and Peter H. Merkl, "Parliamentarians Against Ministers: The Case of Western European Union," *International Organization*, Vol. 14, No. 1. (Winter, 1960), p. 37; Arnold J. Zurcher, *The Struggle to Unite Europe, 1940 – 1958* (New York: New York University Press, 1958), pp. 77 – 79。

化进程的深入，欧洲国家之间逐渐放弃了通过外力强迫他国遵守地区规则的合作模式，更多情况下是借助互相忠诚的规范限制，通过谈判、协商推进合作。①

　　然而，如果考虑到美国和北约的因素，那么，冷战以来欧洲地区秩序并不完全符合共同体秩序。正如冷战之初，比利时首相保罗·亨利·斯巴克（Paul – Henri Spaak）论证的那样，欧洲在安全上严重依赖美国。② 此后的时间也证明，欧洲国家确实无力单独应对地区安全问题和安全危机。冷战期间，如果没有北约作为后盾，欧洲国家既无法实现自我武装，又无法解决德国问题。③ 冷战后，美国在维护北约的前提下适当默许了欧洲发展独立的安全秩序，④ 但是前南斯拉夫内战和科索沃战争充分表明欧洲国家在离开美国和北约之后，依然没有

① Amitai Etzioni, "A Paradigm for the Study of Political Unification," *World Politics*, Vol. 15, No. 1. (Oct., 1962), p. 59. 关于经济整合带来的社会认同，参见 Carl Strikwerda, "Reinterpreting the History of European Integration: Business, Labor, and Social Citizenship in Twentieth – century Europe," in Jytte Klausen and Louise A. Tilly eds., *European Integration in Social and Historical Perspective*: 1950 *to the Present* (Lanham, Md.: Rowman & Littlefield Publishers, 1997), p. 51。

② Paul – Henri Spaak, "The Integration of Europe: Dreams and Realities," *Foreign Affairs.* Vol. 29. No. 1. 1950/1951, p. 94.

③ 参见 Paul Reynaud, "The Unifying Force for Europe," *Foreign Affairs.* Vol. 28. 1949/1950. p. 256; Gerhard Bebr, "The European Defence Community and the Western European Union: An Agonizing Dilemma," *Stanford Law Review*, Vol. 7, No. 2. (Mar., 1955), pp. 175 – 179; Franz Josef Strauss, "An Alliance of Continents, *International Affairs*," Vol. 41, No. 2. (Apr., 1965), p. 193; Josef L. Kunz, "The London and Paris Agreements on West Germany," *American Journal of International Law*, Vol. 49, No. 2. (Apr., 1955), pp. 210 – 216; A. W. DePorte, *Europe between the Superpowers: the Enduring Balance* (New Haven: Yale University Press, 1979); pp. 188 – 189; Walter Lipgens, *A History of European Integration* (Oxford: Clarendon Press, 1982), p. 507。

④ 欧洲发展防务的前提是不削弱美国和北约的作用，否则美国会以严厉的姿态批评欧洲。关于美国反对欧洲发展独立防务以至于影响自身在欧洲领导地位的言论，参见〔比利时〕尤利·德沃伊斯特《欧洲一体化进程：欧盟的决策与对外关系》，门镜译，中国人民大学出版社，2007，第119页。欧洲国家也尽量配合美国的要求，在发展安全秩序的同时照顾美国的利益，强调美国和北约的作用，相关论证可以参见朱明权《欧盟共同外交和安全政策与欧美协调》，文汇出版社，2002。

力量、也没有共识解决地区内的安全问题。[①] 欧洲国家在摇摆之后，最终仍然选择了北约。[②] 由此产生了困境：要么承认欧洲和美国同属于一个"北大西洋地区"，则依照美国超强的实力和欧洲国家对美国的认同程度该地区是"霸权秩序"或者"朝贡秩序"；[③] 要么承认欧洲秩序的实现需要由地区外的国家提供帮助，地区的国家无法自我维持秩序。无论哪个答案，欧洲地区秩序都不是典型的共同体秩序。

三　影响东亚地区秩序走向的关键因素

冷战结束后，东亚以美、苏对抗为主要特征的"两极"均势秩

[①] Stephen M. Walt, "Why Alliances Endure or Collapse," *Survival*, Vol. 39. No. 1. 1997, pp. 166－167. 科索沃战争期间，北约的飞机为打击塞族目标共飞行了 38000 次，美国大约支付了 80% 的控制行动和支持力量所需要的费用，打击行动中选定的 1850 个目标基本上是美国人决定的。在参加打击行动中的 927 架飞机中，美国飞机占 650 架，剩余的 277 架飞机分别是由英国、法国、加拿大、比利时、丹麦、挪威、荷兰、葡萄牙、西班牙和土耳其等 11 国提供的。美国飞机运送的军需品站运送的所有军需品总数的 80% 还多，其所执行的打击任务占所有打击任务的 52%，支持行动的 70% 多。美国是战争期间唯一能提供远程轰炸机的国家，它提供的 24 架远程轰炸机 B－52、B－1 和 B－2 飞机仅仅飞行 320 次，就几乎投下了战争期间约一半的炸弹和弹药。以上数据参见朱立群《欧洲安全组织与安全结构》，世界知识出版社，2002，第 154～155 页。

[②] Robert J. Art, "Why Western Europe Needs the United States and NATO," *Political Science Quarterly*, Vol. 111. No. 1. 1996, p. 36; Kevin Wilson and Jan Van der Dussen, *The History of the Idea of Europe* (Milton Keynes: Open University: Routledge, 1995), pp. 161－162.

[③] 参见 Celeste A. Wallander and Robert O. Keohane, "Risk, Threat, and Security Institutions," In Helga Haftendorn, Robert O. Keohane and Celeste A. Wallander eds., *Imperfect Unions: Security Institutions Over Time and Space* (Oxford: Oxford University Press, 1999), esp. pp. 25－71。该文章认为北约实际上是"霸权秩序"的体现。卡赞斯坦认为北约是一个共同体，这种看法忽视了在北约之中美国实力超强的事实。此外，地理是界定地区的基本要素，历史文化等是在地理基础界定地区的重要因素。美国属于美洲地区而非欧洲地区。关于卡赞斯坦的观点，参见 Peter J. Katzenstein, "Why is There No NATO in Asia? Collective Identity, Regionalism, and the Origins of Multilateralism," *International Organization*, Vol. 56. No. 3, 2002, pp. 575－607。

序发生了深刻变化。^① 但是新的地区秩序较为模糊，不仅缺少有效的安全机制，^② 而且发展前景也存在相当的不确定性，^③ 因此，学者们对当今东亚地区秩序走向的分析也是见仁见智。

认为东亚将形成霸权秩序的学者主要有两种不同意见。一种观点认为，东亚地区存在"不完整的"美国的霸权秩序，应该强化这种秩序，加强美国主导的地区安全合作。^④ 另一种观点认为，美国霸权正在衰落，中国可能崛起为地区霸权国，而且能够为地区提供稳定的安全秩序。^⑤ 但是，坚持均势理论的学者则认为，东亚将回到过去，地区均势将重现。^⑥ 具体而言，东亚均势秩序可能出现两种情形，即中

---

① 哈丁对二战后的东亚地区秩序进行了概括。在他看来，东亚地区先后经历了四个地区秩序，但是哈定没有给出分类标准，导致他的观察比较模糊，秩序之间的转变也不十分清晰。参见 Harry Harding, "International Order and Organization in the Asia – Pacific Region," in Robert S. Ross ed, *East Asia in Transition: Toward a New Regional Order* (Armonk, N.Y.: M. E. Sharpe, 1995), pp. 326 – 328。

② 关于这一点的论证参见 Ralf Emmer, "Security Relations and Institutionalism in Southeast Asia," paper prepared for presentation entitled "Asia's New Institutions Architecture: Managing Trade and Security Relations in a Post 9/11 World," Berkeley, APEC Study Center, Dec. 9 – 10. 2005. p. 24; Harry Harding, "International Order and Organization in the Asia – Pacific Region," p. 328, 344。

③ Bob Catley, "The Bush Administration and Changing Geopolitics in the Asia – Pacific region," *Contemporary Southeast Asia*, Vol. 23. No. 1. pp. 149 – 167. 阮宗泽讨论了可能的东亚秩序，并认为比较理想的是"认同秩序"，参见阮宗泽《中国崛起与东亚国际秩序的转型：共有利益的塑造与拓展》，北京大学出版社，2007，第 164 页。

④ Yukio Okamoto, "Japan and the United States The Essential Alliance," *Washington Quarterly*, Vol. 25. No. 2. 2002. pp. 59 – 72. esp. p. 60; Kurt M. Campbell, "Energizing the U. S. – Japan Security Partnership," *Washington Quarterly*, Vol. 24. No. 3. 2000. pp. 125 – 134.

⑤ David C. Kang, "Getting Asia Wrong: The Need for New Analytical Frameworks," *International Security*, 27, 4, Spring 2003, International Searity, 1993, Vol. 18 (3), pp. 57 – 85. 沈大卫也积极看待中国的崛起，认为古代中国维持的朝贡系统是一种仁慈霸权，现在中国崛起也没有被多数亚洲国家看作威胁，因此这些国家没有制衡中国。参见 David Shambaugh, "China Engages Asia: reshaping the regional order," *International Security*, 29, 3, Winter 2004/05 (Uuiversity Park: Penn State University Press, 1997), pp. 64 – 99.

⑥ Barry Buzan and Gerald Segal, "Rethinking East Asia Security," *Survival*, Vol. 36. No. 2. 1994, pp. 3 – 21. esp. p. 4.

美两极均势①和地区多极均势。② 也有学者认为，东亚地区秩序将逐步由"轴辐"方式向安全共同体和多边主义转移，③ 特别是东盟作为东亚安全机制的重大创新，在建构国家间信任的方面所起的作用值得关注。④

冷战后有关东亚秩序的争论说明，东亚地区尚未形成得到普遍认可的秩序安排，但决定其未来发展走向的两个核心因素已越发明确：美国东亚安全等级体系的走向和中国实力地位的崛起。决定东亚地区秩序未来的关键是既有的美国东亚同盟体系如何应对中国崛起。

（一）中国的地区影响上升但难以成为主导力量

1. 东亚国家愈加依赖中国经济

冷战结束以来，中国的国内生产总值一直保持着年均 10% 左右

① Robert Ross, "The Geography of the Peace: East Asia in the Twenty - first Century," *International Security*, 23, 4, Spring 1999, pp. 81 - 114.

② Aaron Friedberg, "Ripe for Rivalry: Prospects for Peace in a Multipolar Asia," *International Security*, 1993, Vol. 18 (3), pp. 5 - 33; Richard Betts, "Wealth, Power, and Instability: East Asia and the United States after the Cold War," *International Security*, 1993, Vol. 18 (3), pp. 34 - 77. John Mearsheimer, "Back to the Future: Instability in Europe after the Cold War," *International Security*, 15, 1, Summer 1990, pp. 5 - 56; Susan Shirk, "Asia - Pacific Regional Security: Balance of Power or Concert of Power?" in David Lake and Patrick Morgan, ed., *Regional Order: Building Security in a New World* (University Park: Penn State University Press, 1997), pp. 245 - 270.

③ David Shambaugh, "Asia in Transition The Evolving Regional Order," *Current History*, Vol. 105. No. 690. 2006. pp. 153 - 159.

④ 彼得·卡赞斯坦：《地区构成的世界：美国帝权中的亚洲和欧洲》，秦亚青、魏玲译，北京大学出版社，2007，第 145、152 页；Anindya Batabyal, "ASEAN Is Quest for Security: A Theoretical Explanation," *International Studies*, Vol. 41. No. 4. 2004. pp. 349 - 369, 352; Michael Haas, *The Asian Way to Peace: a Story of Regional Cooperation* (New York: Praeger, 1989). pp. 2 - 10, 21, 286; W. Howard Wriggins eds., *Dynamics of Regional Politics: Four Systems on the Indian Ocean Rim* (New York: Columbia University Press, 1992), p. 290; Muthiah Alagappa, "Regionalism and Conflict Management: a Framework for Analysis," *Review of International Studies*, Vol. 21. No. 3. 1995. pp. 359 - 387; Amitav Acharya, "Will Asia's Past Be Its Future," *International Security*, Vol. 28. No. 3. 2003/2004, pp. 149 - 164, 150; Amitav Acharya, *Constructing a Security Community in Southeast Asia: ASEAN and the Problem of Regional Order* (New York; London: Routledge, 2001). Chapter 2; Zhang Yunling, "Northeast Asian Community: Making Vision into Reality," in Zhang Yunling, *East Asian Regionalism and China* (Beijing: World Affairs Press, 2005). pp. 195 - 214. 朱锋：《东亚需要什么样的区域主义？——兼析区域主义基本理论》，《太平洋学报》1997 年第 3 期，第 34~35 页。

的增长，是世界主要国家中增长速度最快的国家。随着国民经济的高速增长，中国的国内生产总值规模逐步扩大，先后超过法国（2005年）、英国（2006年）和德国（2007年）。2009年，中国的 GDP 为33.5万亿元，按照2009年人民币兑美元年平均汇率中间价6.831计算，约为4.91万亿美元，达到日本国内生产总值的96%。① 2010年7月，中国人民银行副行长易纲表示，到2010年第二季度，中国的国内生产总值已超越日本，成为世界第二，② 并一直维持至今。

中国经济实力的崛起虽无法挑战美国的地区战略主导地位，但其在东亚地区的经济影响日趋显现，2008年金融危机的爆发与蔓延更加速了这一进程。在2008年11月和2009年4月召开的20国集团会议上，中国明显被推到了应对金融危机的中心位置。③ 2008年11月10日，中国政府宣布扩大内需，促进经济发展的十项措施后，亚太股市普遍上扬。其中，日经225种股票指数上涨5.8%，香港恒生指数上涨3.52%，韩国首尔股市综合指数上涨1.6%。此外，菲律宾马尼拉股市、印度孟买股市、新西兰股市、澳大利亚悉尼股市也都出现了不同幅度的上涨。④

中国经济实力的崛起促使东亚国家对中国的市场愈加依赖，中国已成为东亚大多数国家的最大贸易伙伴。在美国的五个正式东亚盟国中，日本、韩国、澳大利亚和泰国的最大贸易伙伴都是中国。⑤ 2010年1月1日，中国－东盟双方宣布双边自由贸易区正式启动。从此，中国和东盟六个老成员国文莱、菲律宾、印度尼西亚、马来西亚、泰

① 《日本公布09年 GDP 中国尚未成世界第2大经济体》，《第一财经日报》2010年2月20日。

② 《中国央行副行长易纲：中国已超越日本成为世界第二大经济体》，http://www.zaobao.com/zg/zg100731_001.shtml。

③ 《专家称欧盟无法抗衡美国重建金融体系的路很长》，http://www.china.com.cn/news/txt/2008-11/19/content_16790381.htm。

④ 《中国出台扩大内需措施提振亚太股市》，http://news.xinhuanet.com/video/2008-11/11/content_10340158.htm。

⑤ 参见周方银《中国崛起、东亚格局变迁与东亚秩序的发展方向》，《当代亚太》2012年第5期。

国、新加坡之间，超过90%的产品将实行零关税。中国对东盟的平均关税从9.8%降到0.1%。^① 东盟自贸区启动之后，东盟国家与中国的贸易联系更加紧密。2010年第一季度，中国－东盟进出口贸易额达到629亿美元，同比增长61%，高于中国外贸总体44%的增长水平。2010年3月，中国贸易逆差为72.4亿美元，结束了自2004年5月以来连续70个月顺差的局面。已经成为中国第三大进口来源地的东盟，是中国贸易逆差的主力推手之一。^②

2. 难以形成中国主导的地区秩序

尽管中国整体经济实力逐步上升，但未来5～10年内尚难以撼动美国在东亚地区的主导地位。整体实力上，中国与美国仍然存在较大差距，特别是军事实力的差距尤其明显。根据瑞典斯德哥尔摩和平研究的估计，2014年中国军费开支最高不足美国军费开支的35%，^③ 而两军在实战经验和盟国伙伴网络方面的差距则更为明显。

除巴基斯坦之外，中国几乎没有可以充分信赖的战略盟友，这使中国成为自近代历史以来战略上最为孤立的崛起国家。2010年4月，英国广播公司发布的国家形象调查结果也充分显示，中国在国际和东亚地区层面的吸引力都较弱，与美国的差距较为明显。在周边国家中，只有巴基斯坦的受访者较为认可中国的影响力。超过半数的巴基斯坦（56%）的受访者认为，中国的影响力是积极影响，同时只有7%的受访者认为中国的影响力是消极影响。

而在参与调查的东亚国家中（泰国、印尼、韩国、日本），认为中国影响力是积极影响的受访者比例均未超过45%，平均为35%，

---

① http：//world. people. com. cn/GB/10693097. html.

② 《一季度中国东盟自贸区贸易额增61%》，http：//www. cvfta. com/ReadArt. aspx？ Article_ id = 26528。

③ "The 15 Countries with the Highest Military Expenditure in 2014", http：//books. sipri. org/ product_ info？ c_ product_ id = 496.

其中日本最低仅为18%，而认为中国影响力是消极影响的比例均超过30%，平均为43%，其中韩国最高，为61%。[①]

相比较而言，在上述四个国家（泰国、印尼、韩国、日本）中，认为美国影响力是积极影响的受访者比例均超过了34%，平均为46.5%，其中韩国最高为57%，而认为美国影响力是消极影响的比例均低于40%，平均为32.5%，其中日本最低为18%。在菲律宾，有82%的受访者认为，美国的影响力是积极影响，只有8%的受访者认为美国的影响力是消极影响。[②]

在制度模式影响方面，2008年金融危机在一定程度上削弱了美国的软实力，但这主要是相对于其鼎盛时期而言的，并不意味着中国制度模式影响力的明显上升。相反，金融危机使中国的发展模式暴露了不少问题。最为突出的问题就是中国的经济增长过分依靠海外市场的拉动，内部消费需求的作用始终难以发挥应有的作用。此外，中国受到的危机冲击较小主要原因在于中国经济的虚拟部分比例较小，这反映出中国的经济现代化阶段尚不能与发达国家同日而语。一旦美国经历危机后优化监管模式，其发展阶段的优势将再次显现。[③]

概括而言，中国经济总量逐步扩大，对东亚地区的经济影响力愈加显现，中国必将成为东亚地区秩序构建不可忽视的重要力量，但由于中美实力之间的巨大差距以及中国缺乏盟国或战略伙伴，从而导致中国难以成为东亚地区的战略中心，因此，未来十年里，东亚地区难以出现以中国为力量中心的地区秩序，中国与东亚地区构建的基础力量——美国及其同盟体系之间的协调必将逐步拓展和加深。

---

① "2010 BBC World Service Poll," http：//news. bbc. co. uk/2/shared/bsp/hi/pdfs/160410bbcwspoll. pdf, pp. 6 - 7.

② Ibid.

③ Albert Keidel, "Global Financial Crisis：Lessons for the United States and China," www. carnegieendowment. org/publications/index. cfm? fa = view&id = 22329&prog = zch.

（二）美国东亚安全等级体系依旧延续

二战结束后，美国建立了轮辐式的地区安全等级体系，有效地使自己成为东亚的核心，将美国的影响力最大化，提高了美国在东亚地区维持稳定均势的能力。[①] 在美国东亚安全等级体系中，美国是毫无争议的主导力量，为区域内的盟国持续提供安全保护，而地区盟国和伙伴一直高度接受美国的领导地位，认可美国的安全保护作用。对于部分盟国或战略伙伴而言，维持与美国的同盟关系，突出美国安全承诺的有效性，甚至可以有效巩固其政府的国内统治合法性。因此，整个同盟体系在冷战后保持了高度的连续性，并且随着中国实力地位的上升逐步加强。

首先，日本愈加依赖美国。2011 年 11 月，在国内存在严重分歧的情况下，野田佳彦政府出于战略考虑，宣布日本加入"跨太平洋伙伴关系协定"谈判。2012 年 4 月，美日就驻日美军搬迁达成协议。此外，双方决定将在关岛以及北马里亚纳群岛建立共同训练基地，以推动美日同盟能力的一体化。[②] 即使日本个别首相强调回归亚洲，但也无法走向脱离美国的道路。例如，2009 年 10 月 10 日举行的中日韩三国首脑会谈上，日本首相鸠山由纪夫明确表示，日本一直以来过于依赖美国。作为亚洲的一员，日本应该制定更多重视亚洲的政策，并再次提出了建立东亚共同体的构想。但鸠山同时强调，这些调整是以重视日美同盟为基础的。[③] 事实上，减少对美国的依赖和推进东亚共同体相互配套，与脱离美国完全独立截然不同。日本民主党的真实

---

① Dennis C. Blair and John T. Hanley Jr., "From Wheels to Webs: Reconstructing Asia – Pacific Security Arrangements," *Washington Quarterly*, Vol. 24, No. 1, 2001, pp. 7 – 17.

② 吴心伯等：《转型中的亚太地区秩序》，时事出版社，2013，第 125 ~ 126 页。

③ 《中日韩峰会鸠山承认日本过于依赖美国》，http://news.163.com/09/1010/14/5L95T5QG000120GU.html。

目的是希望在维持与美国同盟关系的同时，构筑稳定的亚洲多边框架，以扩大日本在亚洲的自由活动空间。①

其次，韩国希望调整美韩同盟，但离不开美国的安全承诺。2004年8月，美国宣布对全球防务态势进行调整，计划从驻韩美军中撤出12000人，占美国驻韩美军的1/3。美国原准备在2005年底全部撤出，但突然裁撤引起韩国不满，美国与韩国经过多个星期的谈判后宣布将撤军计划延长到2008年，同时美国向韩国承诺："不会减少对韩国安全的承诺，也不会损及我们根据共同防御条约旅行义务的能力"，并在撤军的情况下采取多项措施加强作战能力。② 2009年6月，韩国总统李明博在访问美国前曾表示，韩美同盟关系是解决朝鲜核威胁及导弹威胁的关键。韩国总统府的官员公开承认，韩国将与美方一道，努力把美国向韩国提供核保护伞的义务包含在联合声明中。后来，美国也承诺将韩国置于核保护伞之下。③

最后，其他东亚盟国或伙伴国家都有意强化其与美国的安全防务合作。例如，2005年7月，新加坡与美国签订关于国防与安全问题的紧密合作伙伴战略框架协定，将新加坡确定为美国的主要合作伙伴，进一步强化了两国的防务关系。④ 再如，2002年8月，菲律宾和美国达成合作协议，同意成立美菲防务政策委员会，借以增强和提高双方军队的合作层次，加强两国在政策层面的交流和对话。2003年10月，菲律宾成为美国的"非北约主要盟友"⑤。菲律宾还有赖于美国支持其打击南部群岛的恐怖主义势力。2010年4月，第四届国际

---

① 泓佐：《如何看日本撤回供油舰队》，http：//www.cntheory.com/news/XXSBRDGZ/2010/24/102410120EKF95A9473K689KDC9F7.html。

② 王缉思等主编《美国在东亚的作用：观点、政策及影响》，时事出版社，2008，第185～186页。

③ 《李明博访美寻求核保护》，http：//www.china.com.cn/international/txt/2009-06/16/content_17956332.htm。

④ 王缉思等主编《美国在东亚的作用：观点、政策及影响》，时事出版社，2008，第196页。

⑤ 同上，第195页。

核安全峰会期间，菲律宾总统阿罗约希望得到美国保证，防止 2010 年菲律宾大选时出现 2009 年选举后 46 人因暴力事件丧生的惨剧。[①] 又如，泰国也是美国的"非北约主要盟友"，与美国频繁进行军事演习，合作建立海上军事基地和军事补给维修基地。[②]

美国东亚安全等级体系的延续将继续巩固甚至提高美国在东亚地区的战略优势地位，因此，在未来的 10 ~ 15 年中，东亚地区难以出现多个大国并存的战略格局，也不大可能呈现中美两国或其同盟体系构成的两极均势。地区均势秩序意味着地区缺乏单一力量中心，也就意味着美国成为东亚地区大国之一而非唯一大国，更非地区层面的超级大国，美国甚至可能仅仅作为地区的"离岸平衡手"，发挥制衡的作用而已。[③] 但未来的 10 ~ 15 年里，中国难以单独或有效形成地区同盟，削弱美国的地区战略优势，美国仍将是战略意义上的唯一超级大国，在东亚地区的战略主导作用将继续维持。

五 东亚秩序走向：中国与美国同盟体系协调共治

尽管美国的地区安全等级体系依旧是东亚秩序的核心力量，但中国影响力的逐步扩大，也使得中国成为东亚地区秩序构建不可忽视的重要力量。东亚地区秩序已呈现中国与美国安全等级体系协调共治的

---

① 《合作应对核恐怖主义：聚焦核安全峰会》，http：//news. sohu. com/s2010/hefenghui/。
② 王缉思等主编《美国在东亚的作用：观点、政策及影响》，时事出版社，2008，第 196 页。
③ Richard K. Betts, "Wealth, Power, and Instability: East Asia and the United States after the Cold War," *International Security*, Vol. 18. No. 3. 1993 – 1994. pp. 34 – 77. esp. p. 63; Charles A. Kupchan, *The End of the American Era: U. S. Foreign Policy and the Geopolitics of the Twenty – first Century* (New York: A. Knopf, c2002). Chapter 7, "After Pax Americana", pp. 247 – 303; Charles A. Kupchan, "After Pax Americana: Benign Power, Regional Integration, and the Sources of a Stable Multipolarity," *International Security*, Vol. 23, No. 2. (Autumn, 1998), pp. 40 – 79, 42 – 43; Joseph Joffe, " 'Bismarck' or 'Britain'? Towards an American Grand Strategy after Bipolarity," *International Security*, Vol. 19. No. 4. 1995, pp. 94 – 117; Zalmay Khalilzad, *The United States and Asia: Toward a New U. S. Strategy and Force Posture*, p. xiii, xiv.

趋势，即美国东亚安全体系与日益崛起的中国互相对冲协调，共同塑造地区规则，维护地区稳定安全。

（一）美国依靠其地区安全等级发挥作用

美国历来十分重视借助其同盟体系在东亚地区发挥领导作用。2010 年美国国防部《四年防务评估报告》明确承认，美国在亚洲存在的基础源自历史性的签约盟国。这些盟国在过去 60 多年里帮助美国维持了地区和平与稳定，尤其是支持美国在该地区保持强大的美国武装部队的持续存在。[1]

奥巴马上任以来，美国更加重视东亚地区。美国副国务卿斯坦伯格曾表示，"美国确实看到其与东亚的接触对美国的未来是至关重要的。2009 年 2 月，国务卿希拉里·克林顿上任后访问亚洲四国，这是近 50 年来美国国务卿首次将亚洲作为上任之后的首访地"，[2] 表明了新政府对于亚洲地区的重视程度。美国总统奥巴马也特别强调，东亚地区的未来与美国利害攸关，因为这里发生的一切对美国国内的生活有着直接的影响。[3] 同时，美国意识到，其在 21 世纪面临的主要问题和威胁无法通过一个国家单独解决，甚至无法通过与传统盟友的合作得到解决，而是必须通过与大多数国家和国际组织的合作来解决。因此，奥巴马政府不再对亚洲地区的一体化采取排斥或旁观的态度，而是期待着参与事关东亚地区前途的讨论，并全力参与有关组织的建立和发展。[4]

---

[1]　美国国防部：《四年防务评估报告 2010 年》，http：//www. cetin. net. cn/cetin2/servlet/cetin/action/HtmlDocumentAction；jsessionid = 45239614C3345649852560E6C7F2E4B6？baseid = 1&docno = 413788。

[2]　《巴拉克·奥巴马总统在日本发表演讲》，第 2 页，http：//www. whitehouse. gov/files/documents/2009/november/president - obama - remarks - suntory - hall - chinese. pdf。

[3]　《巴拉克·奥巴马总统在日本发表演讲》，第 3 页，http：//www. whitehouse. gov/files/documents/2009/november/president - obama - remarks - suntory - hall - chinese. pdf。

[4]　《巴拉克·奥巴马总统在日本发表演讲》，第 4 页，http：//www. whitehouse. gov/files/documents/2009/november/president - obama - remarks - suntory - hall - chinese. pdf。

不过，在融入东亚合作的进程中，美国特别强调其同盟体系是其应对地区挑战最为重要的基础。在 2009 年 11 月的亚洲政策演讲中，奥巴马明确表示，"为了应对共同的挑战，美国寻求与东亚地区国家巩固已有的同盟关系并建立新的伙伴关系。为此，美国需依靠美国与日本、韩国、澳大利亚、泰国和菲律宾达成的盟约。这些盟约不依靠过时的历史文献，而要求坚持对盟国共同安全具有根本意义、相互约束力的承诺"。①

事实上，融入东亚但不放弃地区同盟历来是美国朝野的共识。例如，丹尼斯·布莱尔（Dennis C. Blair）和约翰·汉利（John T. Hanley）认为，美国有必要推动亚洲发展安全共同体，将东盟的经验推广到东北亚和南亚，但他们同时提出，加强美国和日本、韩国的双边同盟，加强美日韩三国协调，地区多边合作只是对传统辐辏模式的补充。② 又如，2007 年的"阿米蒂奇报告"提出，鼓励东亚地区国家追求与美国相同的经济、政治目标，包括自由市场经济、自由民主制度、军事透明等。要实现以上目标，关键在于大国合作，东亚的稳定取决于美日中三角关系。但是报告接着强调，美国稳定东亚，并保证其亚洲政策有效的关键是美日同盟，因此，美日同盟应该加强军事、安全合作，美国继续为日本提高安全保障，为日本提供核保护。美日紧密协商，共同影响中国的发展，寻找中国和美日同盟的共同利益，寻找三边合作，使中国成为利益攸关方。③

---

① 《巴拉克·奥巴马总统在日本发表演讲》，第 3 页，http：//www. whitehouse. gov/files/documents/2009/november/president – obama – remarks – suntory – hall – chinese. pdf。

② Dennis C. Blair and John T. Hanley Jr., "From Wheels to Webs: Reconstructing Asia – Pacific Security Arrangements," *Washington Quarterly*, Vol. 24, No. 1, 2001, pp. 7 – 17。

③ Richard Armitage, Joseph Nye, eds., *The U. S. – Japan Alliance: Getting Asia right through 2020*, report for Center for Strategic and International Studies, February 2007.

（二）中国与美国安全等级体系协调

1. 中国与美国及其主要盟国形成多边协调机制，共同处理地区安全问题

2003 年启动的朝核问题六方会谈就是典型的例证。在这一框架下，事实上形成了美日韩为一方，中国为另一方的多边协调机制，并一度较为有效地处理了朝核问题。2005 年 9 月，六方会谈第四轮会议的《共同声明》中，布什政府承诺不攻击朝鲜以及保障朝鲜安全的责任，同时朝鲜承诺放弃一切核武器和现有核计划，早日重返《不扩散核武器条约》，并回到国际原子能机构保障监督。2007 年 2 月，第五轮六方会谈第三次会议在北京达成了《共同文件》，规定在 30 天的准备阶段和 60 天的起步阶段内，美国取消对朝鲜的金融制裁，而朝鲜应该将宁边核设施"去功能化"，并欢迎国际原子能机构核查以及报告其所有的核计划。2008 年 6 月 26 日，六方会谈中方代表团团长、外交部副部长武大伟发表声明称，朝方于当日向六方会谈主席国提交核申报清单，美方于同日履行其将朝从"支恐"名单中除名和终止对朝适用《敌国贸易法》的承诺。①

2. 中美两国双边协调处理地区安全问题

2008 年台湾大选前后，中美双方在台湾问题上的协调和合作就是较为典型的例子。为了遏制陈水扁当局的法理独立，中国不断敦促美国向"台独"势力施加压力，并得到了美方的积极响应。2007 年 9 ~ 12 月，美国国务院高级官员，包括助理国务卿帮办、副国务卿、国务卿先后公开表示反对"台独"的法理独立步骤。时任美国总统的小布什也在不同场合几次重申美国坚持"一个中国原则"。中美双方的协调努力使 2008 年台湾举行的"入联公投"和领导人选举，不

---

① 《六方会谈取得积极进展》，http：//www.fmprc.gov.cn/chn/zxxx/t451266.htm。

但没有引发军事冲突，反而带来了更加稳定的和平前景。2008 年 6
月，海协会和海基会协商谈判重新开启，并就两岸周末包机与大陆居
民赴台旅游签署协议，两岸关系改善和发展有了良好的开端。①

3. 中国与美国的盟国或战略伙伴协调解决地区安全问题。

例如，中日就东海问题达成原则共识。2008 年 6 月，两国一致
同意在实现划界前的过渡期间，在不损害双方法律立场的情况下进行
合作。中国企业欢迎日本法人按照中国对外合作开采海洋石油资源的
有关法律，参加对春晓现有油气田的开发。中日两国政府对此予以确
认，并努力就进行必要的换文达成一致，尽早缔结。② 再如，2002 年
11 月，中国与东盟国家签署了《南海各方行为宣言》，宣言强调，各
方希望为和平与永久解决有关国家间的分歧和争议创造有利条件。有
关各方承诺根据公认的国际法原则，包括 1982 年《联合国海洋法公
约》，由直接有关的主权国家通过友好磋商和谈判，以和平方式解决
它们的领土和管辖权争议，而不诉诸武力或以武力相威胁。这些原则
立场与美国和平解决南海问题的立场完全吻合。③

（三）中国与美国安全等级体系协调的结构制约

在美国东亚等级体系下，中国安抚政策的战略效力将遭遇较为严
重的结构限制，导致其难以持续并难以收到积极效果。具体而言，包
括以下三个机制：依赖机制、借重机制和效仿机制。

1. 依赖机制

随着与中国安全矛盾的缓和，美国安全等级体系内的国家会依靠

---

① 《三天跨九年两岸写新页——海协会与海基会首次复谈纪实》，http://news.xinhuanet.com/
tw/2008 - 06/14/content_ 8376043. htm。
② 《中日就东海问题达成原则共识》，http://www.fmprc.gov.cn/chn/xwfw/fyrth/t448568.htm。
③ 《南 海 各 方 行 为 宣 言》，http://www.fmprc.gov.cn/chn/ziliao/wzzt/zgcydyhz/dlcdmzrh/
t25549.htm。

美国的支持和保护，再次向中国显示力量，力图在安全利益竞争中占据先机，因为毕竟争端的暂时缓和并不等于双方安全矛盾的最终解决，而美国又能够提供有效的安全保护。例如，中国加入《东南亚友好合作条约》不足三个月（2004年1月），美菲就在南海海域举行了首次联合军演，并将演习目的定位为防御外来入侵。菲律宾总统阿罗约公开承认，美国军方正在对菲律宾士兵进行抵御中国，保卫南沙群岛（菲律宾称为斯普拉特利群岛）的训练。①

此外，随着中国利用地区经济合作安抚东亚邻国政策的展开，上述国家与中国的经贸联系大都愈加紧密，对中国经济的依赖程度逐步加深。在安全矛盾没有完全解决的前提下，经济依赖的深化会加重这些国家的担忧，担心如果继续配合中国的安抚政策会对未来维护自身核心安全利益造成负面影响，从而促使这些国家坚定决心利用美国的安全保护采取必要的举措，促成在与中国安全竞争中的有利局面，尽最大努力防止未来中国利用实力优势损害其核心安全利益。

上述激化安全矛盾的做法在一定程度上会动摇中国坚持安抚政策的决心。一方面，在东亚局部等级体系下，依然存在较为严峻的安全竞争。自助寻求安全的中国难以面对核心安全利益（特别是领土争端）遭到挑战而毫无反应。另一方面，安抚政策效果的逆转会弱化政策的国内支持力度。在中国看来，安抚政策根本无法有效改变美国东亚安全体系内国家的安全政策导向，即使坚持安抚政策也难以取得良好的效果，因此会愈加担心如不及时采取相应行动回应，不但将导致主权利益受到过度侵犯，而且会损害国家尊严，引发国内社会的巨大压力。因此，中国将采取必要的针对性措施回应相关国家的安全竞争行为。

但中国的针对性回应无法促使相关国家放弃挑战中国核心利益的

---

① 美联社马尼拉2004年4月3日电，转引自郑泽民：《南海问题中的大国因素：美日印俄与南海问题》，世界知识出版社，2010，第85页。

行为，而只能导致中国与这些国家的安全关系趋于紧张，其原因在于美国最终能为这些国家提供充分的安全保护，因此这些国家将继续与中国对抗。而美国介入的动力则在于保护其东亚地区盟国，^① 维持其东亚安全等级体系及地区主导地位。正如美国海军上将卡尼谈到南海问题时所言，美国已经在西太平洋和南海派军五六十年了。美国还要像过去一样保持在这一地区的军事力量，没有退出这类军事活动的意愿。^② 值得注意的是，美国对华政策对抗性的增强，会刺激其安全等级体系内受保护国采取针对中国的对抗性政策，以配合美国对华政策的调整，强化其与美国的安全依附关系，为未来需要时能够顺利得到美国的安全保护创造更为有利的条件。^③ 由此可见，美国安全等级体系的存在极大地弱化了中国安抚政策的积极效果。

2. 借重机制

随着与中国安全矛盾的缓和，东亚地区依靠自助的国家，如果其与中国具有直接的安全矛盾，会担心矛盾的（特别是领土争端）长期缓和最终有利于中国，毕竟中国拥有逐步增强的实力和逐步扩大的优势，而本国又无法寻求到有效的安全保护，因此这些国家会尽可能采取措施增强自身实力。如 2009 年 12 月，越南国家主席阮明哲要求军队快速实现现代化，在南海局势越来越紧张的情况下保护国家。^④

但是，与中国的实力差距决定了这些国家必然会寻求外部帮助。例如，2011 年 10 月，越南与印度签署了在南海争议海域共同开发海

---

① Robert Jervis, "Dilemmas About Security Dilemmas," *Security Studies*, 01 July 2011, Vol. 20 (3), p. 419.

② 《尽管中国强烈反对美国三军舰到越南岘港军演》，http://www.zaobao.com/special/china/southchinasea/pages/southchinasea110716.shtml。

③ 感谢刘丰博士的提示。

④ 《越南国家主席要求军队快速现代化应对南海紧张局势》，http://military.people.com.cn/GB/1077/52987/10635531.html。

上油气资源的合作协议。① 但更为重要的是借重美国安全等级体系内国家与中国的矛盾冲突，牵制中国影响力的发展。例如，2004 年 1 月美菲联合演习后三个月，越南组织 60 名游客和 40 名"特邀"官员赴南沙群岛旅游，以显示其对南沙"有效行使主权"②，并坚持邀请美国等国家的石油公司参与南海争议海域的资源开发。不难发现，这些借重矛盾的行动一方面可以减轻中国对这类国家安全竞争政策的关注程度，另一方面也可以弱化中国针对其强硬反应的合法性，因为一旦中国仅针对这些国家采取强硬措施，就会给国际社会留下不敢挑战美国等级安全体系、欺软怕硬的负面印象。

尽管难以采取超越针对美国盟国的措施，但面对这类国家的安全挑战，作为以自助寻求安全的国家，中国不可避免地会阻止损害中国核心安全利益的行为，结果则是双边安全矛盾的再次激化和中国安抚政策的失效。不过，值得注意的是，因只能借重美国而无法得到美国有效的安全保护，这些国家虽不愿维持长期缓和局面，但往往会采取措施防止与中国安全关系彻底恶化，从而遭遇不可承受的安全损失。

3. 效仿机制

如果区域内自助的国家，虽与中国存有安全矛盾，但主要威胁来自美国的等级安全体系，则这些国家会寻求中国的帮助化解其核心安全威胁，尤其希望中国效仿美国也成为安全供给国，为这些国家提供有效的安全保证。但中国的安抚政策通常只能确保这些国家的安全威胁不出现明显恶化，而无法切实有效地缓解这类国家的重大外部威胁。之所以出现这一局面，其原因在于，中国与这类国家不但没有面临共同的严重外部威胁，而且彼此间还存在安全矛盾，因而难以形成类似美国安全等级体系内保护与依赖的安全合作方式。结果自然是这

---

① 《美日印相继介入南海争端牵制目标均指向中国》，http://world.people.com.cn/GB/15905006.html。

② 吴士存：《纵论南沙争端》，海南出版社，2005，第 121 页。

类国家更加确认中国的安抚政策将最终损害其核心安全利益，因而不愿长期配合中国的安抚政策。

值得注意的是，这类国家的竞争对手，即美国及其安全等级体系内的国家，也对中国的安抚政策多有不满，认为中国的政策导致其安全竞争对手不愿放弃竞争性政策，因而要求中国放弃安抚政策，采取更为严厉的政策，迫使与美国安全等级体系存在安全竞争关系的国家改变政策。在上述双重压力下，中国的安抚政策不但难以持续取得满意效果，甚至连坚持下去都非常困难。2006～2008年，中国协调六方会谈应对朝鲜核问题无果而终就是较为典型的例证。①

概括而言，冷战后东亚的主要安全问题（朝核问题、台海问题、东海问题和南海问题）的缓和均有赖于美国东亚安全等级体系与中国的协调合作，但是双方协调合作的延续始终面临难以回避的挑战，即在美国安全等级体系延续的背景下，中国实力上升进程中的安抚协调政策难以持续，结果导致地区安全问题的恶化甚至对抗升级。

五　结论

地区秩序的基本含义是指既定地理范围内国际行为的格局，这一格局推动地区基本目标的实现，具体包括：维护地区内国家的生存和主权，减少、防止地区内的暴力冲突，地区规则得以有效执行，地区制度安排和组织运转良好。从实力分配和地区规则认同两个方面对地区秩序进行类型划分，可以区分出四种地区秩序类型，分别是：霸权秩序、朝贡秩序、均势秩序和共同体秩序。

冷战后有关东亚秩序的争论说明，决定东亚地区秩序未来发展走

---

① Sun Xuefeng, "The Efficiency of China's Multilateral Policies in East Asia (1997 - 2007)", International Relations of the Asia-Pacific, 2010, Vol. 10 (3), pp. 528 - 531。

向的两个核心因素已越发明确，即美国东亚安全等级体系的延续和中国实力地位的崛起。东亚地区秩序演变趋势是美国依托其东亚同盟体系与日益崛起的中国协调，共同塑造地区规则，维护地区稳定安全。其具体特征是：美国依靠其地区安全等级体系发挥作用，中国与美国及其盟国通过多边或双边协调解决地区安全问题。但是，这类协调合作要不断克服美国安全等级体系延续的消极影响，尽力防止东亚安全竞争失控，以维持地区秩序的持续稳定。

第二编
东亚国家应对中国崛起

东亚国家应对中国崛起的战略选择

刘　丰　陈志瑞

在东亚地区格局变迁中，中国的崛起进程深刻影响着地区内的实力分布和制度安排，也影响着地区内各国的战略选择。为了保障中国和平发展的地区环境，努力提升和扩展地区影响力，在实施"睦邻友好"的整体周边战略的同时，中国需要不断根据地区政治、经济与安全形势的变化，尤其是周边国家的战略行为做出相应的政策调整。自20世纪90年代以来，尤其是进入21世纪以来，国际关系学界围绕东亚国家如何应对中国崛起展开了不少讨论，然而对于周边国家的战略选择仍然缺乏学术共识，对于这些国家采取相应战略的原因和条件也存在争论。更好地认识东亚地区国家在应对中国实力崛起和影响力扩展进程中的行为反应及其根源，不仅有助于从学理上厘清学术界关于中小国家战略行为的争论，也有助于为中国处理与周边国家关系提供合理可行的政策建议。为此，本文试图在梳理评估相关文献的基础上，从战略对冲角度概括当前东亚国家对中国崛起的战略反应，进而建立一个新古典现实主义的解释模型，揭示这些国家采取对冲行为的体系动力与国内差异。

一 应对崛起国战略行为的分类

当前，国际权力的转移进程和主要大国的战略调整正在推动东亚地区成为国际政治的核心舞台。① 中国崛起无疑是东亚地区格局转换中最引人注目的力量，它不仅改变了这一地区自冷战结束以来相对稳定的实力分布，也推动着既有利益分配格局和制度安排的新一轮调整，在较为广泛的意义上引起了东亚地区秩序的转型。② 伴随着中国崛起不断加速和提升的进程，地区内的国家如何看待和应对中国崛起成为一个广受关注的问题，在国际关系理论界和区域研究领域引起了不少讨论，积累了不少研究成果。其中，既有关于地区国家整体战略反应的研究，也有关于个别国家对华政策的研究。③ 然而，目前学术界对于东亚地区国家应对中国崛起的战略反应并未形成主流的学术共识。

---

① 一些学者讨论了国际政治中心向东亚转移的前景，参见 James F. Hoge, Jr., "A Global Power Shift in the Making," *Foreign Affairs*, Vol. 38, No. 4, 2004, pp. 2 – 7; Christopher Layne, "The Global Power Shift from West to East," *The National Interest*, No. 119, 2012, pp. 21 – 31; 阎学通《权力中心转移与国际体系转变》，《当代亚太》2012 年第 6 期，第 4~21 页。

② 关于东亚秩序转型的讨论，参见孙学峰、黄宇兴《中国崛起与东亚地区秩序演变》，《当代亚太》2011 年第 1 期，第 5~34 页；高程《历史经验与东亚秩序研究：中国国际关系理论的创新视角》，《外交评论》2013 年第 3 期，第 1~19 页；门洪华《地区秩序建构的逻辑》，《世界经济与政治》2014 年第 7 期，第 4~23 页；Evelyn Goh, *The Struggle for Order: Hegemony, Hierarchy, and Transition in Post – Cold War East Asia* (New York: Oxford University Press, 2013)。

③ 关于整体战略反应的研究参见 Steve Chan, "An Odd Thing Happened on the Way to Balancing: East Asian States' Reactions to China's Rise," *International Studies Review*, Vol. 12, No. 3, 2010, pp. 387 – 412; John F. Fei, *Beyond Rivalry and Camaraderie: Explaining Varying Asian Responses to China*, Santa Monica, CA: RAND Corporation, 2011。关于个别国家对华政策的研究参见 Seng Tan, "Faced with the Dragon: Perils and Prospects in Singapore's Ambivalent Relationship with China," *Chinese Journal of International Politics*, Vol. 5, No. 3, 2012, pp. 245 – 265; James Reilly, "Counting On China? Australia's Strategic Response to Economic Interdependence," *Chinese Journal of International Politics*, Vol. 5, No. 4, 2012, pp. 369 – 394; Cheng – Chwee Kuik, "Making Sense of Malaysia's China Policy: Asymmetry, Proximity, and Elite's Domestic Authority," *Chinese Journal of International Politics*, Vol. 6, No. 4, 2013, pp. 429 – 467。

本章主要从战略行为而非战略认知的角度探讨东亚国家对中国崛起的反应。在国际关系文献中，有关国家间战略互动的研究主要围绕战略行为与战略认知两个维度展开：前者涉及互动过程各方的战略、政策以及实际行动，后者则关注双方对自身及对手的实力与意图的认识与判断。① 应该说，这两个维度都是一国的决策者进行战略评估和制定政策需要考量的重要内容。比如，乔治·凯南（George Kennan）在冷战之初对苏联战略所做的经典评估清楚地展现了战略认知的重要性。他在《苏联行为的根源》一文中围绕苏联在欧洲和其他地区的行动、苏联的实力以及苏联的战略意图做了全面细致的分析，为美国冷战初期对苏战略的制定提供了基本依据。再比如，麦艾文（Evan S. Medeiros）等人从国内舆论、经济政策、外交政策和国防政策这四个方面梳理了美国在亚太地区的六个盟友和安全伙伴对中国崛起的反应。其中，国内舆论属于战略认知范畴，而经济、外交和国防政策的制定与实施属于战略行为。② 相对而言，评估一国的战略行为更加直接、明确和易于观察。这是因为，战略行为的主体是一国政府和相关机构，而认知则来自一国的领导人、政治精英以及民众等多重主体；此外，战略行为主要考察一国在政治、经济、军事等领域针对另一国采取的具体行动，而战略认知通常需要考察意图——这一不易直接观察且可能被隐藏的因素。

尽管将本章的研究聚焦于东亚国家的战略行为，但从理论上看，如何对国家战略行为进行科学合理的分类仍然是一个有待解决的难题。传统的国家行为研究围绕"制衡"（balancing）与"追随"（bandwagoning）二分法展开，为理解国际体系中的大国如何回应霸权威胁提供了简洁而清晰的概念框架。然而，这种二分法也明显存在过度简化的弊病，尤其

---

① 关于战略认知的重要性，参见〔美〕罗伯特·杰维斯《国际政治中的知觉与错误知觉》，秦亚青译，世界知识出版社，2003。

② Evan S. Medeiros, et al., *Pacific Currents: The Responses of U. S. Allies and Security Partners in East Asia to China's Rise* (Santa Monica, Calif.: RAND Corporation, 2008).

是忽略了不少有意义的替代性战略选择，使得后续研究者不断增加新的战略类型。比如，理查德·施韦勒（Randall L. Schweller）将各国应对崛起国的政策选择分为六种，分别是预防性战争、制衡、追随、约束、接触、疏远或推诿。① 有必要指出的是，传统国际关系理论和战略研究关注体系中主要大国的战略行为，并不关注中小国家。因此，不少研究中讨论的战略实施主体是体系中的大国，针对对象也是体系中的实际或潜在霸权国。不过，越来越多的学者在讨论中小国家的战略行为时，也运用了这些概念，战略实施主体和客体也相应改变。为了保持研究的连贯性和一致性，本文将战略实施主体限定为东亚地区的中小国家，实施客体（针对对象）则限定为中国这一崛起国。

在探讨东亚地区中小国家的战略行为，尤其是它们应对中国崛起的战略选择时，学者们的话语明显受到国际关系理论研究的影响，相关概念在不同程度上得到运用。比如，陈思德（Steve Chan）的研究试图回答东亚国家为何不制衡中国崛起这一问题，不过并没有明确地用某一或某些理论概念来界定它们实际采取的行为。② 江忆恩（Alastair Iain Johnston）和陆伯彬（Robert S. Ross）在较早的一项研究中从"接触"（engagement）的角度探讨东亚国家对华战略，接触被界定为"使用非强制性方法来改善一个崛起的主要大国行为中不满足于现状的因素，目标是确保这个成长的大国所使用的方式与和平改变地区及全球秩序相一致"③。在讨论东南亚国家对华政策的基础上，吴翠玲（Evelyn Goh）认为这些国家采取了深度接触与软制衡相

① Randall L. Schweller, "Managing the Rise of Great Powers: History and Theory," in Alastair Iain Johnston and Robert S. Ross, eds., *Engaging China: the Management of an Emerging Power* (New York: Routledge, 1999) p. 7.
② Steve Chan, "An Odd Thing Happened on the Way to Balancing: East Asian States' Reactions to China's Rise," *International Studies Review*, Vol. 12, No. 3, 2010, pp. 387–412.
③ Alastair Iain Johnston and Robert S. Ross, eds., *Engaging China: The Management of An Emerging Power* (Florence, KY: Routledge, 1999), p. xiv.

结合的综合战略。[①] 康灿雄（David Kang）认为东亚国家对中国崛起采取了包容和顺应（accommodation）的策略。[②] 这一判断源于他对东亚历史经验的总结，尤其强调东亚历史上以中国为主导的等级体系，认为这一体系"比西方的体系更加和平和稳定"[③]。

最近，越来越多的研究者倾向于使用对冲（hedging）来表述东亚国家的对华战略，以强调这些国家看似矛盾的行为：它们一方面在经济上保持与中国的高水平接触与合作，另一方面在安全上防范中国；与此同时，一方面与美国进行紧密的安全合作，另一方面也避免针对中国进行明显的军备扩张。对冲是在金融学领域普遍使用的术语，运用到国际关系领域是指国家为应对不确定性而采取的避险行为，在防范潜在危险的同时也试图抓住可能的收益，也被称为"两面下注"[④]。

从严格的概念化角度来看，当前学术界围绕对冲行为的讨论仍然存在以下三方面的问题。第一，它在很大程度上以制衡和追随两种极端行为为参照系，将二者之间的诸多具体战略选择都纳入其中，导致这一概念所包含的具体行为类型众多，由此产生了外延宽泛而不确定的问题。第二，它包含了东亚国家在经济和安全两个相对独立领域的

---

① Evelyn Goh, *Great Powers and Southeast Asian Regional Security Strategies: Omni - Enmeshment, Balancing and Hierarchical Order* Singapore: Institute of Defence and Strategic Studies, No. 84, 2005; Evelyn Goh, "Great Powers and Hierarchical Order in Southeast Asia: Analyzing Regional Security Strategies," *International Security*, Vol. 32, No. 3, 2007/2008, pp. 113 - 157; Evelyn Goh, "Hierarchy and the Role of the United States in the East Asian Security Order," *International Relations of the Asia - Pacific*, Vol. 8, No. 3, 2008, pp. 353 - 377.

② David C. Kang, *China Rising* (New York: Columbia University Press, 2007), p. 4.

③ David C. Kang, "Getting Asia Wrong: The Need for New Analytical Framework," *International Security*, Vol. 27, No. 4, 2003, p. 64.

④ 关于东亚国家实施对冲（两面下注）战略的讨论，参见 Denny Roy, "Southeast Asia and China: Balancing or Bandwagoning?" *Contemporary Southeast Asia*, Vol. 27, No. 2, 2005, pp. 305 - 322; 周方银《中国崛起、东亚格局变迁与东亚秩序的发展方向》，《当代亚太》2012年第 5 期，第 4 ~ 32 页。

行为，所涉及的战略行为更加复杂；相比之下，制衡和追随主要讨论的是安全领域的战略行为。第三，对于同一时期的不同国家以及不同时期的同一国家而言，对冲都表现出很大的差异性和多样性。因此，对冲可以作为一个有用的分析性概念，来描述当前大部分东亚国家应对中国崛起的主导型行为。但是，引入这一概念并没有实质性地解决国家战略行为分类标准不够明晰、内涵与外延不够准确的问题。

为了厘清应对崛起国的战略行为，我们首先采取细分法，根据一定的区分标准尽可能展现国家战略行为的多样性，再采取合并法，将这些行为类型进行必要缩减，集中探讨几种主要战略。第一，我们可以将根据战略实施方向将战略行为分为对抗性行为和合作性行为两种主要类型。第二，根据战略实施强度差异，对抗性行为可以区分出约束、防范和制衡三类，合作性行为则可以区分出接触、绥靖、追随三类。第三，上述分类无法涵盖既不对抗也不合作的战略类型，因此我们在此基础上增加了疏远（distancing）行为。① 由于国家战略行为不是单一的，通常会综合对抗与合作两种手段，软硬兼施，对冲就描绘了这样一种情形。

图 4 - 1 描绘了各种战略所处的区间，其中双弧线之间的区域是对冲所处的范围。从中可以看出，对冲是合作程度大于接触、小于绥靖且对抗程度大于约束、小于防范之间的一种行为。需要指出的是，如果对抗性上升到制衡，或者合作性上升到追随，那么对冲就不复存在。因此，对冲不包含制衡或追随。②

① 疏远实际上是一种不作为的行为，类似于一些学者提到的躲避、等待、旁观或推诿行为。其中，有一些概念强调一国有意识地让其他国家来承担制衡崛起国或潜在霸权国的责任。在此，我们不考虑是否存在这种意图，只要存在不与任何一个大国保持紧密战略关系的行为，就可以被认为是疏远。

② 有研究者认为，对冲中包含制衡成分。比如王栋课题组指出，"对冲战略是一种策略组合，其中混合了接触、围住/束缚、防范、牵制、制衡等不同的战略手段和工具"。参见王栋课题组《中国崛起与亚太国家对冲行为研究》，载北京大学国际战略研究中心《战略纵横——研究报告汇编（2012～2013）》，2008，第 74 页。本文认为，如果对抗性上升到制衡，那么一国就无法维持与崛起国的合作。

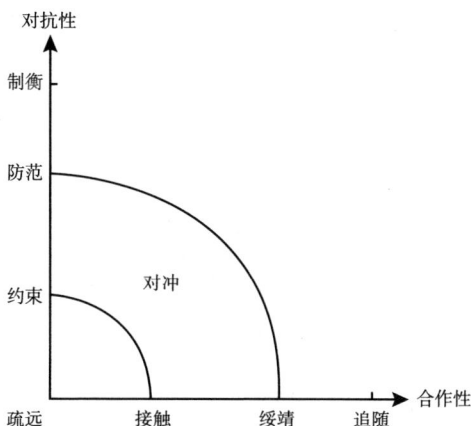

图 4－1　国家战略行为分类

　　由于当前大多数地区国家面对中国崛起采取了综合性战略，为了简化讨论，本文将地区国家应对崛起国的战略缩减为疏远、制衡、追随和对冲四种理想类型。疏远是同时保持与崛起国和其他大国的距离，制衡是指通过结盟或军备扩张的方式制约崛起国，追随是指与崛起国结盟或依附于崛起国，对冲是指与地区内两个以上的大国同时发展紧密的战略关系，或者在安全、政治、经济等不同议题领域分别接近不同的大国。

二　有关东亚国家战略行为的既有解释及其缺陷

　　如果将对冲视为描述东亚国家面对中国崛起的一般性反应，那么如何解释这种行为存在的原因？梳理既有研究可以发现，有关对冲的解释可以概括为体系层次路径、单元层次路径和综合性路径等三种分析视角。在此，我们对这些研究成果进行简要梳理，以便在批评和借鉴的基础上确定本文的分析视角。

（一）体系层次路径

　　一些学者运用国际和地区体系的结构性特征来解释对冲行为占据

主导地位的原因，强调东亚地区在美国单极、中国崛起等因素塑造下的独特地区格局对国家行为的影响。其中，有代表性的观点包括"二元格局论"和"局部等级论"。

周方银关于地区二元格局的研究强调，东亚的经济中心与安全中心相互分离，形成以中国为经济中心的相互依赖关系和以美国为安全中心的联盟关系并存的局面，正是这种二元格局导致地区国家倾向于采取两面下注政策。他指出，二元格局的存在使对冲战略成为一种符合大多数东亚国家利益的政策选项，这些国家"既不想被中国主导，也不想与中国作对……大体上希望在本地区维持一种有利于美国的实力不均衡态势，而不完全是为了维持一种单纯的实力均衡状态"。① 反过来，地区国家的两面下注或对冲战略也有助于二元格局的维持和巩固。

布罗克·特斯曼（Brock Tessman）构建了一个体系层次的分析框架，来解释国家在制衡、追随、推诿与对冲四种战略之间的选择。当然，他所关注的并不是地区中小国家的对冲行为，而是单极体系下次等大国应对美国霸权的行为。② 特斯曼提出的核心解释逻辑是，国际体系中次等大国的行为主要由体系中的极数和权力集中趋势两项结构性特征所塑造。前者可区分为单极体系和多极体系，而后者包括集中和消散两种类型。由此，在权力趋于集中的单极体系下，追随是主导行为；在权力趋于集中的多极体系下，制衡是主导行为；在权力趋于消散的单极体系下，对冲是主导行为；而在权力趋于消散的多极体系下，推诿是主导行为。特斯曼指出，在当前权力趋于消散的美国单极体系下，战略对冲有助于次等国家防范单极可能带来的威胁，尤其是与体系中的领导国美国的冲突，同时也可以因应体系领导国陷入持

---

① 周方银：《中国崛起、东亚格局变迁与东亚秩序的发展方向》，《当代亚太》2012 年第 5 期，第 15 ~ 16 页。

② Brock F. Tessman, "System Structure and State Strategy: Adding Hedging to the Menu," *Security Studies*, Vol. 21, No. 2, 2012, pp. 204 – 205.

续的相对衰落而产生的威胁与机会。

孙学峰等人修正了单极体系理论并综合戴维·莱克（David Lake）的等级理论，试图从局部等级秩序的角度理解当前东亚地区的独特格局，并由此解释地区内国家倾向于战略对冲的原因。他们强调，战略对冲是局部等级秩序下东亚各国维护地区稳定的核心机制和战略选择。与其他研究不同，他们不仅试图解释东亚中小国家的对冲行为，也试图解释中美之间的对冲行为。从局部等级体系的角度来看，地区内的国家可以区分为安全上的从属国与自助国。对于美国的从属国而言，"战略对冲意味着在接受美国安全保护的同时，保持与中国深层次的政治安全协调和战略经济合作，不完全追随美国可能遏制中国的战略"；而对于安全自助国而言，"战略对冲则表现为在增强实力、谋求战略优势的同时采取合作手段安抚战略对手，力图短期内防止与战略对手爆发冲突，同时为长期可能爆发的冲突或丧失的既有利益做好准备"[1]。

从解释范围和效力来看，体系层次的结构性原因具有普遍性和相对稳定性，因此可以用来解释对冲行为的普遍存在。当然，上述研究所提出的诸因素的具体作用仍然值得推敲。一方面，二元格局只是近年来东亚地区格局演变表现出的一种新形态，而从 20 世纪 90 年代中期以来，地区中小国家应对中国崛起的政策就呈现较强的对冲色彩，即防范和接触相结合。此外，至少在 2008 年全球金融危机之前，日本在东亚经济格局中始终扮演着至关重要的角色，而美国也一直是包括中国在内的众多地区经济体的最终市场，很难说中国当时已经获得了地区经济主导国的地位。另一方面，地区等级体系的看法突破了单极的简单论述，能够反映地区行为体的不同地位、角色和关系。但

---

[1] 孙学峰、刘若楠、欧阳筱萌：《等级视角下的美国单极体系走向》，《外交评论》2015 年第 2 期，第 101 页。对地区等级秩序的讨论，也可参见孙学峰《东亚准无政府体系与中国的东亚安全政策》，《外交评论》2011 年第 6 期，第 32~48 页；刘若楠《地区等级体系衰落的路径分析》，《世界经济与政治》2014 年第 12 期，第 118~136 页。

是，如果将地区国家分为美国领导下的从属国和美国领导之外的自助国，那么这一理论主要解释的是从属国的行为，尤其是美国盟友的行为。再次，体系层次因素从总体上无法解释对冲行为在不同国家呈现的多样性以及同一国家在不同时期表现出的变化。

（二）单元层次路径

在讨论具体国家的对冲行为时，研究者们通常强调国内层次的因素发挥的作用，具体考察的因素包括国内政治合法性、政权安全和实用主义等因素。

郭清水（Cheng - Chwee Kuik）从国内政治合法性的角度解释了马来西亚和新加坡两国的对冲战略。他的核心论断是，中小国家应对崛起国的战略并不完全是由大国相对实力的增长所驱动的，而是由政权合法性的内部进程所驱动的，在这一进程中，精英对崛起国如何影响自身巩固国内权威的机会与挑战做出评估，并加以利用。[①] 运用到作者讨论的两个具体案例上，马来西亚执政党国民阵线主要追求的目标是马来人的主导地位、经济增长以及选举上的胜利；而保持新加坡的经济活力是新加坡执政党人民行动党的国内合法性基础。在关于马来西亚政府对华战略的几篇论著中，郭清水继续深化了其关于国内政权合法性的解释逻辑。[②]

刘若楠和孙学峰讨论了越南在中美之间进行安全平衡的原因。他们发现，面对中国崛起的压力，越南一方面有限度地借助与美国的安全合作来制衡中国，另一方面又保持与美国的安全距离，并持续维护

---

① Cheng - Chwee Kuik, "The Essence of Hedging: Malaysia and Singapore's Response to a Rising China," *Contemporary Southeast Asia*, Vol. 30, No. 2, 2008, p. 161.

② Cheng - Chwee Kuik, "Malaysia's US Policy under Najib: Structural and Domestic Sources of a Small State's Strategy," *Asian Security*, Vol. 9, No. 3, 2013, pp. 143 - 164; Cheng - Chwee Kuik, "Making Sense of Malaysia's China Policy: Asymmetry, Proximity, and Elite's Domestic Authority," *Chies Journal of International Politics*, 2013, Vol. 6 (4), pp. 429 - 467.

与中国的安全关系。这实际上表明越南采取了对冲战略。作者从政权安全角度解释了越南的战略行为，认为当越南国内民族主义势力较强，而扩展民主规范的压力较弱时，越南倾向于在安抚中国的同时与美国开展高水平的安全合作；相反，当越南面临较大的民主规范压力时，会降低与美国安全合作的层次。[①]

陈思诚（Tan See Seng）在分析新加坡对中国的对冲行为时指出，新加坡的政策不能被简单地认为是经济上追随中国、政治和安全上制衡中国；在与美国进行安全合作的同时，新加坡在安全上也通过一系列地区机制保持对中国的接触。在他看来，新加坡与中国的复杂关系很难用单一的理论来解释，而是新加坡政治精英的实用主义所塑造的。[②] 李明江等人在讨论新加坡的南海政策时也指出，"新加坡一直奉行弹性务实的外交政策，在国际事务中保持中立，与尽可能多的国家建立良好的外交关系，并尽可能地主动创造外交空间，左右逢源，以实现国家利益最大化"。[③]当然，从解释角度来看，新加坡政治精英为何秉持实用主义立场以及这种立场如何具体影响对华政策，仍然是一个需要澄清的问题。

与体系层次着重解释战略行为的普遍性不同，国内层次本身具有多样性，因此可以用来解释对冲行为随阶段和国别变动而呈现的差异性。上述研究重视了不同国家国内政治存在的特殊性，并没有尝试从纵向（不同阶段）和横向（不同国家）比较的角度来扩展解释的范围。但是，如果每位研究者针对每个国家的行为选取不同的国内政治因素来做出解释，那么研究就会陷入一盘散沙的局面，难以形成对话和积累。考虑到理论构建的目

---

① Ruonan Liu and Xuefeng Sun, "Regime Security First: Explaining Vietnam's Security Policies towards the United States and China (1992 – 2012)," *The Pacific Review*, 2015, http://www.tandfonline.com/doi/abs/10.1080/09512748.2015.1013492.

② See Seng Tan, "Faced with the Dragon: Perils and Prospects in Singapore's Ambivalent Relationship with China," *Chinese Journal of International Politics*, 2012, Vol. 5 (3), pp. 245 – 265.

③ 李明江、张宏洲：《新加坡的南海政策：中立有为、稳定和平》，《东南亚研究》2011 年第 6 期，第 18 页。

标是用较少的变量解释尽可能广泛的行为和后果，研究者应该从诸多国内变量中提炼出最为主要的因素，进而考察其在不同国家存在的具体变化。

（三）综合性解释路径

与上述关于体系或单元单一层次因素的研究相比，也有一些研究强调对冲行为是多重因素作用的结果。其中，有学者试图建立比较普遍的解释框架，也有学者只是简单罗列出几项影响因素，并未考察这些要素之间的交互作用究竟如何。

王栋等人在系统比较亚太国家对华战略的基础上发现，相对能力（relative capacity）和威胁认知（threat perception）是这些国家采取对冲战略强度和形态的主要变量。具体而言，威胁认知越高，相对能力越强，一国实施对冲的强度越高，对冲战略中的竞争性元素如牵制、防范、威慑与制衡的比例也越高。在案例研究中，作者将亚太地区国家区分为四组：（1）威胁认知高、能力强（日本、印度）；（2）威胁认知高、能力弱（菲律宾）；（3）威胁认知低、能力强（韩国）；（4）威胁认知低、能力弱（新加坡、泰国、马来西亚）。[①]

另一些研究强调了战略不确定性、中美关系以及亚太地区的复杂相互依赖等一些共性因素。比如，李政硕（Jeongseok Lee）指出，东亚地区的战略不确定性、中国对周边国家采取的积极接触政策、美国的地区存在、亚太国家经济上对中国的依赖以及领土争端等五种因素的共同作用导致东亚国家倾向于采取对冲，在某些情况下采取软制衡战略。[②] 范·杰克逊（Van Jackson）则认为，中美之间的权力转移带来了很强的战略不确定性，

---

① 王栋课题组：《中国崛起与亚太国家对冲行为研究》，载北京大学国际战略研究中心《战略纵横——研究报告汇编（2012～2013年）》，第70～123页。

② Jeongseok Lee, "Hedging against Uncertain Future: The Response of East Asian Secondary Powers to Rising China," paper prepared for the International Political Science Association XXII World Congress of Political Science, Madrid, Spain, July 8–12, 2012.

多极体系下难以判断彼此的意图，而亚太地区的复杂网络结构使政治精英难以评估当前承诺的未来影响，这三项因素导致东亚国家倾向于对冲。①

在关于个别国家对华政策的研究中，综合性因素的作用同样得到了强调。比如，黎洪协（Le Hong Hiep）指出越南自中越关系正常化以来采取对冲行为是一系列因素综合作用的结果。中越关系的历史经验、越南的国内政治和中越双边关系特征是这一战略形成的必要原因，而越南对外关系的转变和地区战略环境的变化是这一战略可行的充分条件。②

综合性解释路径或许可以在体系层次和国内层次两种路径的效力之间形成调和，但仅仅罗列出多重因素显然是不够的，必须将这些因素整合到一个简约而严谨的分析框架之中。从上述三种解释路径来看，尽管研究者都试图解释当前东亚地区国家采取对冲行为的原因，但是关注焦点和解释范围存在比较大的差异。这些研究试图回答两个不同性质的问题：一是，为何大部分国家普遍采取对冲行为？二是，为何这些国家采取对冲的领域、时机、形态存在差异？更具体而言，一些研究试图分析对冲的一般性，而另一些研究则试图强调对冲的差异性。从总体来看，既有研究提供了理解对冲行为的诸多因素，但是并没有充分解释对冲为何成为一种较为普遍的战略行为，同时又呈现较强的国别和阶段差异。通过上文的分析，我们也可以发现体系层次和单元层次要素在解释力上的优势与劣势，从而可以更好地将两种路径结合起来，构建一个较为简约和严谨的解释框架。

三 体系压力、国家战略偏好与战略行为

笔者试图构建一个新古典现实主义的分析框架，以同时解释战略

---

① Van Jackson, "Power, Trust, and Network Complexity: Three Logics of Hedging in Asian Security," *International Relations of the Asia - Pacific*, Vol. 14, No. 3, 2014, pp. 331 - 356.

② Le Hong Hiep, "Vietnam's Hedging Strategy against China since Normalization," *Contemporary Southeast Asia*, Vol. 35, No. 3, 2013, pp. 333 - 368.

行为的普遍性及其国别差异性。作为一种外交政策理论，新古典现实主义提供了一个有益的分析框架，将体系层次与单元层次的要素结合起来解释国家外交决策和对外行为。运用和改进这一理论，有助于理解地区国家在面对中国崛起和美国推进亚太再平衡战略时采取的不同反应，也有助于我们更好地认识国内政治考量在这些国家因应外部环境变化时发挥的作用。[①]

一个完整的新古典现实主义模型应该包括体系变量和国内变量两部分，其中，体系变量是自变量，塑造但不决定国家行为，国内变量是中介变量，传导体系变量所发出的指令。从一些具有代表性的研究来看，体系变量相对确定，核心是力量对比等结构性特征。相比之下，研究者们引入了诸多不同的国内变量，比如领导人对力量对比的认知、动员能力、国家的利益偏好、领导人对国家自主性的认知、行政部门的自主性、国内集团力量对比、领导人对风险和收益的认知、国家凝聚力、战略文化等。[②] 在借鉴这些经验研究的基础上，本章建立了一个改进的新古典现实主义模型（见图 4-2），用体系压力和国家战略偏好（strategic preferences）两个因素来解释地区中小国家战略行为的因果机制。

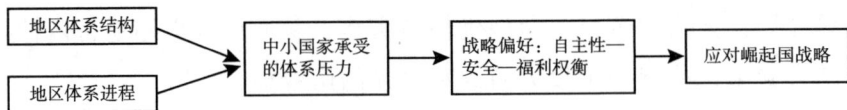

图 4-2 解释地区中小国家战略行为的因果机制

---

① 对新古典现实主义核心观点和代表性研究的评析，参见 Gideon Rose, "Neoclassical Realism and Theories of Foreign Policy," *World Politics*, Vol. 51, No. 1, 1998, pp. 144-177；陈志瑞、刘丰《国际体系、国内政治与外交政策理论——新古典现实主义的理论建构与经验拓展》，《世界经济与政治》2014 年第 3 期，第 111~128 页。

② 陈志瑞、刘丰：《国际体系、国内政治与外交政策理论——新古典现实主义的理论建构与经验拓展》，《世界经济与政治》2014 年第 3 期，第 124 页。

在笔者的解释模型中，体系层次的核心变量是地区中小国家承受的体系压力，即体系对这些国家的生存和安全施加的压力。体系压力由地区体系在结构和进程两个维度的特征决定。按照通行定义，结构主要表现为大国之间的实力分布及其变化趋势，而进程则取决于崛起国与体系内其他大国（尤其是主导国）之间的互动模式。综合这两个方面，中小国家在地区体系转型时期面临两种不同类型的体系：（1）强对抗体系，在这一体系下，体系内的实力对比剧烈变动，崛起国与其他大国之间竞争激烈，具有较高的冲突风险；（2）弱对抗体系，在这一体系下，体系内的实力对比变动缓慢，崛起国与其他大国之间竞争强度低，冲突风险可控。

体系压力对中小国家的行为起到塑造和推动作用。[①] 在强对抗体系下，崛起国与其他大国的激烈竞争使中小国家很难置身事外，采取逃避或疏远的战略不太可行，必须选择含蓄或明确地支持其中一方。相反，在弱对抗体系下，大国之间的竞争呈现低强度的特点，除非对未来的事态发展和自身利益有非常明确的预期，否则中小国家没有必要进行选边站队。与此同时，正如新古典现实主义所主张的，体系压力的指令还需要经由国内层次传导。因此，无论在强对抗还是弱对抗体系下，国家具体采取逃避、对冲、追随和制衡这些战略中的哪一种具体战略，还取决于国内层次变量的介入，这种影响可能加强、减弱甚至偏离体系层次的指令。

在单元层次，我们引入"战略偏好"这一中介变量来解释中小

---

① 沃尔兹曾指出，体系结构"塑造和推动……并不决定行为和结果"。他进而澄清道，"国家的行动不是由结构决定的。相反……结构塑造和推动着；它们鼓励国家做一些事情，抑制国家做另一些事情。因为国家共处于一个自助体系中，它们可以做任何愿意做的蠢事，但是它们可能因为符合结构压力的行为受到奖赏，因为不符合的行为受到惩罚"。分别参见 Kenneth Waltz, "Reflections on Theory of International Politics: A Response to My Critics," in Robert O. Keohane, ed., *Neorealism and Its Critics* (New York: Columbia University Press, 1986), p. 343; Kenneth Waltz, "Evaluating Theories," *American Political Science Review*, Vol. 91, No. 4, 1997, p. 915。

国家的战略行为。在此，战略偏好是指一国在几种主要战略目标之间进行权衡取舍的倾向性。具体而言，我们认为自主性、安全与福利这三种战略目标是影响中小国家战略行为的主要考量。因此，战略偏好的操作化定义是"自主性—安全—福利权衡"（autonomy - security - welfare trade - off）。理想情况下，一国倾向于同时追求这三项目标，尽可能使之最大化。然而，在国际国内因素的制约下，这三项目标的实现方式并不同步，实现程度也不一致。因此，国家通常需要选择降低一项或两项目标来满足其他目标，在极端情形下甚至需要舍弃其中一项目标。比如，在外部军事威胁严峻、战争一触即发的形势下，中小国家为了维护自身安全就需要放弃对自主性和福利的追求。

"自主性—安全—福利权衡"借用了詹姆斯·莫罗（James D. Morrow）在讨论非对称联盟时提出的"自主性—安全权衡"概念，并做了必要的修正和拓展。根据莫罗的观点，不对称联盟中的强国与弱国结成联盟是自主性和安全这两种战略价值偏好之间的权衡或交易。其中，强国承担着保护中小国家的责任，以此为交换，强国获得了对中小国家对外政策的自主性或影响力。[①] 与莫罗的研究不同，本文所探讨的战略选择并不排除但也不仅指结盟行为。这是因为，冷战结束后东亚地区结盟模式并没有明显变化，既不存在原有联盟解体也不存在新的联盟产生的情况。与此同时，已经与美国结盟的国家在面对中国崛起时也采取了具有差异性的行为。这就意味着，我们不能简单地根据一国是否与美国存在联盟关系来判断其是否对中国采取了制衡战略，而是要考察其应对中国的具体安全政策和行为。

鉴于上述考虑，我们对莫罗的概念做出两方面的修正：其一，

---

① James D. Morrow, "Alliances and Asymmetry: An Alternative to the Capability Aggregation Model of Alliances," *American Journal of Political Science*, Vol. 35, No. 4, 1991, pp. 904 - 933.

自主性被应用于战略互动中的中小国家或次等国家，而莫罗主要用于不对称关系中的强势一方；其二，权衡的主体是战略互动中的一方，即一国自身同时权衡这两种价值或目标，而莫罗所指的权衡是强势方和弱势方双方分别权衡。与此同时，本文所做的拓展主要是将福利这一战略目标加入战略偏好之中，因为冷战结束之后中小国家普遍追求国内经济发展，将其作为维护国内合法性和稳定性的重要手段。

崛起国引起的体系权力转移会影响中小国家在上述三种重大需求上的权衡，是因为崛起国既带来机遇也带来挑战。一方面，放任崛起国扩展实力和影响力会增加远期的安全风险；另一方面，对抗崛起国会增加自身负担，也会丧失与崛起国合作可能获得的巨大收益。由此，当中小国家面对崛起国采取某一战略选择时，需要考虑这种战略能够在多大程度上实现上述三项目标。在其他条件不变的情况下，疏远战略能够保证一国获得充分的政策自主性，但实现安全和福利目标的效果较差；对冲战略让一国可以与多个大国平行发展安全和经济关系，在实现自主性、安全和福利上的效果都很好；追随战略必然需要牺牲一定的自主性，但可以提升一国的安全和福利；制衡战略则可以保障自主性和安全，但会让福利受损。

不过，体系层次的约束条件会显著改变上述战略的效用，尤其是体系内的实力对比和战略竞争强度。鉴于此，表4-1比较了将这两种因素纳入考虑时，四种战略在实现不同战略目标上的效用。其中，不确定的几种情形主要取决于崛起国与其他大国之间的实力对比。当崛起国实力弱于其他大国时，追随崛起国能够实现的安全预期较低；相反，当崛起国实力等于或大于其他大国时，追随崛起国能够实现的安全预期会提升。基于类似的原理，在崛起国相对较弱时采取制衡措施可以获得更大的安全，而当崛起国实力等于或大于其他大国时，制衡的安全效用会降低。

表 4 - 1　应对崛起国战略的效用

项目	强对抗体系				弱对抗体系			
	疏远	对冲	追随	制衡	疏远	对冲	追随	制衡
高自主性	√	√	×	—	√	√	×	—
高安全	×	×	—	—	×	√	—	—
高福利	×	×	√	×	×	√	√	×

注：√表示可以实现，×表示不可实现，—表示不确定。

　　表 4 - 1 也表明，对冲在强对抗体系和弱对抗体系下的战略效用存在较大变化。在强对抗体系下，可以保证中小国家的高自主性，但实现安全和福利的效果有限。相比之下，在弱对抗体系下，对冲能够满足中小国家对自主性、安全和福利的三重需求，因此是最优的战略选择。当然，在战略决策中，收益计算只是一个方面，成本考量也应予以重视。各种战略的实施成本主要体现在需要投入的资源以及承受的远期损失方面，这需要针对具体国家进行考察。

四　对东亚国家对华战略的具体解释

　　上文从理论逻辑上论证了体系压力和战略偏好这两个因素如何作用于国家战略行为，表明对冲是弱对抗体系下试图同时实现自主性、安全和福利目标的中小国家的最优战略选择。比较东亚地区国家应对中国崛起的实际行为可以发现，这些国家可以被分为始终对冲、总体对冲但有时制衡、总体制衡但有时对冲以及总体追随但有时对冲等四种不同的情形，而且还会有所变动。在此，我们需要讨论东亚地区的具体情况，以考察理论逻辑的适用性及其限度。

（一）东亚地区体系的弱对抗特征

　　当前，中国崛起和美国地区战略调整塑造着东亚地区格局。尽管美国在地理上不属于东亚，但有关东亚地区秩序的文献通常将美国视为这一地区的主导国。近年来，围绕东亚秩序的讨论的核心也是中国会在多大程度上挑战美国所主导的既有地区秩序。[①] 中美两国在很大程度上被认为是战略竞争关系，而且竞争焦点主要集中在东亚地区。当然，东亚地区的大国竞争和对抗的强度仍然是有限的，与历史上的大国对抗相比尤其如此。

东亚的弱对抗格局主要是由地区结构和地区进程两方面决定的。从地区结构来看，中国崛起并未根本性地改变地区力量对比，尤其是没有形成两极格局。虽然有学者认为，东亚地区呈现两极化格局，但是从实力对比上看，中国与美国之间仍有相当的差距。[②] 更为重要的是，中国崛起仍然主要体现为以经济总量提升为指标的局部崛起，尚未完成向全面崛起的转变。在这个意义上，有学者将中国称作"不完全的强国"（partial power），而不是全球性强国。[③] 从地区进程来看，中美之间的互动呈现广泛合作、良性竞争和局部摩擦的特点，与传统的主导国与崛起国之间激烈对抗的模式相差甚远。

东亚地区的弱对抗体系特征集中体现在中美两国的政策和行为上，包括针对彼此的战略以及各自的地区战略。就美国而言，中国是现实的竞争对手和潜在的挑战者。美国既不愿放弃与中国合作的巨大利益，也不能放弃管理中国崛起的目标，因此长期延续对华接触加防范的战略。奥巴马政府多次强调，美国不寻求遏制中国崛起，欢迎中国在国际事务

---

① 关于中美关系与东亚秩序的讨论，参见 G. John Ikenberry, "American Hegemony and East Asian Order," *Australian Journal of International Affairs*, Vol. 58, No. 3, 2004, pp. 353 - 367; John J. Mearsheimer, "The Gathering Storm: China's Challenge to US Power in Asia," *Chinese Journal of International Politics*, Vol. 3, No. 4, 2010, pp. 381 - 396; Steve Chan, *Looking for Balance: China, the United States, and Power Balancing in East Asia*, Stanford (CA: Stanford University Press, 2012).

② 两极化的观点，参见阎学通《权力中心转移与国际体系转变》，《当代亚太》2012 年第 6 期，第 4~21 页。

③ "不完全的强国"出自沈大伟近著的副标题，参见 David Shambaugh, *China Goes Global: The Partial Power* (New York: Oxford University Press, 2012).

中发挥更大作用，以更加积极的姿态发展同中国的双边关系以及在地区和全球事务中的合作。当然，正是由于将中国视为安全上的潜在对手和威胁，奥巴马政府也积极推进"亚太再平衡"战略，以抑制中国快速提升的实力和地区影响力。从短期来看，美国仍然愿意与中国保持接触。

中国对美国的态度和政策也具有双重性。一方面，中国的经济发展和实力提升得益于融入国际体系尤其是美国主导的国际经济体系的进程，因此中国极其重视也努力维护中美关系，希望维持与美国的经贸合作，保持双方关系的稳定；另一方面，面对美国在安全上防范和限制中国，以及在其他双边、地区和全球性议题上对中国施加压力的做法，中国也需要做出回应。近年来，在涉及中国主权和领土完整的问题上，中国既会做出激烈反应，也会采取主动措施，这使美国认为中国变得"强势"。[1] 不过也应该看到，尽管中美关系会因为一些分歧而发生波折，甚至会出现比较激烈的外交摩擦和危机，但冲突一般被限制在特定的议题领域和较短的时间范围，很难出现20世纪90年代中期以前那种长期紧张的态势。除了对美政策以外，最近20多年来，中国针对周边国家以安抚和接触为主的地区战略也强化了东亚地区的弱对抗格局。这一政策的核心是政治上不介入周边国家的内政，经济上与它们分享中国发展的红利，安全上尽可能保持克制与忍耐，并且积极加入地区多边合作机制。[2]

2012年以来，中国与日本、菲律宾和越南等国在东海和南海的

---

[1] 关于中国变得强势的讨论，参见 Alastair Iain Johnston, "How New and Assertive is China's New Assertiveness?" *International Security*, Vol. 37, No. 4, 2013, pp. 7 – 48; Andrew Scobell and Scott W. Harold, "An 'Assertive' China? Insights form Interviews," *Asian Security*, Vol. 9, No. 2, 2013, pp. 111 – 131。

[2] David Shambaugh, "China Engages Asia: Reshaping the Regional Order," *International Security*, Vol. 29, No. 3, 2005, pp. 64 – 99; Mingjiang Li, "Explaining China's Proactive Engagement in Asia," in Shiping Tang, Mingjiang Li, and Amitav Acharya, eds., *Living with China: Regional States and China through Crises and Turning Points* (New York, N. Y.: Palgrave Macmillan, 2009), pp. 17 – 36.

领土争端出现了激化的态势，美国也积极介入这些争端当中，导致了地区局势的恶化和相关国家间安全关系的紧张。在这种背景下，有分析者担心中国与争端国家会爆发军事冲突。① 不过，中国和这些国家围绕领土争端爆发摩擦和对峙并不是最近几年才出现的新现象。从以往的经验来看，尽管各方都会做出激烈的举动和反应，但也都无法承受对抗的代价。因此，这些冲突通常是局部的、短期的，爆发军事冲突的可能性仍然较低。与此同时，自20世纪90年代以来，中美之间爆发的安全危机和外交危机也不少见，但两国之间的安全竞争与对抗并没有成为双边关系的主导面。总体上，与冷战时期高度对抗的地区格局不同，冷战后的东亚地区格局处于比较明显的弱对抗状态。也正是由于地区体系的这种低烈度竞争和弱对抗状态，主要大国没有施加强大压力来迫使中小国家加入自身的阵营，而中小国家也没有选择投向某个大国的动力。

（二）地区国家的自主性－安全－福利权衡

从战略偏好来看，东亚地区大多数国家倾向于同时追求自主性、安全和福利等多重目标。当然，同时追求多个目标并不表明它们能够得到同等对待和同步实现，由此会出现权衡取舍的局面。对于不同国家以及同一国家在不同阶段而言，一国战略偏好的设定受到其他国内层次变量的影响，比如政权更替、国内利益集团、民族主义等因素会让决策者对于追求多大程度的自主性、安全和福利的目标考量发生改变。为了保持核心解释变量的简约性，又兼顾国内层次变量的多样性，我们认为战略偏好可以作为其他国内层次变量作用的焦点，而这些变量如何影响战略偏好的设定可以在分析具体国家的情形时加以考察。

---

① Bonnie S. Glaser, "Armed Clash in the South China Sea," Contingency Planning Memorandum, No. 14, Council on Foreign Relations, April 2012; International Crisis Group, "Dangerous Waters: China–Japan Relations on the Rocks," Asia Report, No. 245, 8 April 2013.

自主性是东亚中小国家的主要诉求，它们追求政策上的独立自主，拒绝大国对中小国家内部事务和外交政策的干预，试图按照自身意志来制定和执行政策。丹尼·罗伊（Denny Roy）指出，"东南亚国家外交政策的首要目标是维护它们的自主性和主权。它们试图防止外部大国运用其相对军事实力或政治影响力主导地区事务，或削弱地区内单个国家的行动自由"。① 由于长期的殖民地历史，东亚中小国家对大国的介入和干涉非常敏感。但是，处在东亚这一大国高度介入的区域，又不可避免地受到区域内外大国力量的影响。在这种矛盾的情形下，中小国家维护自主性有两种方式：一是，在与大国进行有限安全合作的同时避免结成新的安全联盟关系，以保障自己的行动自由度；二是，通过地区制度网络将大国羁绊在这个地区。实际上，东亚地区的制度设计和建设也突出体现了中小国家对自主性的追求，尤其是"东盟方式"。正如彭佩尔（T. J. Pempel）所说，"由于地区内的主要国家对彼此的利益和挑战的认识大相径庭，在经济和安全两个领域的表现也截然不同，大多数国家不愿意将国家自主性的关键要素交给这些机制。因此，东亚大多数地区机制持续地反映出每个国家的战略主导性和驱动力，而不是对地区主义或多边主义的集体倾向"。②

在无政府的环境下，安全在任何时候都是国家对外战略需要实现的重要目标，因此我们在此不予重点论述。对于福利（经济发展）的重要性，比较政治经济学领域的"发展型国家"理论则多有强调和阐释。根据这一理论，东亚地区国家自 20 世纪 60 年代以来相继走上经济发展的快车道，它们可以被称为"发展型国家"

① Denny Roy, "Southeast Asia and China: Balancing or Bandwagoning?," *Contemporary Southeast Asia*, 2005, Vol. 27 (2), p. 308.

② T. J. Pempel, "Soft Balancing, Hedging, and Institutional Darwinism: The Economic – Security Nexus and East Asian Regionalism," *Journal of East Asian Studies*, Vol. 10, No. 2, 2010, p. 211.

（developmental state），各国政府在这一进程中发挥了核心作用。发展型国家的主要特点是，国家政权具有强烈而持续的发展意愿，将经济发展作为政策的"第一要务"。[1] 为了推动经济增长，国家积极介入经济活动，制定产业政策和经济计划，约束和干预市场运行，从而使社会的资源配置符合国家发展的长远需要。尽管东亚的发展型国家逐渐走向衰落，政府在经济活动中的角色也在发生变化，但由于国家的福利水平对于政权合法性和国内稳定的重要意义，经济发展仍然是这些国家的核心诉求之一。上文所提到的"二元格局论"认为，东亚地区国家选择不同的主要安全伙伴与主要经济伙伴，也表明这些国家希望同时实现安全和福利两项目标，而不是单纯追求其中一项目标。[2]

对于安全和福利孰轻孰重，也有不同观点。一些学者将经济考量视为东亚国家与中国接触的核心原因。比如，孙学峰等人认为泰国温和应对中国崛起是因为奉行"经济优先"战略。[3] 何包钢主要从经济相互依赖角度解释澳大利亚顺应中国崛起的行为，他认为安全威胁和脆弱性不是澳大利亚政府面对中国时的主要考量。[4] 不过，米尔斯海默在谈及澳大利亚的政策选择时指出，"经济相互依赖不会对地缘政治产生重大影响"，"中国的大部分邻国最终会加入美国领导的制衡联合以制约中国崛起"，澳大利亚也不例外。[5] 在关于中国无法和平崛起的论述中，他进一步指出，"安全考量总是会战胜经济考量，当

① Chalmers Johnson, *MITI and the Japanese Miracle: The Growth of Industrial Policy, 1925 – 1975* (Stanford, CA: Stanford University Press, 1982), p. 305.

② 周方银：《周边环境走向与中国的周边战略选择》，《外交评论》2014 年第 1 期，第 31 ~ 34 页。

③ 孙学峰、徐勇：《泰国温和应对中国崛起的动因与启示（1997 ~ 2012）》，《当代亚太》2012 年第 5 期，第 80 ~ 96 页。

④ Baogang He, "Politics of Accommodation of the Rise of China: the Case of Australia," *Journal of Contemporary China*, Vol. 21, No. 73, 2012, p. 59.

⑤ John J. Mearsheimer, "The Gathering Storm: China's Challenge to US Power in Asia," pp. 391, 393 – 396.

国家必须在两种战略之间二者选其一时，制衡会优于追随"。① 米尔斯海默的预言所暗含的假定是，无政府状态下的国家对体系中力量对比的变化异常敏感，倾向于做最坏的打算来保障自身安全。但是，在现实中，国家并不总是面临必须在安全考量与经济考量之间二者选其一的局面。通常，国家领导人必须满足民众对经济福利的需求，只有在战争危险十分显著的情形下才能充分动员社会，将资源全面投向军备建设。在笔者看来，冷战后东亚地区的弱对抗格局并没有让中小国家陷入两难境地，它们可以调和安全和经济两种需求。

正是由于多重目标的权衡，东亚地区中小国家对于中国的迅速崛起表现出了极其复杂的心态。一方面，随着中国经济的快速发展，周边国家在经济上对中国的需求越来越强烈，希望从中国的发展中受益；另一方面，由于复杂的地缘政治、战略利益以及历史因素，中国与一些东亚国家存在领土领海争端、历史问题和意识形态差异等诸多矛盾，这些矛盾又加重了东亚各国对于中国崛起的担忧。在对中国崛起心存疑虑的情况下，有的国家试图强化与美国的政治、军事关系，但大部分国家经过多重目标的复杂权衡，从而采取了模糊的政策。东亚联盟政治的延续与变化反映了这种复杂权衡：不少国家愿意与美国加强安全合作，但没有国家表达与美国结成新的同盟关系的明确意愿；美国的既有盟友中也有一部分国家在与美国进行安全合作时保持一定限度，尤其是避免采取直接对抗中国的行为。

在现实中，东亚地区的对冲行为表现出较强的差异性，具体可分为四类国家：（1）始终采取对冲行为，如韩国、泰国、新加坡、马来西亚、印度尼西亚、文莱；（2）总体对冲但有时偏向制衡，比如菲律宾、越南；（3）总体制衡但有时对冲，比如日本；（4）总体追

---

① John J. Mearsheimer, "Can China Rise Peacefully?" *The National Interest*, April 8, 2014, http: //nationalinterest. org/commentary/can – china – rise – peacefully – 10204.

随，比如柬埔寨、老挝、缅甸和朝鲜。这四类国家的行为是体系层次变量与国内层次变量不同作用机制的结果。

第一类国家的行为表明，体系压力与国内传导之间高度吻合，它们的行为是兼顾不同利益需求的选择，相对容易理解。但是，也有一些国家的行为存在偏离对冲的高度可能性，比如韩国和泰国都是美国的军事盟友，应该更加服从美国的战略意志。从案例选择标准的角度来看，这些国家是可能性较小的案例，可以作为检验解释框架的案例。

以韩国为例。由于美韩同盟关系以及美国在韩国的驻军，与东亚地区其他中小国家相比，韩国是一个对内对外政策自主性都相对较低的国家。但是，这并不表明韩国始终与美国保持政策一致性。在朝鲜半岛问题尤其是朝核的问题上，韩国的政策可能与美国不一致，在金大中、卢武铉和朴槿惠执政时期，韩国对朝鲜的政策总体比较缓和，而不是一味追随美国的对朝强硬政策。在美国推进地区导弹防御系统的问题上，韩国也没有完全配合美国的要求，拒绝了美国将本国反导系统与美国的弹道导弹防御系统相集成的主张，在部署萨德反导系统的问题上采取了拖延政策。韩国的案例还表明，即使面临强大的外部威胁，执政者也需要考虑经济发展需求。韩国经济高度依赖对外贸易，中国与韩国之间的贸易关系自 20 世纪 90 年代以来持续增长，目前中国是韩国的最大出口国、第一大贸易顺差国以及最大的海外投资对象国。值得注意的是，与其他中小国家对华贸易逆差相比，韩国对华贸易始终处于顺差地位。

第二类国家意味着体系压力经国内传导后发生了一定的偏离，但国家行为总体保持了体系压力所塑造的方向。实际上，越南和菲律宾偶尔从对冲转向制衡的行为也相对容易理解。由于它们与中国存在领土争端，而且会采取改变现状的行为，因此它们对中国的安全担忧会强于其他国家，需要借助与美国的安全合作来增强自身的行动能力。但是，这些国家也面临国内经济发展的巨大压力，在领土争端无法解决、挑衅可能遭到惩罚的情况下，它们倾向于重新回到对冲的轨道上来。

考察第三、第四类国家，我们则可以看到，体系压力经国内传导时发生扭曲和反转，体系压力仅在一定情况下发挥作用。这也表明，第三、第四类国家是本文无法解释的异例。在此，我们有必要对偏离体系指令的情况做一些讨论。第一，本文聚焦于揭示中小国家的行为，强调不同实力地位的国家所追求的目标范围以及实现这些目标的手段会存在差异。总体制衡中国的国家只有日本，而且偶尔会表现出一定的对冲倾向。这主要是因为，日本仍然是地区体系中的实力强国，它的选择范围要大于其他中小国家。在中日实力对比发生扭转的情况下，日本的忧虑要大于地区体系中的中小国家，而中日之间围绕历史问题和领土争端的冲突也加剧了双方的安全矛盾。第二，研究者并不需要开发新理论或修正既有理论来容纳无法解释的异例，因为一些现象并不需要通则式的理论解释，只需要个案式的解释。① 第四类国家总体上接近中国，也是特定的历史和现实因素所致，对于这些国家需要进行具体考察。由于理论的任务是解释具有相对普遍性的现象，我们无须为了容纳和迁就少数异例而使理论变得烦冗臃肿。

五　结语

在今天的东亚地区体系中，中国、美国与地区中小国家之间的竞争与合作关系正变得更为复杂。其中，地区一体化、相互依赖和地区制度建设等因素有助于维护国家间关系的稳定，使国家间对抗的代价非常高昂。但是，对地区权力转移的担忧、领土争端等现实利益冲突的作用以及民族主义情绪的高涨等因素，则可能加剧相关国家间的对抗和冲突。尽管体系并没有走向大规模战争的危险，但激烈对抗和小

---

① 对通则式解释（nomotheticexplanation）和个案式解释（idiographic explanation）的区分，参见〔美〕艾尔·巴比《社会研究方法》（第十一版），邱泽奇译，华夏出版社，2009，第22页。

规模冲突的可能性并不能完全排除。由于地区局势走向很大程度上是这些国家间战略互动和彼此反应的结构，当前地区中小国家坚持对冲战略也有助于维持中美在地区体系中的良性竞争格局，从而对地区格局形成了支持作用。

从中长期来看，中小国家所面对的地区体系形态仍处于演化之中，尤其受到中美双方的实力变化和政策调整的影响。一方面，中国崛起从侧重经济崛起向全面崛起转换，尤其是军事力量的崛起，对外行为模式也相应发生变化；另一方面，美国对丧失地区主导地位的担忧更加强烈，会采取更加强硬的政策来应对中国的崛起态势。这两个要素叠加起来，可能会推动东亚地区从弱对抗体系转向强对抗体系，从而加大地区国家选边站队的压力。一旦中美形成对峙格局，这些国家势必需要考虑支持其中某一方。因此，为了避免出现这种糟糕的前景，中美两方都需要做出努力，避免侵犯对方的核心利益，防止危机升级，并做出必要的妥协。

美国权威与东亚盟国的对外战略

刘若楠

一　问题的提出

近年来，随着自身实力的不断上升和地区影响力的不断扩大，中国面临的越来越多的外交和安全问题都集中在周边地区。在众多的周边国家中，日本、韩国、澳大利亚、菲律宾和泰国是美国的盟国，新加坡则是其密切的安全伙伴。以美国为中心构建的"轴辐体系"成为二战结束以后，东亚地区最显著、最持久的安全架构。[①] 通过一系列双边同盟关系，美国不仅保持了在东亚地区的军事存在，而且维护了自身的地区霸权。与此同时，美国的盟国在处理对外关系，包括制定对华政策时往往也会在一定程度上将美国的地区利益和意志纳入决策进程。从中国近年来开展周边外交时所遇到的困难来看，中国在与美国的亚太盟国就领土争议、地区多边机制乃至经贸往来等议题进行博弈时，都难以回避美国在其中所发挥的直接或间接的影响力。由此

[①]　Victor D. Cha, "Powerplay: Origins of the U. S. Alliance System in Asia," *International Security*, Vol. 34, No. 3, 2009/2010, p. 158.

可见，中国与美国盟国的外交关系早已超越了双边关系的范畴。

国际关系学界对美国在亚太地区的主导地位有着不同的称谓，例如"霸权"、"帝国"、"非正式帝国"和"等级"等。① 这些表述都从不同侧面反映出美国与盟国以及其他国家之间存在的某种不平等关系。在多数情况下，这种等级关系并不仅仅意味着国家间实力地位的不平等，而是更多地强调一种基于权威的社会性主从关系。在当今主权规范被普遍接受的国际环境下，美国对盟国的影响不是通过强制，也不是完全通过利益交换，而更可能是通过权威关系来实现的。权威关系体现为主导国和从属国对彼此间的指令与服从关系，即对一种不平等社会逻辑的认可。② 由权威定义的主从关系会对从属国的行为，包括对外战略产生重要影响。戴维·莱克（David A. Lake）认为，主导国可以通过"规训"（discipline）的方式改变从属国的政策，而康灿雄（David Kang）和吴翠玲（Evelyn Goh）则在某种程度上否认了这一观点，认为等级主导国不是"霸权"或是"帝国"，它的行为和作用必须得到其他国家的认同。③

不难看出，莱克解释了权威的效力，但是并没有很好地将权威对从属国的影响机制与强制和利益交换区分开来，康灿雄等人虽然印证

① Ian Clark, " Bringing Hegemony Back in: the United States and International Order," *International Affairs*, Vol. 85, No. 1, 2009, pp. 23 – 36; George Steimetz, "Return to Empire: The New U. S. Imperialism in Comparative Historical Perspective," *Sociological Theory*, Vol. 23, No. 4, 2005, pp. 339 – 367; Mark T. Gilderhus, "Forming an Informal Empire without Colonies: U. S. – Latin American Relations," *Latin American Research Review*, Vol. 40, No. 3, 2005, pp. 312 – 325.

② John M. Hobson and J. C. Sherman, "The Enduring Place of Hierarchy in World Politics: Tracing the Social Logic of Hierarchy and Political Change," *European Journal of International Relations*, Vol. 11, No. 1, 2005, pp. 68 – 69.

③ David Kang, "Hierarchy and Stability in Asian International Relations," in G. John Ikenberry and Michael Mastanduno, eds., *International Relations Theory and the Asia – Pacific* (New York: Columbia University Press, 2013), pp. 165 – 168; Evelyn Goh, "Great Powers and Hierarchical Order in Southeast Asia: Analyzing Regional Security Strategies," *International Security*, Vol. 32, No. 3, 2007/2008, p. 152.

了权威中不可或缺的合法性因素所发挥的作用，却难以解释主导国无法依靠吸引力或从属国的自觉实现自身利益的情况。由此引发的问题是，作为等级主导国所拥有的一种特殊"资产"，美国对其从属国的权威究竟体现在何处？美国的权威在多大程度上能够影响从属国的政策取向？从属国又如何对美国的权威做出回应？对于力图在美国主导的安全等级体系压力下实现和平崛起的中国来说，这一系列问题都具有一定的现实意义。由于美国及其盟国对中国的安全压力主要集中在中国的周边地区，本文将以东亚地区为例，考察美国权威的具体表现形式及其塑造东亚从属国对外行为的机制。

在做出理论解释之前，首先需要澄清两个重要问题。第一，作为美国所拥有的一种影响从属国的战略工具，权威可能体现为哪些具体的政策措施？第二，美国在东亚地区的战略利益是什么，在此基础上对从属国的对外行为又有哪些具体要求？在理论解释部分将着重讨论美国对从属国提出明确要求的情形，追踪理论上权威关系的实施过程，并对权威可能发挥作用的情形进行重点分析。在这一过程中，需要尽量排除从属国的行为改变是出于纯粹利益驱使或屈从于美国威胁的情况。在理论解释的基础上，本文将着重分析冷战后美国依据对从属国的行为要求，通过权威关系改变东亚从属国对外行为的三个典型案例。

二　主导国权威如何塑造从属国对外战略：既有研究评析

在国际关系理论界，有关主导国如何塑造从属国对外战略的研究主要集中在对于霸权、帝国和等级等理论概念和经验现象的探讨中。传统的霸权稳定论和世界体系论都在不同程度上探讨了主导国与从属国之间的互动。其中，前者强调主导国或霸权国对其他国家的"给予"，即提供包括安全秩序和经济福利在内的重要公共产品；后者则突出主导国或霸权国对别国的"剥削"。然而，这类研究的出发点都集中在主从关系的来源及其建立过程上，并以此为基础推断强国与弱国之间战略行为的互动关系，因此无法完全解释已然确立的权威如何发挥作用以及对从属国对外战略的影响机制等问题。近年来，等级理论的兴起推动了学术界对国际关系中的权威及其影响的研究。研究者们主要从规训、模仿和遵从外交仪式三方面分析了主导国权威与从属国对外战略之间的某种关联。这些研究有助于我们理解权威在改变从属国行为方面所发挥的作用。

（一）规训和设定行为限度

在莱克提出的关系型权威理论中，规训和设定行为限度是权威发挥影响的重要推论。莱克认为，在等级关系中，从属国会要求主导国赋予其更多的自主性。当然，从属国可能会经常试探权威的限度，以扩展自由选择的范围。面对从属国违反规则、不服从指令乃至反抗的行为，主导国会通过"规训"来维持自己的主导地位。[1] 除了直接对一国发动军事干预这种极端做法之外，主导国还会积极介入从属国的国内政治。[2] 规训的具体手段包括：在选举中公开支持从属国反对派候选人，为各项民主运动提供经费，提供对外援助，实施经济制裁，甚至通过军事干预推翻从属国政府。[3] 为了具体说明规训所发挥的作用，莱克列举了美国在 20 世纪后半叶对拉美地区频繁的政治和军事干预。他同时指出，美国自 20 世纪 90 年代以来对拉美国家的干预之所以减少，是由于这些国家与美国的政治体制正趋于相似。

尽管莱克对于主导国通过权威影响从属国做了比较充分的论述，但也存在一些与现实不相符的情形。比如，在合法性较强的权威关系中，

---

① David A. Lake, *Hierarchy in International Relations* (Ithaca: Cornell University Press, 2009), p. 32.

② Ibid, p. 113.

③ Ibid, p. 114.

莱克所提到的规训的主要方式——直接政治干预和军事介入——不太可能发生。此外，尽管他试图区分权威与权力产生的效果，但其所列举的大部分政治和军事干涉的例子似乎都表明，在规训过程中真正发挥作用的依然是权力而非权威。然而在现实中我们不难发现，美国在对某个国家提出行动上的要求时并不经常以政治和军事干涉相威胁，即使一国没有服从美国的要求，后者也较少采用直接干涉的方式进行"惩罚"。

莱克在讨论规训时也承认，美国在欧洲并没有直接动用规训权力，也几乎从不干预非洲。[①] 事实上，一些具有强制性色彩的措施，如经济制裁和封锁往往针对的是等级体系外的自助国，而不是针对等级体系内的从属国。例如，1988～2010 年，美国曾长期对缅甸军政府保持着严厉的经济制裁。在 1989 年之后的一段时间，以美国为首的西方国家也曾短暂对中国实行经济制裁。由于冷战后美国作为等级主导国具有较高的合法性，从属国在多数情况下不会违背美国的利益，因此其约束和影响东亚从属国的手段主要不是依靠莱克所认为的规训，更不是依靠强制和威胁。那么，在美国既没有直接干预从属国政权更迭，也没有军事介入从属国与他国的冲突的情况下，权威关系是否以及如何发挥作用，莱克对此没有给出充分的解释。

（二）模仿政治制度和文化

除了强调主导国对从属国的规训，也有研究指出等级体系中的从属国会主动效仿主导国的政治体制和理念，从而改变自身的战略行为。[②] 邝云峰以二战后美国主导的安全等级体系为原型，指出从属国对美国的效仿是后者在为前者提供政治经济"公共产品"时要求的一种"回报"，另一个"回报"则是对美国霸权地位的承认。就美国

---

① David A. Lake, *Hierarchy in International Relations* (Ithaca: Cornell University Press, 2009), p. 117.

② Yuen Foong Khong, "The American Tributary System," *The Chinese Journal of International Politics*, Vol. 6, No. 1, 2013, pp. 1–47.

而言，从属国进行效仿的一个重要方面是在政治上向西方的民主制度和价值规范靠拢。当然，从属国对主导国的效仿在历史上的权威关系中也有所体现。康灿雄曾指出，在19世纪西方国家到来之前，朝鲜、越南甚至日本的政治精英都有意识地模仿中国的政治制度和话语。此外，朝鲜和越南还在国内模仿和复制中国儒家文化。中国、朝鲜和越南在共享儒家世界观并且在彼此认同的基础上，形成了一个以中国为中心的儒家文化圈。[①] 需要指出的是，康灿雄认为从属国遵从朝贡体系的一系列规范并不意味着认可中国的政治权威，而只是承认中国的文化优越性。但是，张锋在近期的一项研究中反驳了这一观点。张锋认为，在一些情况下，从属国不仅会通过朝贡仪式表达对中国中心地位的认可，也会遵从中国在超出朝贡体系之外的事务上的指令。[②] 在朝贡体系下，中国、朝鲜和越南等国以是否接受中华文明、是否模仿中国的政治制度以及接受、模仿的程度作为判断国家地位和国家间亲疏远近的标准。正因为此，朝贡秩序也被称为"华夷秩序"。综合上述研究，政治制度、政治思想和文化的模仿是权威影响从属国行为的重要表现。

不可否认，美国自冷战时期就以"自由世界的领袖"自居，在后冷战时代更是旗帜鲜明地推行"扩展民主"，不免也会对从属国、安全伙伴甚至其他国家的国内政治体制指手画脚。如果从属国的行为不符合美国所倡导的民主原则，就可能遭到其"惩罚"。比如，2006年泰国发生军事政变，总理他信在出访期间被解除了职务。美国政府公开对泰国军人的夺权行为进行指责，并且暂停了部分军事援助。[③]

---

① David C. Kang, "Hierarchy and Legitimacy in International Systems: The Tribute System in Early Modern East Asia," *Security Studies*, Vol. 19, No. 4, 2010, pp. 604 – 605.

② Feng Zhang, "How Hierarchic was the Historical East Asian System?," *International Politics*, Vol. 51, No. 1, 2014, pp. 5 – 6.

③ Amy L. Freedman, "Malaysia, Thailand and the ASEAN Middle Power Way," in Bruce Gilley and Andrew O'Neil, eds., *Middle Powers and the Rise of China* (Washington, D.C.: Georgetown University Press, 2014), p. 112.

当然，除了泰国因军事政变分别于 2006 年和 2014 年两度遭到美国的批评之外，日本、韩国、澳大利亚和菲律宾等美国的从属国都很少因国内政治体制问题而受到美国的"惩罚"。更多的时候，美国以民主、人权等问题为由指责自助国，而不是其从属国。例如，1999 年印尼因不满东帝汶公投结果而对其采取镇压手段，以美国为首的西方国家对印尼实行了军事制裁，包括停止对印尼销售军用设备并要求其允许国际力量参与恢复和平进程。① 因此，政治制度并不是美国对东亚从属国施加权威影响力的主要方面。

此外，美国对从属国政治体制的要求不仅与权威关系的存在有关，还与外部威胁的强弱密切相关。在外部威胁程度较高的情况下，为了遏制竞争对手的扩张，美国很容易接纳、保护甚至扶持一个非民主的盟友。例如，在朝鲜战争结束后，面对苏联在东亚的扩张所带来的安全威胁，美国通过建立一系列双边同盟与一些反共的、非民主的独裁政权结成了盟友。② 这其中包括朝鲜半岛南部的李承晚政权和越南南部的吴庭艳政权。冷战结束后，美国无形之中提高了"民主门槛"，甚至在选择建立新的安全伙伴关系之前也会要求对方在内政方面做出改变。

（三）遵循外交仪式

一些研究指出，在等级关系中，从属国对主导国权威的服从表现在遵从一些特定的外交仪式上。如古代东亚的朝贡国使节要按照中国礼仪拜见皇帝，并从后者获得相应的封赐。同样的，1945 年以来，美国成为其从属国的领导人出访的首选目的地。访问结束后，其从属

---

① Ann Marie Murphy, "Indonesia Response to China's Rise," in Bruce Gilley and Andrew O'Neil, eds., *Middle Powers and the Rise of China* (Washington, D. C. : Georgetown University Press, 2014), p. 132.

② Victor D. Cha, "Powerplay: Origins of the U. S. Alliance System in Asia", pp. 158 - 159.

国也往往会得到美国的援助或其他方面的支持。① 近年来，类似外交仪式的形式更加多样，不仅包括领导人到访，还包括首脑峰会与国会演讲等。在亚太地区，当美国的从属国国内政治换届之后，新当选的政府首脑通常将美国作为首次正式出访的对象国。比如，菲律宾阿基诺三世在当选总统后不到两个月即访问美国，韩国总统朴槿惠在上任5 个月后，出访的第一个国家也是美国。近年来，日本首相就职后更是无一例外地将美国作为首访目的地。对于一部分从属国来说，这种外交仪式的影响还体现在访美之后造访与美国关系最为密切的从属国日本，如菲律宾前总统阿基诺三世和韩国前总统李明博。康灿雄的研究强调了外交仪式对从属国的影响，甚至将其上升为权威关系的唯一表现方式。他以古代东亚朝贡体系为研究对象，指出在朝贡秩序中，表面上主导国与从属国是不平等的，而实际上却是平等的。② 他同时指出，除了册封和使团往来之外，古代中国并没有对从属国施加其他权威，各国的内政外交实际上都是独立的。③

外交仪式是外交的载体，如果没有这些仪式就无法观察到具体的外交活动，④ 象征性的外交仪式在一定程度上也的确反映了从属国对主导国权威的服从以及对其主导地位的认可。然而，尽管外交仪式是一种非常重要的体现主从关系的对外行为，但其并不是现代权威关系的核心内容，也不是主导国权威发挥作用的主要方式。这是因为，外交仪式更多的是权威的一种产物，不能完全反映权威关系对从属国的影响，特别是对塑造从属国对外战略方面所发挥的作用。

---

① Yuen Foong Khong, "The American Tributary System," *Chinese Journal of International Politics*, 2013, Vol. 6 (1), p. 24.

② David C. Kang, "Hierarchy and Legitimacy in International Systems: The Tribute System in Early Modern East Asia," *Security Studies*, 23 November 2010, Vol. 19 (4), p. 592.

③ Ibid, pp. 603 – 604.

④ Yuen Foong Khong, "The American Tributary System," *Chinese Journal of International Politics*, 2013, Vol. 6 (1), p. 23.

三 美国权威塑造盟国对外战略的机制

在当今国际体系中，主权规范是国家间互动遵循的最为基本的规范。特别是冷战结束以来，全球绝大多数国家都拥有法律和制度上的完全自主权，任何外来的直接统治都不再具有合法性。同样的，根据上文的文献梳理也不难看出，美国对从属国的行为产生的影响主要不是通过强制手段。美国权威对从属国对外行为的影响机制实际上就是美国以非强制、非利益交换的方式，按照自身利益需要规范从属国行为的方式和过程。为了解释这一方式和过程，首先需要回答上文所述的两个问题：第一，权威在美国对从属国的外交政策中表现为哪些形式？第二，美国在亚太地区具有哪些明确的地区利益，以及在此基础上对从属国的行为设置了哪些要求？

（一）作为一种战略手段的权威关系

在政治学中，权威是披上合法性和公正性外衣的权力。[①] 理想状态下，权威作用的发挥既不同于强制，也不能依靠劝说或争辩实现，而只能依靠从属者的自愿遵从。[②] 在国际关系中，也的确存在国家在政治制度或发展模式上对他国产生了吸引力，从而促使后者改变行为的现象。但是，作为主导国所拥有的一种"软实力"，吸引力虽然具备塑造从属国行为的能力，却不能确保从属国始终按照主导国的意愿行事，特别是难以改变从属国不利于主导国的政策倾向。换言之，尽管从长远来看，严格遵守理想状态下的权威关系可能会赋予主导国更大的影响力，但也将使其在对外关系中陷入被动。

---

① 〔美〕安德鲁·海伍德：《政治学核心概念》，吴勇译，天津人民出版社，2008，第17页。
② Andrés Rosler, *Political Authority and Obligation in Aristotle* (Oxford: Clarendon Press, 2005), p. 90 – 91.

因此，在多数情况下主导国会积极主动地利用权威关系塑造从属国的行为。美国改变或约束从属国对外行为的一个重要方式就是对从属国进行劝说。劝说是指主导国在双边场合对从属国的行为表达明确支持或否定的意见，或者是要求从属国采取某种特定的行为。劝说是美国管理联盟的常用手段。① 一般情况下，在从属国违背（或不配合）美国意志的行为尚未产生重大影响时，美国会首先考虑采取这一措施。简言之，劝说是美国通过对话的方式促使从属国做出相应政策改变的一种方式。

除了劝说之外，美国利用权威发挥影响力的另一种方式是象征性的奖励或惩罚。在等级关系中，主导国会通过奖励或惩罚影响从属国的对外行为。奖励包括公开表扬、增加军事援助、解除部分军售限制、启动新的双边对话或会议、给予显示从属国重要地位的称号。惩罚则主要是包括问责，公开批评，暂停部分军售、军事援助、双边对话或会议，剥夺从属国在等级内的部分权益或称号。从具体内容上看，奖励或惩罚都包括物质性和象征性的两类政策措施。物质性的奖励和惩罚对从属国的影响在一定程度上可被归结为利益和权力在起作用，因此从属国在物质性奖励或惩罚下做出的改变难以体现权威的效力，象征性的奖励或惩罚才是美国利用权威关系塑造从属国对外行为的手段。

美国采取物质性还是象征性的奖惩措施与主从关系的性质和地区格局有关。在国际关系等级体系中，由于主从关系没有其他最高权威的保障，主导国会担心从属国不服从，而从属国则担心失去独立性和自由度。目前，在亚太地区，美国对从属国不服从的担心大于从属国对丧失独立性的担心。这是因为，美国在多数情况下不干涉从属国一般性的对外事务，包括后者与中国发展经济关系和进行有限的战略合作；与此同时，中国逐渐成了美国在亚太地区潜在的竞争者，削弱了

① 刘丰：《美国的联盟管理及其对中国的影响》，《外交评论》2014年第6期，第97页。

韩国、澳大利亚和泰国支持美国制衡中国的意愿和能力。[1] 在这一背景下，为巩固主从关系，美国对从属国的奖励在多数情况下是实质性的，而惩罚则更可能是象征性的。[2]

（二）美国的地区利益及其对从属国对外行为的要求

作为国际体系中唯一的超级大国，美国国家利益的核心是维护和巩固全球霸权地位。美国在东亚的安全同盟体系自冷战结束之初得以延续，其霸主地位由此得到了强化和凸显。随着朝核危机、亚洲金融危机、反恐和领土争议等涉及美国及其盟国核心利益的问题相继出现，美国越来越多地需要协调自身与盟国以及盟国之间的利益和战略关系。此外，为了应对中国崛起带来的机遇和压力，美国也要与盟国和安全伙伴协同合作。[3] 综合这些考虑，美国会将其在东亚地区的利益诉求转化为对从属国对外行为上的要求，集中表现为给从属国设定"行为边界"。具体来说，这些行为边界有以下三个方面。

第一，从属国不能采取与美国的全球安全战略相抵触的对外政策。在美国看来，从属国不仅要在重大安全战略上与美国的立场保持一致，而且还要共同分担防御成本，在行动上切实配合美国的战略实施。如果从属国采取了与美国全球安全战略相违背的行为，就会受到美国相应的"惩罚"。例如，鸠山政府不愿意续签 2010 年到期的《反恐特别法》，为美国继续提供印度洋海上石油运输的支持，此举招致了美国的批评。2001 年底，在尚未明确表示配合美国的反恐行

---

[1] Thomas J. Christensen, "Fostering Stability or Creating a Monster? The Rise of China and U. S. Policy toward East Asia", *International Security*, Vol. 31, No. 1, 2006, p. 106.

[2] 只有在少数情况下，美国才会采取暂停军售或军事援助这类具有实质性惩罚意义的措施。比如，2006 年美国曾因泰国军事政变暂停了对其部分军事援助，但是两军关系并未受到显著影响。2008 年，民选的阿披实政府上台之后，美泰两军关系完全恢复。

[3] Noboru Yamaguchi, "A Japanese Pespective on U. S. Rebalancing toward the Asia – Pacific Region," *Asia Policy*, No. 15, 2013, p. 8.

动之前，韩国也曾被美国指责没有为全球安全做出重要贡献。①

第二，美国要求从属国在与等级外的自助国家发展外交关系时要保持距离，不能在安全领域与自助国家保持密切的关系，防止出现脱离美国安全保护的倾向。小布什政府执政期间曾主张以"以压促变"的方式解决朝鲜核问题，反对时任韩国总统卢武铉对朝鲜的"阳光政策"，甚至以解除美韩同盟关系相威胁。② 2011 年以来，美国执意要求在韩国济州岛设立"萨德"反导系统，除了对抗朝鲜之外，也在一定程度上具有离间中韩安全关系的意味。③ 此外，从属国在安全上不能倒向自助国的同时也不能轻易地挑起与自助国的冲突，因为这会增加美国卷入地区危机的风险。比如，对菲律宾在黄岩岛事件中挑衅中国的举动，美国没有给予明确的支持。再比如，由于担心日本拥有大量制造核武器的原料会激怒中国，进而引发东北亚核军事竞赛，美国向日本提出了归还 331 公斤武器级钚的要求。④

第三，美国不允许从属国建立或参加有可能削弱或排斥美国地区影响力的地区合作机制。在东亚地区的一体化进程中，多数情况下美国是地区机制的参与者，对地区制度的安排和倡议的政策是反应性的，而不是主导性的。⑤ 因此，美国并不经常性地干预从属国在地区

① Jae Jeok Park and Sang Bok Moon, "Perception of Order as a Source of Alliance Cohesion," *The Pacific Review*, Vol. 27, No. 2, 2014, p. 159.

② Yoichi Funabashi, *The Peninsula Question: A Chronicle of the Second Korean Nuclear Crisis* (Washington, D. C.: Brookings Institution Press), 2007, p. 255.

③ Jin Kai, "the Other Reasons China Wants to Block THAAD Deployment," *the Diplomat*, April 18, 2015, http://thediplomat.com/2015/04/the-other-reasons-china-wants-to-block-thaad-deployment/.

④ Robert Windrem, "Japan Has Nuclear 'Bomb in the Basement' and China Isn't Happy," *NBC News*, March 11, 2014, http://www.nbcnews.com/storyline/fukushima-anniversary/japan-has-nuclear-bomb-basement-china-isnt-happy-n48976.

⑤ Galia Press-Barnathan, "The Impact of Regional Dynamics on US Policy Toward Regional Security Arrangements in East Asia," *International Relations of the Asia-Pacific*, Vol. 14, No. 3, 2014, p. 378.

机制中的行为。尽管如此，美国仍然倾向于阻止从属国建立或参加可能削弱或排斥美国地区影响力的机制，同时也不欢迎由非从属国主导的地区机制。1997年亚洲金融危机后，作为地区经济影响力最大的国家，日本试图通过建立"亚洲货币基金组织"（AMF）为东亚各国提供资金。然而，这一提议遭到了美国的否定。[①] 另外，为了防止东盟被所谓的"独裁国家"所主导，在美国的压力下，缅甸于2006年被剥夺了成为东盟主席国的权利。[②] 这一举动在某种意义上表明美国权威的影响力已经超出了等级内部范畴。

（三）美国与从属国在政策协调中的互动

当美国按照上述"行为边界"对从属国提出明确要求时，从属国一般有两种选择。一是主动配合美国的要求，美国则可能会为之提供包括增加军事援助、解禁部分军售以及提高从属国在等级内地位等在内的各种"奖励"。然而，从属国对美国的配合既可能是出于对权威的顾忌，也有可能是出于理性算计，抑或是两种考虑都有。例如，基于菲律宾在反恐问题上的配合，美国给予其大量的"奖励"。小布什政府的对菲军事援助由2001年的190万美元增加到2004年的1900万美元，并称其为"主要的非北约盟国"。由于难以排除从属国以获得物质性奖励为目的的动机，从属国应美国要求行事并获得奖励并不能直接体现出权威发挥的作用。此外，在某些情况下，从属国的配合和支持是出于与美国存在共同的利益，而不是对美国权威的敬畏。例如，美军在普天间基地部署"鱼鹰"运输机得到了日本政府的配合。在中日领土争端持续的背景下，日本支持美国更多的是为了强化自身

[①] Evelyn Goh, *The Struggle for Order：Hegemony，Hierarchy，and Transition in Post - Cold War East（Asia，* Oxford University Press，2013）.

[②] 杜兰：《转型后的缅甸：中美博弈新战场》，中国国际问题研究院，2014年12月22日，http：//www.ciis.org.cn/chinese/2014 - 12/22/content_ 7458663.htm。

应对中国的军事力量。换言之，从理论上讲，在上述两种情形中，我们既不能否认美国的权威发挥了作用，同时也难以直接得出权威有效力的结论。由于难以将获得奖励或共同利益的考量从这些国家的行为动机中剥离出来，本文不将从属国主动配合美国政策要求的情况纳入美国权威的影响机制研究中。

从属国在面对美国提出明确要求时的第二种选择是不遵循其要求，包括对美国的提议置之不理或者采取完全违背美国要求的行为。在权威的范畴之内，美国对从属国的反应可以是劝说、象征性惩罚，或者置之不理（既不惩罚也不劝说）。其中第三种情形表明，美国在该议题上没有打算动用对从属国的权威以改变后者的不配合行为。比如，美国宇航局2012年曾向泰国提出利用乌塔堡军事基地进行一项大气监测项目，但是由于美国国防部同时向泰国提出了类似请求，泰国政府担心美国此举会引发中国的不安，因而英拉政府采取了拖延策略。美国对泰国的反应既没有劝说也没有惩罚。然而，如果从属国的不配合行为突破了美国设置的"行为边界"，美国就会对其进行劝说或惩罚，那么双方就进入了第二轮的外交互动。在这一轮互动中，从属国既有可能在美国的劝说或惩罚下选择妥协，即放弃已有的政策以响应美国的政策要求；也可能继续坚持自己的立场，不为迎合美国而调整相关对外政策。在从属国不主动配合且美国试图利用权威关系改变从属国的不配合行为时，从属国与美国的外交互动有如下 A 至 D 四种情形（见图 5-1）。

为了避免潜在竞争者在美国安全体系松散时获利，美国对从属国的惩罚在多数情况下是象征性的，表现为公开指责、适度疏远以及降低等级体系内的地位等，只有在极少数的情况下会涉及暂停军事援助和军售。在 B 和 D 两种情况中，不难看出美国试图通过权威关系改变从属国的行为，但是没有取得显著的效果。尽管这两种情况的出现不能证明美国对从属国没有权威，但也至少表明美国的权威在特定议题上没有成功地改变从属国行为。菲律宾由于从伊拉克

```
                                                        ┌── 配合    A
                                          ┌── 美国劝说 ──┤
                                          │              └── 不配合  B
美国有明确的政策要求 ──→ 从属国不主动配合或违背 ──┤
                                          │              ┌── 配合    C
                                          └── 美国惩罚 ──┤
                                                        └── 不配合  D
```

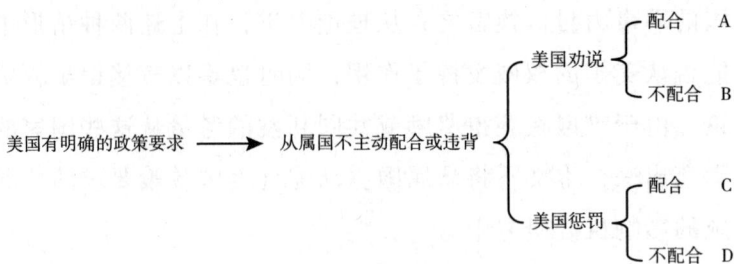

图 5 - 1 从属国与美国外交互动的四种情况

撤军的决定被美国从反恐"志愿联盟"中除名，在改善与美国关系
无果后，菲律宾总统将对中国的工作访问升级为国事访问，并与中
国，在领土争议问题上签署双边《联合海洋工作协议》。由此可见，
在某些情况下，美国的象征性惩罚非但没有改变从属国的行为，反
而会激发后者的"对抗"。

情形 A 意味着，经过美国的劝说从属国重新调整了政策方向，
表明美国权威发挥了作用，这是因为如果是出于理性算计，从属国在
美国提出政策建议之时就会采取配合的姿态，而不是在劝说之后才进
行配合。与情形 A 类似，情形 C 体现了美国实施象征性惩罚之后从
属国随之放弃不配合政策的情况，也表明权威关系对从属国具有一定的
影响力。事实上，当从属国在预判到某一政策的实行可能会与美国利益
相抵触而遭到惩罚，却又出于国内政治或其他原因不得不实行时，会尽
可能地采取拖延或回避的措施，避免公开、直接地做出与美国对立的行
为。从属国的这一回避姿态可以被视为情形 C 的变种。例如，日本选择
在美国"9·11"纪念日完成对钓鱼岛的非法"购买"。考察冷战后美国
对亚太盟国的政策不难发现，由于美国的主导地位具有较高的合法性，
其与从属国的政策互动大多表现为从属国主动配合或者情形 A 或 C，即
在经过劝说、象征性惩罚之后从属国改变不配合的政策。

需要强调的是，权威关系持续存在于主导国与从属国之间的互动
之中，本文旨在讨论它是否发挥作用以及在何时发挥作用。在某些情

况下，权威并没有发挥预期的作用，但并不意味着权威关系是不存在的。与此同时，本文聚焦于冷战后在美国主动运用权威优势调整东亚盟国对外政策时权威关系的呈现方式，并没有涵盖权威发挥作用的所有形式。

四　案例研究

为了更系统地展现美国的权威对东亚盟国战略行为的塑造作用，有必要对美国与其盟国互动的典型案例加以分析。本文认为，从属国的对外行为会在美国权威的压力下发生变化，这一变化不是纯粹出于利益的驱使，也不是完全屈服于权力。因此，所选择的案例应该符合以下两项标准：第一，美国在这些案例中没有采取明确的强制措施，即没有为从属国国内反对派提供物质支持、改变其国内政治程序以及进行任何形式的军事干涉；第二，为了排除利益算计的作用，案例不包括从属国主动的配合的情况，以集中展现在美国提议不符合从属国初衷的情况下，双方的互动以及从属国行为的改变。根据这两项标准以及美国给从属国设置的三条"行为边界"，本文选择了菲律宾从伊拉克撤军、澳大利亚对华政策的调整以及日本在东亚经济合作中的选择三个案例，论证在具体议题上美国如何主动运用权威改变从属国的对外行为。

（一）菲律宾从伊拉克撤军

"9·11"事件之后，美国在东南亚开辟了反恐"第二阵线"，加强了与包括菲律宾等在内的盟国的反恐合作。为打击"伊斯兰祈祷团"（Jemaah Islamiya）和以阿布沙耶夫（Abu Sayyaf）为头目的两个伊斯兰恐怖组织，同时消灭与之联系的菲律宾南部岛屿的分裂组织，美菲两国于2001~2003年在菲律宾南部穆斯林人口占多数的地区开展了多项联合军事演习。① 阿罗约政府还向美国提供了苏比克湾海军基地和克拉克空军基地更大的使用权。2003 年，在美国决定发动伊拉克战争之际，菲律宾加入了美国组织的"志愿联盟"（Coalition of the Willing）。2003 年 7 月，菲律宾向伊拉克战场派出 51 名军事人员。由于菲律宾在反恐中的积极配合，小布什政府将其升格为"主要的非北约盟国"，并大幅提高了对菲的军事和经济援助，一方面用于推动菲律宾国防系统的改革，另一方面通过减少贫困以消除恐怖主义滋生的土壤。

然而，对于菲律宾政府来说，在配合美国的反恐行动的同时，也需要考虑菲律宾海外劳工的安全以维持国内政治支持率。在阿罗约总统的第二任期，阿罗约的考量越来越倾向于后者。由于菲律宾政府表现出不愿意以国内支持率为代价在全球反恐问题上继续为美国承担成本，美菲关系出现了一定的波折。2004 年 7 月 8 日，伊拉克恐怖组织武装人员绑架了菲律宾籍卡车司机安赫洛·德拉·克鲁斯（Angelo dela Cruz）作为人质，要求菲律宾从伊拉克撤军，否则就处死人质。事件发生后，阿罗约立即下令暂停向伊拉克派遣军事人员。13 日，菲外长和军方发言人相继通过发布会证实，菲律宾有意从伊拉克撤军，其具体实施将根据人质危机的进展情况，分阶段逐步撤离菲驻伊军事人员，目前正在等待总统阿罗约的撤军令。② 18 日，菲外长再次声明，菲律宾所有在伊拉克的军事人员将在 19 日晚之前全部转移至科威特，然后乘航班返回马尼拉。

以美国为代表的盟国坚决反对菲以营救人质为由"向恐怖分子妥协"的举动。澳大利亚外交部部长亚历山大·唐纳（Alexander

---

① Carl Baker, "Philippines and the United States 2004 - 2005: Defining Maturity", Asia - Pacific Center for Security Studies, Febuary 2005, http://www.apcss.org/Publications/SAS/APandtheUS/BakerPhilippines3.pdf, p. 3.

② 新华网：《菲律宾外交部证实菲将从伊拉克撤军》，2004 年 7 月 13 日，http://news.xinhuanet.com/world/2004 - 07/13/content_ 1597299.htm。

Downer）也批评了菲方的决定，他指出任何国家都不该向恐怖分子妥协，否则都将付出"代价"。① 美国政府更是感到非常失望，白宫发言人斯科特·麦克莱伦（Scott McClellan）7 月 15 日公开谴责菲律宾，认为菲政府不应该向恐怖分子发出"错误信号"，更不应该试图与恐怖分子达成单方面谅解。② 在菲律宾人质被释放的当天，美国驻菲律宾大使弗朗西斯·理查尔顿（Francis Ricciardone）返回华盛顿。美国随即将菲律宾从"志愿联盟"中除名，同时暂停或推迟了一部分经济和军事援助，美菲关系急剧降温。③ 由此可以看出，美国对菲律宾的撤军行为进行了以批评、除去荣誉称号和疏远等为主的象征性惩罚。

事实上，菲律宾并不是从伊拉克撤军的第一个国家。在此之前，西班牙于 2004 年"3·11 地铁爆炸案"之后从伊拉克撤军，多尼米加、尼加拉瓜和洪都拉斯也相继撤军，向伊拉克派兵的国家已经从最初的 36 个减少至 31 个。然而，尽管菲律宾驻军人数少，但是菲撤军是继西班牙撤军后美国反恐行动面临的又一次重大打击。对美国来说，菲律宾撤军之所以造成的影响更为严重，是因为该行为"满足了恐怖主义的要求而不是站在其对立面"。④ 此举不仅会进一步危及驻伊拉克联军的安全，还可能会被其他国家效仿，导致美国苦心经营的反恐联盟走向破裂。

为了缓和在反恐问题上与美国的分歧，改善美菲关系，菲律宾在

---

① Glen Segell, *Axis of Evil and Rogue States: The Bush Administration*, 2000 - 2004 (London: Glen Segell, 2005), p. 310.

② U. S. Department of State's Bureau of International Information Programs, "Philippine Troop Withdrawal from Iraq, U. S. Weapons Sales to Taiwan, U. S. Delegation to Olympics," July 15, 2004, http://iipdigital. usembassy. gov/st/english/article/2004/07/20040715162014lshsan0. 7721369. html#axzz3Zy7tx5aG.

③ 代帆、金是用：《安全与发展：菲律宾对华政策研究》，《南洋问题研究》2009 年第 3 期，第 46 页。

④ The New York Times, "Hostage is Freed After Philippine Troops are Withdrawn From Iraq," July 21, 2004, http://www. nytimes. com/2004/07/21/world/hostage - is - freed - after - philippine - troops - are - withdrawn - from - iraq. html.

撤军后不久再次表达了参与全球反恐行动的意愿。2004 年 8 月 10 日，菲国防部发言人表示菲律宾将准备重新向伊拉克派兵，部队已经做好随时奔赴伊拉克的准备。① 由此可见，面对美国的象征性惩罚，菲律宾政府在一定程度上进行了政策调整，重新平衡争取国内支持和巩固美菲同盟两者之间的关系。不过从效果上看，尽管阿罗约政府在撤军后极力修补美菲关系，表示将与国际社会加强合作，继续打击恐怖主义，但美国并未迅速转变对菲律宾的态度。②

（二）澳大利亚对华政策的调整

作为美国的从属国，澳大利亚总体对外战略与美国趋于一致。然而，21 世纪以来中澳经贸关系的发展使得澳大利亚在处理对华关系时表现出了较强的自主外交倾向。尽管在多数情况下美国不干预澳大利亚与中国发展双边关系，但是如果澳大利亚的言行超越了从属国的"行为边界"，美国将可能动用权威关系促使其做出相应的改变。

2003 年 3 月，澳大利亚派出 2000 名士兵参与美国在伊拉克的作战行动。③ 美国通过联合反恐行动强化同盟的举动引发了中国的顾虑。④ 为了缓和中国对美澳同盟进一步加强的担心，2004 年，澳大利亚在野党工党领袖马克·莱瑟姆（Mark Latham）表示，澳外交部部长在 8 月访问中国时应向其表达在当年圣诞节前从伊拉克撤军的意愿，以缓和中国对澳大利亚在安全上完全追随美国的担忧。澳大利亚外长唐纳随即在北京公开表示，《澳新美安全条约》应该只在澳大利

---

① 中新网：《菲律宾军方声称：已经准备好重新向伊拉克派兵》，http://news.china.com/zh_cn/international/1000/20040810/11826221.html。

② 代帆、金是用：《安全与发展：菲律宾对华政策研究》，《南洋问题研究》2009 年第 3 期，第 46~47 页。

③ Zachary Selden, "Balancing Against or Balancing With? The Spectrum of Alignment and the Endurance of American Hegemony," *Security Studies*, Vol. 22, No. 2, 2013, p. 361.

④ Thomas J. Christensen, "Fostering Stability or Creating a Monster? The Rise of China and U. S. Policy toward East Asia," *International Security*, V31, No. 1, 2006, p. 117.

亚或美国遭受直接攻击时才启动，而在世界其他地方发生的事件不能启动该条约。① 这一言论的潜在含义是澳大利亚不能无条件地支持美国在亚太地区的行动，特别是不会在台湾问题上卷入与中国的冲突。

在澳大利亚做出这一表态后，美国连续向澳大利亚政府发出 6 份电邮，要求澳方立即对唐纳的言论进行解释。不仅如此，美国还要求澳大利亚国家领导人在公开场合纠正此前的"错误立场"。② 为了防止同盟松动迹象可能产生的不利影响，美国国务院发言人公开严厉驳斥了澳方的观点，强调根据《澳新美安全条约》的第 4、5 条规定，缔约国任何一方在太平洋受到的攻击都应被视为共同威胁。在美国的权威面前，时任澳大利亚总理的霍华德立即纠正唐纳的表态，唐纳本人也表示撤回此前的"不当言论"。③ 在这一事件中，美国认为澳官员所表达的不配合美国安全战略的言行超越了其所设定的行为边界，体现出一定程度的脱离美国战略轨道的倾向。美国利用权威关系，即问责和批评的方式对澳大利亚施加压力，迫使其改变了政策表态。除了纠正外长唐纳的言论之外，澳大利亚在对华，特别是台湾问题上也回归到与美国更为接近的立场。2005 年 3 月 14 日，在中国全国人大通过了《反分裂国家法》之后，霍华德总理等澳政府官员提出了反对和批评。在美国的压力下，澳大利亚在中国对台政策问题上从之前的"不反对"转而采取一种更为平衡的政策。④

事实上，中国是澳大利亚第一大贸易伙伴，经济上的高度依赖使其与美国在对华关系上存在一定的分歧。澳大利亚如果完全配合美国

---

① Joshua Kurlantzick, *Charm Offensive: How China's Soft Power is Transforming the World* (New Haven: Yale University Press, 2008), p. 215.

② Ibid.

③ Mohan Malik, "The China Factor in Australia – U. S. Relations," *China Brief*, Vol. 5, No. 8, December 31, 2005.

④ Joel Atkinson, *Australia and Taiwan: China, the United States and the South Pacific* (Leiden: Brill, 2013), p. 94.

可能采取的遏制行动，不仅意味着要承担"脏活累活"，[①] 而且还会导致与中国的关系恶化，损害自身的经济发展。然而，随着中美两国竞争的日益激化，美澳分歧在程度和范围上逐渐扩大。澳大利亚对同盟关系有所保留的态度不仅仅表现在台海问题上，在其他一些敏感的议题上，澳大利亚也没有完全追随美国的政策。例如，尽管美国和日本都极力反对欧盟解除对华武器禁运，澳大利亚官方的表态则是在不打破地区均势的情况下"不反对"。[②] 此外，澳大利亚在西藏问题的态度也与美国的另一盟国日本形成了鲜明对比。[③] 据统计，自 1991 年以来，达赖喇嘛曾 6 次造访澳大利亚，而访问日本的次数却有 15 次之多，几乎每年一次。最近几年，在美国推进亚太再平衡战略的背景下，美国的亚太盟友中只有日本与中国的安全矛盾和竞争趋于激化，而澳大利亚和韩国都更倾向于安抚中国。[④]

（三）日本在东亚经济合作中的选择

1997 年，席卷亚洲的金融危机沉重打击了东亚各国经济。无论是相对发达的日本和韩国，还是处于发展中的地区经济体都在此次金融危机中遭受了不同程度的损失。根据世界银行的统计数据，韩国和泰国 1998 年的国内生产总值（GDP）比 1996 年下降 40% 左右；印度尼西亚的 GDP 更是比金融危机之前缩水一半以上。[⑤] 面对危机的蔓

---

① Jefferson Morley, "Courting the Dragon, Asian Democracies Prefer to Focus on Strengthening Ties to China Over Taiwan," *The Washington Post*, March 15, 2005, http://www. washingtonpost. com/wp – dyn/articles/A35971 – 2005Mar15. html.

② Mohan Malik, "The China Factor in Australia – U. S. Relations," *China Brief*, Vol. 5, No. 8, December 31, 2005.

③ Ibid.

④ Euikon Kim, "Rising China and Turbulent East Asia: Asianization of China?," *Pacific Focus*, Vol. 12, No. 1, 2014, p. 5.

⑤ The World Bank, Data, http://data. worldbank. org/indicator/NY. GDP. MKTP. CD/countries/ KH? page = 3&display = default.

延，国际货币基金组织（IMF）以及在国际金融体系中占据主导地位的美国都没有做出及时有效的反应。作为损失较小且经济实力较强的国家，日本认为有必要建立地区金融管理机制，以便在缓解东亚国家对国际货币体系过度依赖的局面的同时，进一步巩固其地区经济"领头羊"的地位。一部分东亚国家也不满 IMF 的做法，支持建立相对独立的地区金融架构的设想。在这一背景下，1997 年 9 月，日本财务省官员在七国集团（G7）与 IMF 共同举办的会议上首次提出了建立亚洲货币基金组织的倡议。①

日本的这一倡议不仅引发了对国际金融机制结构性改革的争论，也引起了美国的担心。事实上，美国在亚洲金融危机的开始阶段采取了置之不理的态度。然而，美国财政部在获悉日本关于建立 AMF 的构想之后当即表示反对。时任财政部副部长的劳伦斯·萨默斯（Larry Summers）曾私下致电日本官员，不仅明确表示反对，而且还在长达两个小时的通话中批评 AMF 的提议在将美国排除在外的同时也抛开了 IMF。② 在两国官方的讨论中，美国认为 AMF 的建立会阻碍东亚国家进行改革，同时未对现存以 IMF 为核心的金融体系起到任何补充作用。事实上，1997 年金融危机后东盟作为一个整体比危机之前更加依赖于西方发达国家的投资和市场。③ 面对东亚国家经济改革的乏力，美国并没有做出任何明确的反应。由此可见，美国并不像其所宣称的那样担心东亚国家经济改革难以推进。其反对日本提议的真正原因在 AMF 对 IMF 构成了威胁。美国希望日本的计划和构想不仅要能融入现有的国际金融治理体系，而且发挥的作用应该是辅助性

---

① Phillip Y. Lipscy, "Japan's Asian Monetary Fund Proposal," *Stanford Journal of East Asian Affairs*, Vol. 3, No. 1, Spring 2003, p. 93.

② Ibid., pp. 95 - 96.

③ David Martin Jones and Michael L. R. Smith, "Making Process, Not Progress: ASEAN and the Evolving East Asian Regional Order," *International Security*, Vol. 32, No. 1, 2007, p. 168.

的，而不是主导性的。换言之，即使在经济领域中，日本所发挥的作用也应该符合其从属国的身份。对于 AMF，美国更多地将其视为一个可能威胁美国金融霸权的机制，它的成立将有助于塑造日本在亚洲经济中的领导地位而损害美国的经济主导权。因此，在美国看来，日本提出建立 AMF 的设想显然已经超越了美国为其划定的行为限度。尽管东南亚国家以及韩国都对 AMF 表示出了一定的兴趣，但是最终由于美国的反对，日本被迫放弃了这一计划。

在以劝说的方式成功压制了日本主导地区经济的倾向后，美国在经济和金融领域的霸权地位得到了进一步巩固。不仅如此，美国权威的效应还体现在日本在经历了此次外交挫折之后，也开始按照美国的意愿重新调整自己在东亚经济中扮演的角色。1998 年 12 月，在第二次东盟"10 + 3"领导人会议上，日本再次提出了一个新的金融救助计划，即"新宫泽构想"（New Miyazawa Initiative）。[1] 为了防止遭到美国反对，"新宫泽构想"不仅在规模上比 AMF 小了很多，而且日本首先在 G7 峰会上征求了美国和其他西方发达国家的意见。[2] 更重要的是，与 AMF 这类独立的实体性金融机构不同，"新宫泽构想"以及后来得到逐渐落实的《清迈协议》（Chiang Mai Initiative）都只是在金融危机中稳定货币的临时性措施，不涉及国际金融体系改革或重组的问题。正是基于此，美国没有再提出反对意见。

1997 年金融危机结束至今，日本没有再提出有影响力的地区经济一体化倡议。这与美国的权威和日本在等级中的从属国地位不无关系。事实上，随着中国经济影响力的不断拓展和美国实力的相对下降，美国维持在亚太地区的经济主导地位具有了越来越多的战略意义。由于日本是美国在东亚实力最强、关系最紧密的盟友，美国比以

---

[1] Yun Zhang, "Multilateral Means for Bilateral Ends: Japan, Regionalism and China – Japan – US Trilateral Dynamism," *The Pacific Review*, Vol. 27, No. 1, 2013, p. 11.

[2] Ibid., p. 12.

往更需要将日本的地区经济影响力纳入自身的战略轨道之中，其力邀日本加入《跨太平洋伙伴关系协定》（TPP）就是其中的重要步骤。在 2009 年美国推动 TPP 谈判之初，日本并未立即响应。2010 年 9 月，菅直人在就职演说中表示将考虑参加 TPP 谈判。然而，由于国内始终存在诸多反对意见，日本是否加入谈判并不明朗。2011 年底至 2013 年初，随着《区域全面经济伙伴关系协定》（RCEP）计划逐渐推进以及中日韩自贸区谈判开始，中美两国在建立各自贸易集团上的竞争加剧，美国开始积极推动日本加入 TPP。[①]

2013 年 7 月，在 TPP 完成了 17 轮谈判之后，日本正式宣布加入谈判。对美国来说，仅从贸易影响力的角度，日本对 TPP 的重要性也不可或缺。这是因为，在日本加入之前，不论是 TPP 的发起国新加坡、文莱、智利与新西兰，还是后来陆续加入的谈判国澳大利亚、加拿大和马来西亚等都是国际经济中的中小经济体，无论是从惠及人口还是贸易量来说都不足以构成亚太最具规模和吸引力的贸易体系。而如果日本加入 TPP，则将意味着世界第三经济大国将参与构建一个巩固美国经济主导地位的自贸区。从实力上来说，日本与美国的国内生产总值占全部成员国总量的大约 80%，而其余各国至多只能起陪衬作用。在美国看来，只有经济实力强大的日本加入才能发挥出 TPP 推动自由贸易的巨大影响力，有助于维护自身在经济领域的主导地位。

五　结论

从冷战结束以来东亚国际关系的发展看，在等级体系中居于主导

---

① Donald Gross, "Welcoming China to the Trans-Pacific Partnership," *The World Post*, http://www.huffingtonpost.com/donald-gross/trans-pacific-partnership-china_b_3562801.html.

地位的美国在多数情况下并非通过强制对盟国的对外政策施加影响。此外，尽管利益交换可能是美国与盟国进行政策协调时所采用的手段，但这并不能涵盖美国对盟国对外政策影响方式的全部内容。本文认为，在强制和利益交换这两种方式之外，美国在安全等级体系中建立的权威关系是其塑造东亚从属国对外行为的一种重要机制。通过劝说和象征性惩罚等具体措施，美国能够成功地将盟国的对外政策约束在其所设定的行为边界之中。菲律宾从伊拉克提前撤军被斥责、日本建立 AMF 的计划遭到否定以及澳大利亚在发展对华关系时遭遇瓶颈这三个案例，分别对应了美国对从属国设置的三种主要的行为边界。菲、日、澳三国因美国的劝说或象征性惩罚而做出政策调整表明了权威关系作为一种战略工具的效用。需要指出的是，本质上，权威关系对从属国对外战略的影响来源于美国在亚太地区的军事存在和对盟国的安全保障。

在探讨权威对从属国行为的影响时，有以下两点需要补充。第一，主导国施展权威的动机。显然，美国利用权威而不是强制或利益交换的方式影响盟国并非出于仁慈，而是其认为从属国的行为不会长期、全面或严重地偏离美国的战略利益，因此并不需要使用其他成本更高的方式改变从属国的行为。事实上，在美国的地区安全等级体系既具有实力优势又拥有合法性的情况下，即使是那些比从属国拥有更大对外政策自主性的自助国家也极少全面、公开地挑战美国的战略利益。第二，权威关系的影响方式并不局限于劝说和象征性惩罚两种。如前所述，严格意义上的权威关系表现为从属国心甘情愿地追随，类似于主导国的吸引力（软实力）所发挥的作用。本文研究的重点是主导国如何主动利用自身权威塑造从属国的对外行为，因此没有讨论主导国的吸引力如何潜在地影响从属国。

美国主导的同盟体系是东亚地区安全秩序的核心要素之一。对于处在崛起进程中的中国来说，与美国的地区盟国之间的关系深受美国的影响。美国会积极限制盟国与中国进行安全互动的距离，并且在采取遏制政策时要求盟国进行配合。正因如此，中国面临的安全压力不仅来自美国，而且来自美国所主导的整个地区安全等级体系。当然，在这种看似强大的安全压力之下，中国的崛起仍然存在一些有利的外交空间。一方面，当美国与盟国的关系相对疏远时，中国有更多的机会发展与美国盟国的关系。例如，2005～2008 年，美菲关系进展缓慢促使中菲关系的发展成果斐然。另一方面，在美国对盟国影响力较弱的领域，特别是贸易和金融等非安全领域，中国更有可能拓展和深化对美国盟国的影响力。澳大利亚和韩国先后申请加入中国提议建立的亚洲基础设施投资银行就表明，中国正在金融领域积极拓展对美国盟国的影响力。

在不断提高美国盟国追随美国遏制中国的成本的同时，中国还可以在美国盟国主动挑起冲突时适当采取进取性政策措施。例如，在菲律宾首先挑衅的情况下获得黄岩岛的实际控制权。再如，在日本右翼言论甚嚣尘上的背景下，中国与韩国就志愿军遗骸问题达成了进一步的政治谅解。总而言之，面对由美国及其盟国组成的地区安全等级体系，中国的崛起无疑面临强大的安全压力，但也不乏机遇。深入研究美国与其东亚从属国的互动模式，理解美国对其盟友设定的行为边界以及这些国家突破美国制约的能力与意愿，无疑对中国周边外交工作的开展有所助益。这也是本文的初衷所在。

泰国温和应对中国崛起的动因与启示

孙学峰　徐　勇

一　问题的提出

20世纪90年代中期以来，中国的实力地位持续上升，为此中国采取多种措施力图弱化周边国家对中国崛起的疑虑和担心，[1] 但东盟国家对中国战略意图的担心从未中断过。[2] 一方面，部分东盟国家与中国存在领海争端，并在近两年呈现日趋激化的态势。另一方面，部分东盟国家担心中国经济和军事实力的高速发展将打破东亚的战略平衡，进而导致东盟处于战略劣势。为此，已故新加坡资政李光耀生前曾在多个不同场合呼吁，美国应继续保持其在亚洲的领导作用，以有效制衡日益崛起的中国。[3]

---

[1] David Shambaugh, "China Engages Asia: Reshaping the Regional Order," *International Security*, Vol. 29, No. 3, 2004, pp. 64 – 99; Sun Xuefeng, "Why Does China Reassure South – East Asia," *Pacific Focus*, Vol. 24, No. 3, 2009, pp. 298 – 316.

[2] Robert S. Ross, "Balance of Power Politics and the Rise of China: Accommodation and Balancing in East Asia," *Security Studies*, Vol. 15, No. 3, 2006, pp. 389 – 391.

[3] Lee Kuan Yew, "Speech at the US – ASEAN Business Council's 25th Anniversary Gala Dinner", http: //www. us – asean. org/25_ Dinner/MM_ Speech. pdf.

不过，在中国实力崛起的进程中，作为美国盟国的泰国一直采取较为温和的政策因应中国崛起，其与中国的政治、安全摩擦非但没有增加反而逐步减少。[①] 1999 年 2 月，泰中两国签署了《中泰关于二十一世纪合作计划的联合声明》，在东南亚国家中泰国是第一个与中国签署类似联合声明的国家。2003 年"非典"之后，泰国是第一个解除对中国旅游禁令的国家，并很快恢复了对中国的旅游开发计划。[②] 2003 年的一项民意调查显示，76% 的泰国人认为中国是泰国最亲密的朋友，而只有 9% 的泰国人认为美国是泰国最亲密的朋友。[③] 泰爱泰党的官员也曾表示，"泰国变得像是中国的盟友，而不仅仅是在搭中国崛起的便车"。[④]

他信下台后，泰中关系不但没有疏远，反而走得更近、更稳定。2007 年，泰国总理素拉育·朱拉暖访华，并与中国签订了《战略性合作共同行动计划》。2010 年美国高调重返亚洲，尽管作为美国盟国的泰国予以了大力支持，但泰国对华政策依然总体上保持温和态势。2011 年 12 月，泰国时任副总理兼内政部长荣育明确表示，发展中泰关系较美泰关系更为重要。[⑤]

为什么在美国的盟国或战略伙伴中泰国应对中国崛起的态度和政策较为温和？本文试图在梳理批判既有相关研究的基础上，探寻 1997 年以来泰国温和应对中国崛起的核心动力，以深化周边国家应对中国崛起战略的理论解释，更有效地探究中国缓解崛起困境的思路方法。

---

① 在本文中，温和的具体含义是指泰国弱化与中国的政治安全分歧，同时在特定安全领域与中国展开积极合作。具体实践参见 Evelyn Goh, *Meeting the China Challenge: The U. S. in Southeast Asian Regional Security Strategies*, *Policy Studies* (East – West Center Washington, 2005), p. 12.

② 曹云华、唐羽中：《新中国 – 东盟关系论》，世界知识出版社，2005，第 269 页。

③ Phillip Pan, "China's Improving Image Challenges U. S. in Asia," *The Washington Post*, November 15, 2003.

④ Evan S. Medeiros, ed., *Pacific Currents: The Responses of U. S. Allies and Security Partners in East Asia to China's Rise* (Pittsburgh, PA: RAND Corporation, 2008), p. 129.

⑤ 《泰国副总理荣育说，"远亲不如近邻"》，香港中通社，2011 年 12 月 23 日电。

二 有关泰国温和政策的争论

有关冷战后泰国对华政策动力的解释，大致可以分为三类，即战略视角、经济视角和政治文化视角。① 这些解释均有一定说服力，为后续研究奠定了良好的基础，但也存在不少有待改进之处。

（一）战略利益无矛盾

持这种观点的学者认为，东盟国家对中国日益增长的实力地位存有战略疑虑，主要源于历史遗留的领土、领海争端，这些争端促使东盟国家特别关注中国国防现代化的发展方向，特别是中国将如何解决南海问题。② 而中泰之间并不存在历史遗留的或现实存在的战略矛盾。一方面，泰国在南海不存在直接利益，与中国没有领海和领土争端；③ 另一方面，泰国是东盟的"二线"国家，无意也无力担任东盟领导责任，因此，对中国实力崛起冲击东盟主导地位的关切并不突出。也就是说，双方战略利益并无突出矛盾为两国发展长期的战略性合作提供了动力。④ 此外，在处理泰缅关系和国内伊斯兰分裂运动时，泰国都需要中国作为其解决问题的协调者。

应当承认，中泰两国之间战略利益几乎不存在矛盾确实是泰国对华态度温和的重要因素。但南海争端早在 20 世纪 60 年代末 70 年代初就已

---

① 有学者将之归纳为地缘和政治文化两个视角，参见陈乔之等《冷战后东盟国家对华政策研究》，中国社会科学出版社，2001，第 164～166 页。

② Ian James Storey, "Living with the Colossus: How Southeast Asian Countries Cope with China", *Parameters*, Vol. 29, Issue 4 (1999/2000), pp. 111–125.

③ Evan S. Medeiros, ed., *Pacific Currents: The Responses of U. S. Allies and Security Partners in East Asia to China's Rise* (Pittsburgh, PA: RAND Corporation, 2008), p. 141; Evelyn Goh, *Meeting the China Challenge* (East–West Center Washington, 2005), p. 17.

④ 曹云华、唐翀：《新中国–东盟关系论》，世界知识出版社，2005，第 189 页；唐世平、张洁、曹筱阳：《冷战后近邻国家对华政策研究》，世界知识出版社，2005，第 193 页。

出现，而 1997 年亚洲金融危机前后，泰国对华政策却有了较为明显的差异，即危机之前两国政治摩擦较多，危机之后则一直较为稳定。更加值得注意的是，2008 年金融危机之后，中国与部分东盟国家安全矛盾逐步上升，但泰国与中国的积极安全合作却逐渐增多，2010 年和 2012 年两国均举行了海上联合演习。如果说战略利益无矛盾可以解释泰国持较为中立的立场，但很难完全解释泰国愿与中国开展积极的安全合作。

（二）寻求经济合作

持这种观点的学者强调，1997 年亚洲金融危机之后，泰国亟须提振经济，而在全球经济不景气的环境下，经济持续高增长的中国成为泰国最为重要的贸易伙伴。更为重要的是，在资源、市场和产品结构方面，中泰两国虽有竞争的一面，但互补性远大于竞争性，[①] 对华贸易对其促进产业升级和转移贸易摩擦非常有利。此外，由于日本、美国与中国存在战略矛盾，通过密切与中国的贸易联系，泰国可以刺激日美采取积极措施密切与泰国的经济合作，从而有利于泰国分散经济风险，把握对外贸易的主动权。[②]

这种解释准确地把握了 1997 年亚洲金融危机对泰国对华政策的影响，为我们进一步的研究奠定了基础。但是这一解释面临三个有待解决的问题。一是，所有东盟国家在亚洲金融危机之后与中国的经济合作都明显深化，但并没有促使所有国家采取温和政策应对中国崛起。[③] 如果强调中泰之间没有战略利益矛盾是必要条件，则有必要说明经济合作和战略关系两个因素共同发挥作用的逻辑机制，而既有研

---

① 余定邦、陈树森：《中泰关系史》，中华书局，2009，第 393 页。
② 同上，第 186 页。
③ 陆伯彬（Robert Ross）的研究发现，中国经济实力的崛起不足以促使东亚国家对华采取温和的安全政策。参见 Robert S. Ross, "Balance of Power Politics and the Rise of China: Accommodation and balancing in East Asia," *Security Studies*, 01 September 2006, Vol. 15 (3), pp. 379, 393。

究对此并没有详细的说明。二是，未能充分说明为什么金融危机期间的政策转变能够持续 15 年，其内在动力是简单的满足贸易需求还是意味着国家战略的转向和变化。对此，现有的研究都没有给出明确的解释。三是，缺乏细致、可靠的案例比较研究，说明经济动力确实带来了泰国温和的对华战略政策。

（三）政治文化解释

持这种解释的学者大多强调两个因素，但各有侧重。一部分学者认为，泰国的政治文化一直有着对强国奉行温和政策的传统。正如泰国国王拉玛五世朱拉隆功所言："泰国是一个小国，人口有限，不能与列强进行战争，必须八面玲珑与人无争，不能过分亲近某一强国，亦不可过分疏远某一强国。"[①] 例如，二战中为实现大泰族主义，泰国投靠了日本；战后初期，为躲避战败国惩罚而追随美国奉行反华反共政策。[②] 一部分学者强调，泰国华人在泰国社会有着广泛的影响也有利于泰国对华奉行温和的政策。[③] 例如，泰国多届领导人都是华裔，而在他信政府中更是有多达一半以上的内阁成员具有华人血统。[④]

以政治文化为基础的解释面临的问题较多。一方面，从逻辑上讲，如果泰国的温和政策源于其持强型政治文化，那么 1997 年以来泰国温和政策的推动力实际就是中国实力的崛起，这实际上又回到了上述的第二种解释。另一方面，尽管华人因素对中泰关系可以在一定程度上发挥稳定作用，但并不是泰国对华温和政策的关键。主要原因在于，泰国政府较早地解决了华侨的入籍和公民权问题，泰国华人政治认同的转变也早于其他东南亚国

---

① 赵光勇：《泰国外交政策的演变》，《红河学院学报》2006 年第 3 期，第 13 页。

② 周方冶：《泰国对华友好合作政策的动力与前景》，《当代亚太》2004 年第 11 期，第 20 页。

③ 唐世平、张洁、曹筱阳：《冷战后近邻国家对华政策研究》，世界知识出版社，2005，第 193；Bradley Mathews，"Bangkok's Fine Balance: Thailand's China Debate"，Special Assessment，Honolulu: Asia – Pacific Center for Strategic Studies，2003，pp. 14 – 15。

④ 《东南亚华人系列报道·泰国》，《星洲日报》2001 年 3 月 24 日。

家，并且较为顺利和彻底。泰国学者认为，目前泰国华人已经彻底同化于当地社会，泰国内部实际上已经不存在所谓的华人社会了。①

概括而言，既有研究存在四个突出的问题：一是，未能说明战略因素和经济动力发挥作用的条件类型及两者之间的内在逻辑关系；二是，未能说明泰国密切与中国经济联系，是源于单纯的经济利益还是国内发展战略的变化；三是，对中国相关政策实践所发挥的作用关注不够；四是，从研究设计上缺乏清晰、可靠的案例比较研究。

三　经济优先：泰国对华政策的核心

本文发现，1997 年之后，泰国温和应对中国崛起的核心原因在于，亚洲金融危机以来保持经济持续发展始终是泰国最为紧迫和重要的国家利益，为此泰国强化了其经济优先的发展战略，这一战略促使其特别重视中国对其实现国内经济振兴的重要意义，相信中国的经济崛起有助于其走出 1997 年金融危机以来的经济困境，提升民众的生活水平。在此背景下，与中国没有实质性安全矛盾的泰国，希望通过改善对华政治安全关系，力图在美国和中国之间实现更有利的平衡，帮助其更好地实现经济优先的发展战略。本节将集中论述泰国对华政策中经济优先思路的形成，下一节重点检验经济优先战略与对华温和政策之间的内在联系。

（一）泰国经济优先战略的形成

20 世纪 60 年代，泰国通过发展进口替代经济开启了经济高增长的时代。② 1985 年 9 月，美、德、法、英、日五国达成"广场协议"

---

① 曹云华：《泰国华人社会初探》，《世界民族》2003 年第 1 期，第 69 页。
② 20 世纪 60 年代平均超过 8%，70 年代平均超过 7%。即使在适逢西方工业国出现经济危机的第 5 个五年计划（1982~1986 年）期间，其年均增长率也达到 4.4%。潘远洋：《泰国军情探索》，军事谊文出版社，2010，第 8 页。

后，美元大幅贬值。日本和当时的亚洲"四小龙"的货币都不同程度地升值，结果导致这些国家在低附加值工业制成品方面的比较优势逐渐消失。劳动密集型产业和部分资本密集型产业加速转移到包括泰国在内的东亚"四小虎"国家。此外，冷战期间美国对泰国基础设施的援建，也为泰国经济腾飞奠定了基础。1996 年泰国迈入了中等收入国家行列，实现了社会整体进步和综合国力的实质性提升。①

但是，1997 年的金融危机使泰国经济遭受了沉重的打击。1997 年 7 月 2 日，泰国银行对外宣布，泰铢不再盯住美元，实行浮动汇率制。随后，泰铢迅速下跌 18%，亚洲金融危机爆发。② 金融危机之后，泰国经济受到重创，经济发展成为泰国的重中之重。③ 同时，"经济发展状况已成为泰国选民评价政府工作的最重要的标准"④，为此，推动泰国经济稳定快速发展几乎成为此后每届政府工作的首要任务。

2001 年他信执政之后，提出其长期治国目标是在第二任期内将泰国带入第一世界国家，短期目标则是确保泰国经济尽快从 1997 年金融危机的打击中恢复过来，⑤ 成为本地区的贸易、投资和金融中心⑥。尽管其间遭遇了非典、禽流感等不可控的负面因素，他信政府借助扶贫发展的"草根政策"实现了经济的平稳增长。在此期间，泰国政府提出了国内和国际市场齐头并进的"双轨式"经济发展模式，其中扩大对外贸易成了振兴泰国经济的重要途径。⑦

---

① 杨艳：《何日虎威重抖擞——动荡中的泰国经济》，《世界知识》2010 年第 13 期，第 32 页。

② 《回顾十年前亚洲金融危机离中国有多远》，http://finance.sina.com.cn/economist/jingjiguancha/20070701/08413742216.shtml。

③ 泰国朋友告诉我们，泰国社会主要由中产阶级推进，下层只能是跟随者。对于资本家或是主张消费主义的人来说，泰国最重要的任务就是经济增长。Michael H. Nelson, "Thailand and Thaksin Shinawatra: From Election Triumph to Political Decline," *Eastasia. at*, Vol. 4, No. 2, 2005, pp. 1–9.

④ 周方冶：《泰国对华友好合作政策的动力与前景》，《当代亚太》2004 年第 11 期，第 21 页。

⑤ 王子昌：《泰国他信的治国之道》，《东南亚研究》2006 年第 5 期，第 29 页。

⑥ 参见陈乔之等《冷战后东盟国家对华政策研究》，中国社会科学出版社，2001，第 165 页。

⑦ 商务部投资事务促进局：《投资泰国》，2006 年 9 月，第 11 页，http://hzs.mofcom.gov.cn/accessory/200701/taiguo.pdf。

他信执政期间，他信势力与泰国权贵势力的矛盾逐步激化，2006年泰国军方发动政变，他信被迫流亡海外。此后泰国一直处于政治动荡之中，多次爆发严重的社会冲突，截至 2016 年，泰国已先后经历了四届政府。此外，美国次贷危机的爆发更使泰国经济雪上加霜。2008 年第四季度，泰国国民生产总值同比收缩 4.3%，2009 年第一季度比上一年同期再萎缩 7.1%。[①] 在经济危机和国内政局不稳的双重打击下，泰国工业生产大幅下滑并引发了裁员潮，进一步打击了消费与投资。[②] 为此，泰国总理阿披实表示，2010 年，政府将以"国家迈进，全民幸福"为理念，通过刺激出口、旅游和消费三领域来促进国家经济全面复苏。[③] 可见，1997 年金融危机以来经济发展，尤其是依靠对外贸易推动国内经济发展，一直是泰国国内战略的重中之重。

（二）中国助推泰国的经济优先战略

在泰国振兴经济，落实经济优先战略的过程中，中国日益成为其不可或缺的战略伙伴。1997 年亚洲金融危机爆发后，中国通过国际货币基金组织以及双边渠道，向泰国等国提供了总额超过 40 亿美元的援助。同时，从维护本地区稳定和发展的大局出发，中国决定人民币不贬值，此举对亚洲金融和经济的稳定发挥了重要作用。[④] 而东亚经济和金融趋于稳定十分有助于泰国经济的恢复。

1997 年亚洲金融危机同时使泰国意识到，出口集中于少数贸易

---

① 曹淼：《与泰商合作——不仅局限中国市场》，《中国联合商报》2009 年 7 月 5 日，http://leadingsea.blog.hexun.com/34601918_d.html。
② 陈红升：《泰国：2009 年回顾与 2010 年展望》，《东南亚纵横》2010 年第 5 期，第 19 页。
③ 《明年推 10 规划改善经济和民生》，泰国《世界日报》新闻网，http://www.udnbkk.com/article/2009/1224/article_62485.html。
④ 《面对亚洲金融危机，中国采取积极政策》，http://www.fmprc.gov.cn/chn/pds/ziliao/wjs/t8973.html。

伙伴，将给泰国经济带来风险，使泰国经济复苏缺乏稳定性，如
2001 年泰国经济就受美国市场不景气的影响而出现衰退。① 此外，过
多地依赖于单一市场也会使泰国在对外交往中处于不利位置。中泰两
国在资源、市场、产品结构方面虽然有竞争的一面，但互补性应该说
是大于竞争性。② 研究发现：中国的出口与印度尼西亚、韩国、泰
国、新加坡、马来西亚、菲律宾和中国台湾的进出口之间互补性较
小，而进口与中国台湾、韩国、印度尼西亚、马来西亚和泰国的进出
口之间则具有较强的互补性。③ 总体而言，泰中双方在基于资源禀赋
的传统贸易上的互补性非常明显。④ 中国在新技术方面可以弥补泰国
的不足。泰中两国产业结构的变化也使两国贸易形式多样化，两国采
取直接易货贸易、补偿贸易、合资发展出口工业等都将增强双方经贸
的互补性。⑤

因此，泰国积极支持中国加入世贸组织，期望扩大对华贸易，将
中国经济崛起视为其难得的发展机会。⑥ 他信执政伊始就把中国作为
泰国最重要的新兴市场。2003 年上半年，泰国对华出口增幅高达
65.2%。⑦ 这一成果的取得在很大程度上得益于泰国政府的积极推
动。2003 年 10 月 1 日，两国签订了《中泰蔬菜水果零关税协议》，
对双方的蔬菜、水果贸易实行零关税，这一措施直接带动了中泰贸易
的大幅上升，双边贸易额达到 127 亿美元，中国随之成为泰国的第四

① 周方冶：《泰国对华友好合作政策的动力与前景》，《当代亚太》2004 年第 11 期，第 21 页。
② 余定邦、陈树森：《中泰关系史》，中华书局，2009，第 393 页。
③ 于津平：《中国与东亚主要国家和地区间的比较优势与贸易互补性》，《世界经济》2003 年第 5 期，第 34 页。
④ 黄金贞、卢光盛：《泰中贸易的现状、问题及前景分析——泰国的视角》，《东南亚纵横》2011 年第 9 期，第 78 页。
⑤ 陈乔之等《冷战后东盟国家对华政策研究》，中国社会科学出版社，2001，第 185 页。
⑥ Evelyn Goh, *Meeting the China Challenge* (East – West Center Washington, 2005), p. 18.
⑦ 《中国进出口商品主要国别（地区）统计》（2003 年 1~6 月），《国际贸易》2003 年第 8 期。

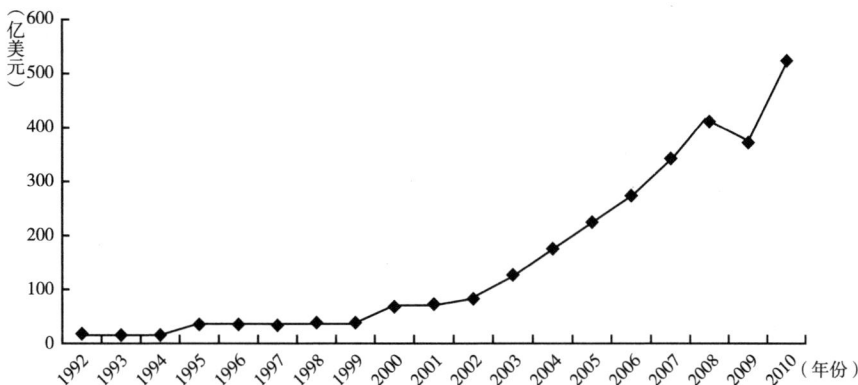

图 6 - 1　1992~2010 年中泰双边贸易额

资料来源：《中泰贸易历年数据》，http://wenku.baidu.com/view/769633c59ec3d5bbfd0a7492.html。

大贸易市场。[①] 2005 年，除对中国出口增速由 24.5% 升为 28.5% 外，泰国对其他主要贸易伙伴的出口增速普遍下降，对日本出口由 2004 年的 18.1% 下降至 11.5%，对美国出口的增速则由 2004 年的 13.2% 下降至 9.6%。[②] 据统计，1996~2006 年，泰国与中国贸易量的增长超出其与美国、日本贸易量增长的十余倍。[③] 2008 年，中国成为泰国的第三大出口市场，份额增至 9.1%。[④] 泰国研究机构的分析认为，由于对发达国家的出口呈缓慢增长趋势，泰国对中国的出口已成为推动泰国整体出口增长的重要因素。中国经济持续、稳定的增长已经对泰国贸易乃至泰国整体经济的增长产生了极大影响。[⑤]

　　2009 年泰中贸易受到金融危机影响有所下降，不过到 2010 年两

---

① 甘宜沅、黄晓、阮振华：《中泰贸易分析》，《东南亚纵横》2005 年第 11 期，第 56 页。

② 商务部投资事务促进局：《投资泰国》，2006 年 9 月，第 29 页。http://hzs.mofcom.gov.cn/accessory/200701/taiguo.pdf。

③ Evan S. Medeiros, ed., *Pacific Currents*：*The Responses of U. S. Allies and Security Partners in East Asia to China's Rise* (Pittsburgh, PA：RAND Corporation, 2008), p. 132.

④ 《2011 年泰国主要出口市场》，http://th.mofcom.gov.cn/aarticle/d/201201/20120107942869.html。

⑤ 《中泰经贸关系越来越密切合作前景十分广阔》，中国国际投资促进平台，2010 年 1 月 7 日，http://www.ciipp.com/zh/index/view - 105016.html。

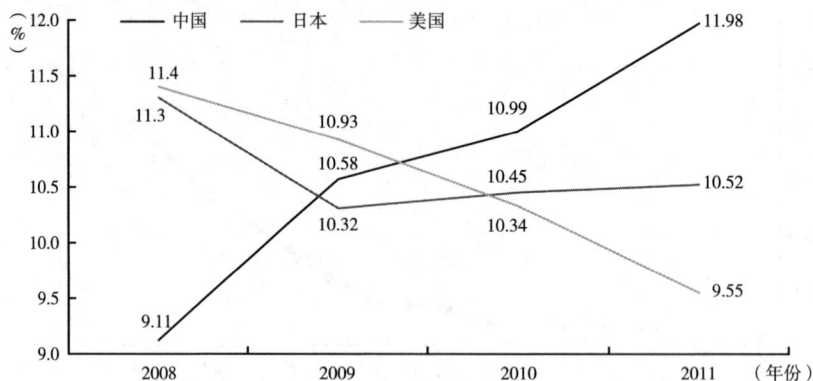

图 6 - 2 2008～2011 年泰国三大出口市场

资料来源：中国驻泰国大使馆经济商务参赞处，http：//th. mofcom. gov. cn/aarticle/d/201201/20120107942869. html。

国贸易就恢复了增长。特别值得关注的是，2009 年泰国出口的主要市场是美国，但在 2010 年前 8 个月内中国已成为其最大的出口市场。[①] 2010 年全年中泰双边贸易额为 529.5 亿美元，同比增长 38.6%，其中中国进口 332 亿美元，同比增长 33.3%，中国成为泰国第一大贸易伙伴。[②] 2011 年，中国继续稳居泰国最大的出口市场的地位，泰国出口至中国的贸易额占泰国出口总量的比例增至 11.98%。[③] 2011 年 12 月，中泰两国在曼谷签署货币互换机制协议，总额为 70 亿元人民币。这一货币互换机制的启动，意味着泰中两国的贸易和投资活动可以直接使用本国货币来计价和结算。泰国金融专业人士认为，在欧美经济前景不确定的情况下，泰国通过与中国签订货币互换协议，能提高泰铢的稳定性，进而提高宏观经济的稳定

---

① 博鳌亚洲论坛：《亚洲经济一体化进程 2011 年度报告》，对外经济贸易大学出版社，2011，第 9 页。

② 中国驻泰国大使馆：《中国与泰国关系概况》，2011 年 6 月 21 日，http：//www. chinaembassy. or. th/chn/ztgx/gxgk/t86119. html。

③ 《2011 年泰国主要出口市场》，http：//th. mofcom. gov. cn/aarticle/d/201201/20120107942869. html。

性。① 2012 年 4 月 17 日，时任泰国总理英拉访华期间，两国商务部签署了经贸合作五年发展规划，涉及 14 个重点领域合作计划，包括贸易投资便利化、金融、农业、加工制造业、电子信息、通信、能源等。②

四 经济优先战略与泰国对华温和政策

冷战结束后，泰国对华政策的基础逐步从重安全转变为重经济。③ 1997 年的金融危机之后，泰中关系出现巨大的转折。泰国对华的政治安全政策趋于温和友好，其主要原因在于在中国崛起背景下泰国特别重视对华经济合作，以帮助其更有效地落实其国内经济优先的战略部署。本节首先描述 1997 年金融危机以来泰国对华政治安全政策的趋于温和的总体趋势，在此基础上选取泰国在达赖问题和南海问题上政策实践的变化作为关键案例，集中检验泰国经济优先战略对其对华奉行温和政治安全政策的影响机制。

（一）总体趋势

1997 年金融危机使泰国经济遭到重创。危机发生之后，中国不但提供了雪中送炭的 10 亿美元资金，同时还坚持人民币不贬值，这些负责任的政策措施使泰国认识到中国可以成为并且正在成为他们的朋友。为此 1999 年，泰国与中国签署了《中泰关于二十一世纪合作计划的联合声明》，决定继续保持两国外交部之间的年度高官磋商制

---

① 暨佩娟、丁刚：《中泰将建立 70 亿元货币互换机制》，《人民日报》2011 年 12 月 22 日。

② 《中国和泰国签署 7 项合作文件涉及 14 个重点领域合作计划》，http://news. xinhuanet. com/ politics/2012 - 04/17/c_ 111796195. html。

③ Chulacheeb Chinwanno, "Thai - China Chinese Relationship: Security and Strategic Partnership," *Working Paper*, No. 155, S. Rajaratnam School of International Studies, March 2008, p. 18.

度，并同意通过建立信任措施加强安全合作，具体措施包括促进两国战略与安全研究机构之间的合作、军方和外交官员就安全事务加强磋商、两国进行军事科技交流以及交换各种信息等。① 泰国是东南亚第一个与中国签署类似声明的国家，泰国领导人相信经济快速增长的中国势必会在未来的地区和全球政治中扮演重要角色，中国的经济崛起对于泰国走出金融危机具有重要意义。②

"9·11"事件后，美国借反恐的名义加快重返东南亚的脚步，不断加深与泰国等传统盟友的军事合作。一方面泰国仍然需要与美国保持同盟关系，③ 另一方面，泰国也不愿疏远与中国的关系，与中国保持并开展良好的政治安全合作有利于两国共同利益的实现，也有利于泰国借助中国经济实现其国内发展需求。2001 年他信执政后，在造访美国之前，对中国进行了正式友好访问。④ 2002 年，经泰国提议，两军正式建立高层对话机制，中国还应泰国邀请成为美泰联合军事演习的观察员。⑤

2003 年 2 月，泰国总理他信访华，打破常规亲自向以胡锦涛同志为总书记的中国新一代领导集体道贺，意在进一步加深双方领导层的互信与友谊，以便顺利推进两国经贸合作的深入发展，从而巩固其中国 - 东盟间协调人的地位。⑥ 在泰国的倡导和推动下，中国于 2003 年 10 月加入《东南亚友好合作条约》，成为东南亚地区外第一个加入该条约的大国。⑦

---

① 《中泰关于二十一世纪合作计划的联合声明》，http：//news. xinhuanet. com/ziliao/2002 - 08/28/content_ 541433. html。

② Chulacheeb Chinwanno, "Thailand - China Relations：form Security and Strategic Partnership," *Asia - Pacific Series*, No. 6, 1998, p. 20.

③ 潘远洋：《泰国军情探索》，军事谊文出版社，2010，第 132 页。

④ Chulacheeb Chinwanno, "Thailand - China Relations：from Security and Strategic Partnership," *Asia - Pacific Series*, No. 6, 1998, p. 20.

⑤ Ibid. , p. 22.

⑥ 周方治：《泰国政府积极推动对华经贸关系的原因分析》，《当代亚太》2003 年第 10 期，第 41 页。

⑦ 潘远洋：《泰国军情探索》，军事谊文出版社，2010，第 133 页。

2005 年 12 月，泰国接受中方提议，举行了首次海军联合搜救演习。①

他信被迫下台后，泰国历任政府依然坚持对华相对友好的态度，其原因在于泰国政府依然强调经济优先的发展战略，尤其是在泰国政坛、社会持续动荡的背景下更加需要经济上的恢复与发展。2007 年 2 月，政变领导人颂提将军访华，《中泰战略性合作共同行动计划》的谈判得以恢复；与此同时，中方向泰方提供 4900 万美元的军事贷款。而此前美国公开批评泰国军方推翻民选政府，并暂停了 2400 万美元的军事援助。② 2007 年 5 月 28 日，搁置已久的《中泰战略性合作共同行动计划》在北京正式签署，泰中之间的战略合作得到进一步加强。③ 在与温家宝总理会谈时，泰国时任总理素拉育·朱拉暖表示泰国王室、政府和人民对中国政府和人民满怀友好感情，泰中两国亲密无间。④

2008 年全球金融危机爆发，泰国更加重视与中国的全面合作。2009 年美国国务卿希拉里·克林顿（Hillary Clinton）访泰前夕，时任泰国总理阿披实率团访问中国，其代表团人数达到 120 人，是泰中建交以来人数最多的访华代表团。泰国当时担任东盟主席国，阿披实在"中国-东盟自由贸易区"实施前夕访华不仅推动了两国伙伴关系向前发展，也促进了东盟与中国关系的进一步深化。⑤ 为庆祝中泰建交 35 周年，2010 年两国开展了多项庆祝活动。同年，诗琳通公主入选"中国缘·十大国际友人"，总理阿披实为此在总理府举行了隆重的庆祝典礼。阿披实为出席上海世博会泰国馆日庆典和亚运会开幕式两度访华，并与中国多位国家

① Chulacheeb Chinwanno, "Thailand – China Relations: from Security and Strategic Partnership," *Asia – Pacific Series*, No. 6, 1998, pp. 22 – 23.

② 潘远洋：《泰国军情探索》，军事谊文出版社，2010，第 143 页。

③ Chulacheeb Chinwanno, "Thailand – China Relations: form Security and Strategic Partnership," *Asia – Pacific Series*, No. 6, 1998, p. 21.

④ 《中泰签署战略性合作行动计划》，http://news. sina. com. cn/c/2007 – 05 – 29/0839 11914769s. shtml。

⑤ 陈红升：《泰国：2009 年回顾与 2010 年展望》，《东南亚纵横》2010 年 5 月，第 24 页。

领导人亲切会面。① 此外,泰中两军务实合作关系得到进一步推动。②

2011 年 12 月,中国国家副主席习近平访泰期间,时任泰国副总理兼内政部长荣育接受媒体采访时明确表示,"三方(泰中美)关系是'远亲不如近邻',中泰两国不仅是亲戚,更是关系要好的邻居,而美国在地理上较远,所以,发展中泰关系较美泰关系更为重要"。③ 2012 年 4 月,泰国总理英拉访华,中国是其当选总理后出访的首个非东盟国家。在与中国国务院总理温家宝会谈时,英拉感谢中方对泰抗洪救灾和灾后重建的帮助和支持,并表示愿与中方加强战略沟通,尽快完成湄公河中国船员遇害案的司法程序,依法严惩犯罪分子,切实维护湄公河航运安全。④

(二)案例分析

1. 达赖喇嘛问题

20 世纪 80 年代末,达赖喇嘛在国际舞台上逐步活跃,多次窜访不同国家,仅 1991 年就访问了 17 个国家。⑤ 1984 年、1987 年和 1990 年泰国政府先后三次拒绝达赖喇嘛入境,但 1993 年 2 月决定邀请达赖喇嘛访问曼谷。在接受泰国曼谷电视台采访时,达赖表示其出访泰国的主要目的是希望能够解救被软禁在仰光的缅甸最大反对党领导人昂山素姬。泰国政府发言人表示:"达赖喇嘛来泰一事表明,泰国政治在亚太国家当中处于领先地位,说明泰国民主政治已有了很大改变,基于这些立场,我们无法拒绝达赖一行人入泰。相反的,这样做会使全世界更了解泰国,会提高泰国的地位。"⑥

① 陈红升:《泰国:2010 年回顾与 2011 年展望》,《东南亚纵横》2011 年 3 月,第 45 页。
② 同上,第 45 页。
③ 《泰国副总理荣育说,"远亲不如近邻"》,香港中通社,2011 年 12 月 23 日电。
④ 《温家宝与泰国总理英拉举行会谈》,《人民日报》2012 年 4 月 18 日。
⑤ 李因才:《达赖海外窜访路线图》,2009 年 10 月 28 日,http://news.qq.com/a/20091028/000531.html。
⑥ 《邻国动态》1993 年 2 月,第 105 期。

泰国政府三次拒绝达赖来访，均发生在越南入侵柬埔寨期间，其主要考虑是借助中国更好地制衡越南，维护自身的安全利益。1989年越南从柬埔寨撤军，泰国不再需要中国的安全支持，泰中关系的重心开始走向经济领域。泰国国防部发表的《1994年泰国国防》白皮书认为："随着冷战的结束，不同意识形态的超级大国之间的对抗也随着结束，取而代之的是经济竞争。未来的冲突将集中在经济问题上，而不是意识形态争端方面。"①

泰国政府邀请达赖喇嘛之时，泰国经济发展较为顺利，与东盟国家联系紧密，而中国对其经济发展的意义较为有限。冷战结束之初，泰中在国际市场上竞争较为激烈，中国对泰投资相较泰国对华投资增长更为缓慢，尤其是在泰中贸易不平衡且长期得不到有效解决的时候，例如，1990~1992年泰国的对华贸易逆差都超过了4亿元。与此同时，与东盟的经济合作似乎更符合泰国的经济利益，其政治安全合作的重心也放在了东南亚国家。与中国的双边军事、安全合作虽然仍在进行，但泰国的注意力大部分已重新转移到东盟上。例如，1996年3月，泰国与马来西亚举行了空军联合演习。②

1997年金融危机发生之后，泰国逐渐重视与中国的经济合作，不愿在政治问题上与中国出现摩擦，因而未再利用达赖问题损害中国利益。1999~2001年是达赖窜访的新一波高潮，共计访问了46国次，但并未访问泰国。此后，尽管西方国家在"藏独"问题上大造声势，达赖多次出访美国和一些欧洲国家，泰国再也没有邀请或是接受达赖。③

2. 南海问题

冷战结束后，南海问题一直是制约中国－东盟关系发展的主要因

---

① 《参考资料》1994年12月27日。

② 参见陈乔之等《冷战后东盟国家对华政策研究》，中国社会科学出版社，2001，第173页。

③ 李因才：《达赖海外窜访路线图》，2009年10月28日，http://news.qq.com/a/20091028/000531.html。

素之一。但由于泰国在南海不存在直接利益，因此南海问题一直以来对泰中关系的影响不大。作为非争端方，自20世纪80年代以来泰国在南海问题上主要关心渔业资源，因为当时泰国的渔船经常遭到越南、马来西亚两国的扣押。自1990年起，泰国在参与处理南海潜在冲突研讨会上均表示其最关心的议题是南海渔业资源合作。①

泰国一般不会在南海问题上站在中国的对立面，因为这样既得不到相关利益又会损害本国的利益。但是，1995年的"美济礁事件"之后，泰国和东盟其他国家团结在一起，严重关切南海形势的发展。1995年9月，泰国副总理阿姆努维·韦拉潘曾建议成立一个南海次区域性经济合作区，该合作区"由泰国东海岸经过柬埔寨、越南、中国大陆东南方至菲律宾的苏比克湾"，由此可以使相关国家从中获利。②

1997年金融危机后，泰国与中国在南海问题上的合作态度趋向积极。泰国开始抛开其他东盟成员国，在南海问题上持中立态度，并一直试图在东盟与中国之间扮演"居间调解人"的角色。③ 泰国态度的转变在一定程度上使南海问题成为推动中泰两国安全关系发展的积极因素。2009年以来，中国与菲律宾、越南在南海问题上的争端日趋加剧，两国均力图拉其他国家参与，进行多边谈判，使南海争端"国际化"，借此与中国抗衡。2010年7月，美国国务卿希拉里在越南出席东盟地区论坛时表示，美国愿意为通过多边会谈解决南海问题提供帮助。希拉里的这一声明被视为越南的重大胜利。④ 在这一过程中，作为美国盟国的泰国坚持不懈地协调、弥合中国与东盟相关国家

---

① 刘中民：《冷战后东南亚国家南海政策的发展动向与中国的对策思考》，《南洋问题研究》2008年第2期，第28页。

② 同上。

③ Aileen S. P. Baviera, "China's Relations with Southeast Asia: Political Security and Economic Interests," PASCN Discussion Paper, No. 99－17, p. 27.

④ "Offering to Aid Talks, U. S. Challenges China on Disputed Islands," http://www.nytimes.com/2010/07/24/world/asia/24diplo.html.

的分歧，尽可能缓和南海争端给中国带来的安全压力，[①] 与此同时继续深化与中国的安全合作，多次举行联合演习。

2010 年 10 月，中泰海军陆战队在泰国梭桃邑海军陆战队训练基地开展了为期 20 天的"蓝色突击 – 2010"中泰海军陆战队联合训练。这是中国海军陆战队首次走出国门与外军进行联合训练。[②] 2012 年 4 月，泰国国防部长素坤蓬·素旺那达访华，这是泰国各军种高级将领 15 年来首次访问中国。两国国防部长在会谈中主要讨论了南海以及柏威夏寺所有权争端两大议题，并表示将坚定地支持对方的立场。[③] 2012 年 4 月，泰国总理英拉访华时也表示，泰国愿为推动东盟与中国的合作，维护南海和平稳定发挥积极作用。[④] 2012 年 5 月，代号为"蓝色突击 – 2012"的联合训练在中国广东湛江和汕尾举行，这是继 2010 年后，中泰两国海军陆战队再度举行联合训练。[⑤]

可见，在地区政治和安全问题上，1997 年金融危机之后泰国与中国一直保持着温和友好的态度，特别是在中国周边外交形势因南海问题日趋严峻的大背景下，泰中之间的积极合作更显得难能可贵，而泰国对华温和政策的主要动力是更好地落实对华政策经济优先的战略思路。

五 结论

冷战结束后，泰国对华政策的基础逐步从重安全转变为重经济。1997 年亚洲金融危机以来，保持经济持续发展成为泰国最为紧迫且

---

① 对中国现代国际关系研究院泰国问题专家的访谈，2012 年 7 月 6 日。

② 《蓝色突击——2010 中泰联训为期 20 天 4 阶段进行》，《海军报》2010 年 10 月 29 日。

③ 《泰国在南海问题上走钢丝》，2012 年 5 月 8 日，http：//news. xinhuanet. com/cankao/2012 – 05/08/c_ 131575519. htm。

④ 《温家宝与泰国总理英拉举行会谈》，《人民日报》2012 年 4 月 18 日。

⑤ 《中泰海军陆战队今起在广东联训》，2012 年 5 月 9 日，http：//www. dfdaily. com/html/21/2012/5/9/788853. shtml。

重要的利益，为此泰国逐步强化了经济优先的发展战略。这一战略的形成促使泰国更加重视其与中国的经济合作，相信中国的经济发展有助于其走出1997年金融危机以来的经济困境，提升民众的生活水平，并由此希望通过改善对华政治安全关系，为其更好地落实经济优先发展战略创造更为有利的外部条件。在这一过程中，在泰国面临巨大困难时（1997年金融危机和2011年洪灾）中国及时地提供了援助，这对泰国对华采取温和政策也发挥了一定的促进作用。

泰国的经验表明，与中国没有战略矛盾并不足以保证周边国家采取温和政策，积极应对中国实力的不断崛起。同时，更应注意到，泰国因重视经济合作进而温和应对中国崛起的实践在东亚地区较为特殊，中短期内（5~15年）并不具有普遍意义。主要原因包括以下两个方面。一方面，泰国与中国并没有突出的安全问题，从而使其可以坚持经济优先的对华政策，而东亚部分国家与中国仍然存在领土主权和消极历史记忆等问题。对于这些国家而言，主导其对华政策的核心因素是主权领土争端，即使其经济越来越依赖中国市场，也难以使其放弃对华采取竞争性的安全政策；而且，对中国经济依赖的加深反而会加大这些国家对中国的战略疑虑，担心中国利用不对称的经济依赖迫使其在安全问题上做出让步。另一方面，二战以来美国在东亚地区形成的安全主导地位，使与中国具有安全矛盾的东亚地区国家可以直接利用（盟国或战略伙伴）或借重美国的地区安全影响力，防范中国可能给其带来的安全利益损害[1]，从而弱化了中国市场吸引力的战略效应，强化了这些国家防范中国崛起的安全政策。

因此，为缓解来自周边的安全压力，中国应进一步增强东亚地区经济－安全政策的协调性，不能过分依赖通过深化地区经济合作缓解

---

[1] 参见孙学峰《东亚准无政府体系与中国的东亚安全政策》，《外交评论》2011年第6期，第32~48页。

崛起进程中的安全压力，有必要根据东亚国家安全战略的自主性和安全压力的来源，采取差异化措施，主动管理并化解与东亚国家的安全矛盾。

一方面，对于难以脱离美国安全保护的东亚国家，中国要将针对这些国家的安全政策与对美安全政策协调起来。也就是说，中国要将对美安全政策纳入东亚安全政策的战略框架中，通盘考虑而非相互分割，否则周边安全战略将难以取得理想的战略效果。事实上，2011年6月启动的中美亚太安全事务对话已经做出了有益的尝试，今后需要努力的则是尽可能提高对话级别，并把对话真正落到实处。

另一方面，对于东亚地区安全自助国家，中国要根据其安全威胁的来源，设计更具针对性的安全政策。例如，对于主要威胁来自美国安全等级体系的国家，中国有必要采取措施，尽力改善其安全环境，以弱化这些国家的对抗性政策，以防可能导致的地区动荡和周边安全环境恶化。2003～2005年中国协调组织六方会谈就是典型的成功实践。对于将中国作为其主要威胁的国家，中国有必要采取安抚与进取相间的组合政策，弱化其针对中国的对抗政策，维持相对有利的周边安全环境。此外，中国应尽早推出解决地区海洋争端的新思路和新举措，带动东亚安全环境的整体改善，进而缓解周边外交中的崛起困境。

第三编
中国周边政策转型

国际秩序变化原理与奋发有为策略

周方银

自 2008 年全球金融危机以来，特别是随着 2010 年中国成为世界第二大经济体，国际上关于中国崛起的讨论迅速升温。作为一个具有深厚历史传统、曾长期在东亚地区居于主导地位、文化上与西方国家以及世界上很多国家具有异质性的新兴大国，中国崛起会对国际秩序产生什么样的冲击？会推动国际秩序产生什么样的变化？这都是国际社会普遍关心的问题。当前，中国崛起还处于早期阶段，人们还难以准确地预测出中国崛起可能会对国际秩序产生什么样的影响。考察中国在过去几年中提出的一些新的理念以及采取的一些重要政策措施，有助于在一定程度上理解中国崛起对国际秩序可能产生的影响。

一 国际秩序的含义与国际秩序变迁

（一） 秩序与国际秩序

"秩序"首先是一个社会学和政治学概念，主要源于对社会秩序的探讨。社会秩序是社会生活中存在的持续的模式，由于它的存在，一个社会得以发挥"社会"的功能，而不仅仅是个体的随机聚集。[①] 哈耶克认为："所谓的社会秩序，在本质上意味着个人的行动是由成功的预期所指导的，即人们不仅可以有效地使用他们的知识，而且能够极有信心地预见到他们能从其他人那里获得合作。"[②] 秩序的客观效果，就是把社会黏合在一起，避免它分崩离析和退回到混沌或战争状态。[③]

秩序建立在可预测性的基础上。不可预测或随心所欲的状态所对应的是混乱而非秩序。秩序的可预测性，或者事实走向与人们的预期有较高程度的相符性，可以为人们提供行动的方向和指南，有助于人们在此基础上通过相互作用形成稳定的行为模式。国际社会中很多具有可预测性的事件的发展，往往建立在一定的实力对比结构的基础上。虽然实力对比本身并不足以告诉人们实力会如何使用，但它为体系中的国家提供了重要的机遇和限制，[④] 它也会影响体系中国际制度和主导性观念与规范的形成。越来越完善的制度网络和规则体系，包括正式规则和非正式规则的体系，对国家行为具有一定的协调和引导作用，从而可以进一步提升人们对稳定模式的信心，提高国家行为的可预测性。

秩序的另一个重要内容，是在其中实现合作的程度。秩序的一个核心内容是存在有序状态，从博弈的角度看，有序状态对应着国家之间相互作用的稳定均衡状态。但国家间的博弈存在多重均衡，并可以对应不同的合作水平，这会对各国的命运和利益造成很大差异，国际秩序的面貌也会由此出现很大差异。从理论上来说，存在高度可预测

---

① Randall L. Calvert, "Explaing Social Order: Internalization, External Enforcement, or Equilibrium," in Karol Soltan, Eric M. Uslaner, Virginia Haufler, ed., *Institutions and Social Order* (Ann Arbor: The University of Michigan Press, 1998), p. 131.

② F. A. Hayek, *The Constitution of Liberty* (Chicago: The University of Chicago Press, 1960), p. 160.

③ Jon Elster, *The Cement of Society: A Study of Social Order* (Cambridge: Cambridge University Press, 1989), p. 1.

④ 〔美〕约翰·伊肯伯里：《自由主义利维坦：美利坚世界秩序的起源、危机和转型》，赵明昊译，上海人民出版社，2013，第35页。

但行为体之间合作水平非常低的秩序，霍布斯式的自然状态就是其典型。[①] 从这个意义上讲，合作与可预测是秩序的两个不同维度。但高水平的合作，往往也意味着国家行为较高水平的可预测性。[②]

从国家间博弈的视角看，我们认为，国际秩序是国家在一定的实力结构下，为实现自身利益，在重复博弈的过程中形成的一种稳定的均衡状态，并由此导致国家行为的较高可预测性，使国家间的合作保持在较为稳定的水平，在此基础上，国际行为体对国家间的互动形成较为稳定和可靠的预期。其中，实力结构体现不同的国家影响国际秩序的能力差异，国家利益特别是重要国家的利益，是国家行为的重要方向；观念与认知为国家行为提供直接指引，并影响国家修正其行为方式的过程；国际制度、国际规则、国际规范作为国家博弈的产物，是国际秩序的重要载体和体现。

国际秩序的稳定性建立在持续的可预测性以及合作行为的稳定实现的基础之上。稳定的国际秩序，对其中的成员国来说，往往意味着现有秩序具有较高的可接受度，从而降低了成员国对秩序的不满和反对。这在观念上的含义是，对于体系中的成员国来说，现有秩序是一种具有一定正当性的秩序，从而也是一种具有一定合法性的秩序。秩序的高度合法性，以及与之伴随的内化效应，在某些特殊的情况下，可以使其中的部分成员国，在一些即使需要其付出利益牺牲的情况下，也做出维护秩序的努力，[③] 从

---

① 类似的，在社会层面，在一个城市中，单数日汽车靠左行驶，双数日汽车靠右行驶，这是高度可预测的规则，但作为一种秩序安排，显然有很大的改善余地。

② 合作涉及面临冲突或存在潜在冲突时，行为体之间的策略反应。高水平的合作本身在宏观上指出了行为体的行为方向，从这个意义上看，高水平的合作与可预测性之间具有一定的联系，当然，高水平的合作也可以采取多种不同的形式。关于合作本身的讨论，参见〔美〕罗伯特·基欧汉《霸权之后：世界政治经济中的合作与纷争》，苏长和等译，上海人民出版社，2001，第61~67页。

③ 此时，"适当性逻辑"不仅是追求结果导向的"工具性逻辑"，还会发挥自身的作用。正如消防员主动进入着火的建筑，部分是因为他们接受了自身的角色，认为这是一种"适当"的行为。参见 J. G. March and J. P. Olsen, "The new institutionalism: organizational factors in political life", *American Political Science Review*, Vol. 78, No. 3, 1984, pp. 738–49; J. G. March and J. P. Olsen, "Institutional perspective on political institutions", *Governance*, Vol. 9, No. 3, 1996, pp. 247–64。

而增强了秩序的稳定性和持久性。当然，秩序的合法性首先需要建立在尊重各国基本利益的基础上。由于国际社会的成员有限，国家之间有很明显的异质性，国与国之间在观念领域有时甚至存在较为根本的差异，国际社会的社会资本比较稀薄，适当性逻辑对国家行为的约束往往颇为有限。

国际秩序的稳定性，更有赖于与其相伴随的利益结构方面的特征：对于组成国际秩序的基本行为体，特别是对那些具有重要行动能力的国家而言，现有秩序或现有行为模式的维持，能够为其带来重要利益，使其没有采取实际行动偏离这一秩序的动机。由此，鉴于行为体自身的观念结构，以及对其他行为体的行为方式的主观判断，行为体从总体上对现有秩序采取接受的态度，能够遵循既有秩序的程序安排和内容结构，从而使现有秩序成为行为体相互博弈过程的稳定均衡。这构成了国际秩序稳定性最重要的基础。国际秩序合法性的建立，其中具有正当性的行为方式的认知形成，以及一些具体观念的内化，可以在此基础上逐渐建立、形成和维持。

利益分配方式的合理性，对于国际秩序的长期稳定具有根本的重要性。与之相比，国际体系中的实力对比虽然具有极大的重要性，但其更多的是一种背景性因素。即使从现实主义的角度看，任何一种实力结构本身不一定会带来体系的稳定性，[1] 实力对比与利益分配之间的匹配程度对于体系的稳定十分重要。[2] 从建构主义的视角出发，利益

---

[1] 建立在暴力基础上的秩序经常是不稳定和低效率的，在不对称的实力结构下，弱国即使不便于公开反抗，也可以在很大程度上选择拒绝追随。这显示了主要依靠实力优势所具有的明显的局限性。参见〔德〕赫尔弗里德·明克勒《帝国统治世界的逻辑：从古罗马到美国》，阎振江、孟翰译，中央编译出版社，2008，第28~33页。

[2] Robert Gilpin, *War and Change in World Politics* (Cambridge: Cambridge University Press, 1981); Robert Powell, "Stability and the Distribution of Power," *World Politics*, Vol. 48, No. 2, 1996, pp. 239–67; 刘丰：《国际利益格局挑战与国际秩序转型》，《外交评论》2015年第5期，第46~62页。

本身在一定程度上是可变的，而非都是由物质因素决定的。① 不过在任何时间点，对于行为体已经形成的利益结构，秩序是行为体相互博弈、努力实现其利益的产物，同时它又构成国家追求利益的外部环境约束。

现有国际秩序的稳定性，是其有能力在现有框架下应对来自不同方面挑战的结果。秩序本身是作为行为体之间的博弈均衡而出现的，它是不同力量、不同制度安排、不同理念、不同信仰、不同模式相互作用、重复博弈的结果。秩序的稳定性依赖于这个均衡本身的性质。稳定的秩序并不是静止的秩序，而是在动态的过程中具有一种自我调节的能力，这个调节的过程是一个博弈但并不偏离均衡的过程，或者是出现偏离后再回到均衡的过程。虽然各国都努力寻求对自身更优的结果，但这样的努力仍处在稳定的结构性束缚之下。动态稳定是国际秩序的一个重要特征，国际秩序是历经时间的演化以及国家之间博弈的结果和保存。

（二）国际秩序的变迁及其动力

国际秩序是不同行为体、不同力量相互作用的产物，与此相对应，国际秩序的变迁，也是一个经过国家间博弈来实现并体现为博弈均衡发生变迁的过程。在这个过程中，最根本但也是最难以发生的变迁，是行为体性质本身的变化。这一变化会直接导致博弈主体的重要变化。它的内容包括主权国家不再是国际社会的主要行为体，或者主权国家的效用函数发生了较大的实质性变化，如主权国家不再关注自身的主权和安全，不再关注领土的完整与否，或者不再关注对其国内人民的强有力控制，等等。但这样的变化，在中国崛起的过程中，以及在中国崛起后一个很长的时期内，都难以出现。人们讨论的中国崛

---

① 温特认为，观念对权力和利益具有建构作用，虽然利益最终要有一个物质基础，但利益主要是由观念建构的。参见 Alexander Wendt, *Social Theory of International Politics* (Cambridge: Cambridge University Press, 1999), pp. 113 – 38。

起，将主要是一个主权国家的崛起。

在作为秩序构成单位的主要行为体及其效用函数不发生重要变化的情况下，国际秩序的重要变化主要包括三个方面：一是，国与国之间博弈规则的变化；二是，国际体系中力量结构发生重要变化，这表现为博弈行为体能力的相对变化；三是，国家对于其他国家的行为方式预期方面的重要变化，以及通过与这一预期的调适，国家在国际社会中形成新的稳定的行为模式。① 在此模式的基础上，国家会建立一套新的行为规范。②

1. 国家博弈规则的变化及其影响

在讨论国际秩序变迁时，国家之间博弈规则的变化本身是一个难以成立的问题，因为国与国博弈的规则是在国家之间相互博弈的过程中形成的，并不存在主权国家之上的行为体为国际社会制定国家相互博弈的规则。任何实际出现的博弈规则，都是在主权国家相互作用的演化过程中逐渐形成的。博弈规则的稳定性也是这一过程的产物。包括很多国家在与其他国家打交道过程中展现出来的一定程度的自我克制，其本身就是在国际相互作用的过程中，对自身行为的长期成本和收益的认知，对何为国际社会中适当行为的界限、对扩张或强势行为会引起其他国家何种反应的判断的产物，它是主权国家在国际社会中学习、认知调整、试验过程中调适的结果。我们很难期望国家间的博弈规则凭空发生某种突然的变化，并由此带来国际秩序的根本变革。

由此，考察国际秩序的变化，更值得关注的是国际体系中力量结构发生了重要变化和一国对于其他国家行为方式的预期两个方面。

---

① 在国际关系文献中存在"国际体系转型"与"国际秩序转型"两个不同的概念，在某种意义上，国际体系的转型或许是国际秩序转型的一部分。关于国际体系转型，可以参考秦亚青《国际体系的延续与变革》，《外交评论》2010 年第 1 期，第 1~13 页；阎学通《权力中心转移与国际体系转变》，《当代亚太》2012 年第 6 期，第 4~21 页。

② 如春秋时期各国争霸的做法与战国时期各国争霸的做法有很大差异，这受到当时体系中主导性行为规范的重要影响。

2. 力量结构的变化及其影响

在国际秩序演化的过程中，力量结构的变化之所以重要，根本的原因在于不同的力量结构与国与国之间不同的博弈均衡相联系。在国际体系中，大国的重要性不仅在于其在世界的面积或人口中所占的比重和分量之大，更在于大国具有相对于中小国家更强的影响博弈均衡的能力。与中小国家相比，大国的不同行为会对博弈均衡的形成及其稳定性产生更大影响。很多中小国家的众多行为，更多地体现了现有博弈均衡对它们本身的制约，而往往难以对国家间博弈的宏观结构产生性质和程度上的影响。

从这个含义上看，力量结构的影响在很大程度上可以还原为对利益结构的影响，即"极"对国际秩序的影响，在很大程度上源于"极"对利益结构所具有的影响力。以"极"的数量来判定国际格局的性质，虽然是通行的做法，但也是一种高度简化、显得有些粗糙的做法。比如，如果中国的综合实力达到美国的80%以上，国际体系被视为两极体系；如果中国的综合实力低于美国的40%，国际体系被视为单极体系，那在此之间的是什么体系？在和平过渡的背景下，从单极变为两极是在什么时候发生的？如果我们选定某一个值为临界点，是否意味着在其前后国际格局会出现十分重要的差异？这是以"极"的观点来考察国际格局时难以回避的问题。但当我们把力量对比的变化理解为大国对国家间博弈的利益结构及对博弈均衡的影响能力的变化时，在很大程度上就可以规避这些问题。

当大国认为与现有博弈均衡相联系的国际秩序不能很好地满足其利益时，它就有更大的能力打破这一博弈均衡的束缚，并推动博弈朝着新的均衡方向发展。虽然大国不一定能够实现它所期望的目标，但它的主动行为依然能为国际秩序的演化提供强大的推动力。对于任何一种国际秩序的稳定性而言，获取主要大国的支持都十分重要，甚至不可或缺。如果大国试图改变已有的行为规则、打破通行的行为规范，其他国家需要付出更大的努力，才能对其产生必要的约束。当然，大国能否从国际社会中获得更多国家对其行为的支持，对于大国的行为能否产生其所期望的效果无疑也十分重要。其他国家的态度，特别是大多数国家的态度，对大国的行为无疑会产生很大的现实影响。[①] 但大国依然是很多重要行动的核心和焦点因素，是策动很多重要国际行为的根源。

力量结构变化影响国际秩序变化的路径如图 7 - 1 所示。

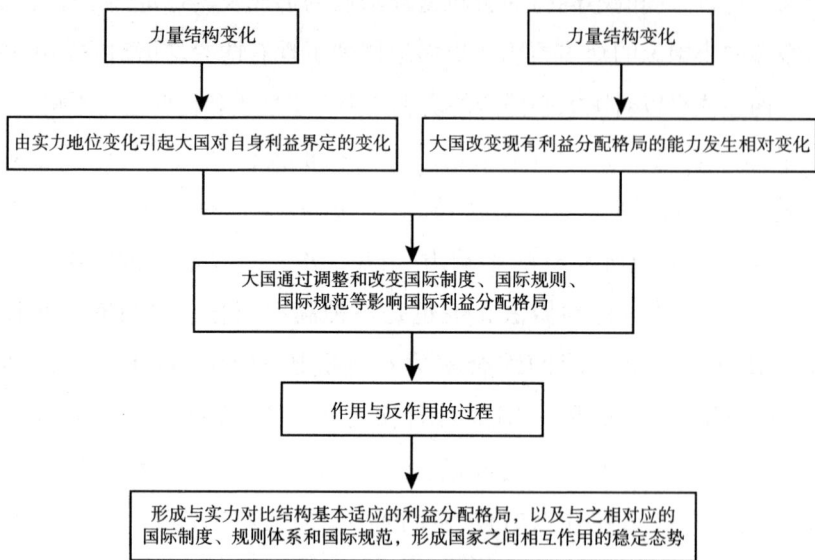

图 7 - 1　力量结构变化影响国际秩序变化的路径

从这个角度看，为了避免国际秩序的变化，有两个比较重要的方面需要注意：一是，保持国际体系中实力结构的稳定，使其不发生重大的变化，尤其是不发生迅速而重大的变化；二是，通过及时的局部调整，使国际体系中的利益分配顺应实力结构的变化，以缓解一些国家运用新增的能力来更好地实现其利益的紧迫感。如果国际体系中的力量结构正在经历

---

① 由于国际社会中存在十分明显的集体行动问题，以及大国可以有针对性地采取分而治之的策略，中小国家集团显然无法发挥出与成员国单个国家力量加总之和相称的影响力，而作为单一国家行为体的大国则没有这个方面的问题，这也不对称地提升了大国对国际体系的影响力。

重要变化，就需要避免在利益分配的调整方面过于滞后，造成一些新兴大国的利益得不到有效保障，从而使其产生较为强烈的以自行其是的方式，通过改变国际制度、规则、规范等，使利益分配向对其有利的方式调整。

3. 观念、预期的变化及其影响

引发国际秩序变化的另一个重要因素，是在国家交往的过程中出现的观念与预期的调整。这一调整有时具有一定的随机性，但有时又表现出宏观上的方向性。观念、认知的重要性，在于其直接影响国家的行为选择。除了行为体的价值观和对适当行为的看法外，对目的与手段之间的联系方式的观念与知识①、行为体对于其他行为体将如何行动的预期、它使自己的行为与这种预期相调适的做法，也会影响行为体之间复杂的互动过程。预测其他国家将按照通行的国际规则行事，或将执行一种完全机会主义的政策，将导致国际体系中的成员采取完全不一样的行为方式。一国关于其他国家行为方式的认知和预期，并不是随意形成的，它既受到自身文化、价值观的影响，也是在与其他国家交往的过程中产生的，是对他国行为方式进行历时观察、历史学习、政策试探、行为调整等的结果。在本质上，存在两类学习方法，一类是强化学习，其倾向是重复他国成功的做法，并避免其不成功的做法；另一类是认知学习，它依赖于人们积极主动地思考，包括对其行动及其后果进行深入的反思。②

从宏观层面上看，国际体系中主导性的文化也在经历一个演化过程。这不仅体现为某些建构主义者所说的从霍布斯文化向洛克文化甚至康德

---

① 戈尔茨坦和基欧汉曾经讨论三种不同的信念——世界观、原则化的信念、因果信念，以及观念影响政策的三种因果路径——提供路线图、在不存在单一均衡的地方影响对战略的选择、嵌入制度当中。参见〔美〕朱迪斯·戈尔茨坦、罗伯特·基欧汉《观念与外交政策》，刘东国、于军译，北京大学出版社，2005。

② 关于对人类学习问题的实验研究，参见朱宪辰《人类行为的法则：学习行为实验经济学研究》，浙江大学出版社，2009，第31~34页。关于学习行为及其对均衡稳定性的影响，参见〔美〕H. 培顿·杨《个人策略与社会结构——制度的演化理论》，王勇译，上海人民出版社，2004。

文化的演化过程，[1] 而且可能更直接地体现在与国家行为直接相关的国际规范的变化中。[2] 二战后，国际社会的一个重要变化，是主权规范的作用得到显著强化，并由此导致国家人口死亡率显著降低。[3] 主权规范的强化，可能是在两极格局的体系结构中，超级大国对主权规范的态度、民族解放运动的兴起、联合国等国际组织的出现、主权观念进一步深入人心等多方面因素共同作用的结果。但国家人口死亡率显著降低的客观事实，以及中小国家对这一事实的普遍认知，无疑对这些国家的行为方式产生了很大的影响，使中小国家能够在当前的国际体系中发出更大的声音，更有信心地维护自身的权益，并享有比过去更大的话语权，从而使中小国家能够对国际秩序产生比过去大得多的影响。

冷战后，在全球化的时代背景下，各国对国家间利益相互依存的认识明显加深，国际社会对发展问题的重视、对和平与合作的强调、对气候变化与环境保护的关注，都从不同方面影响到了众多国家的政策和行为。从长期来看，意识形态因素重要性的变化、国际社会对于何为处理不同文明之间相互关系的适当方式或可接受方式的看法，都会对国际秩序的面貌产生重要影响。

国家之间的冲突，特别是十分剧烈的冲突，会从另一个维度对国际秩序均衡的稳定性产生影响。例如，冷战时期美苏之间的激烈对抗，促进了维持国际安全的一系列制度与规则的形成。这既在制度层面，也在观念层面，对促进博弈均衡的稳定性，包括作为其重要组成部分的大国战略关系的稳定性具有重要价值。

国际秩序调整的完成，包括在国际体系中形成新的稳定的力量结

---

① 参见 Alexander Wendt, *Social Theory of International Politics* (Cambridge University Press, 2009), chapter 3。

② 阎学通：《国际领导与国际规范的演化》，《国际政治科学》2011 年第 1 期，第 1~28 页。

③ Tanisha M. Fazal, *State Death: The Politics and Geography of Conquest, Occupation, and Annexation* (Princeton: Princeton University Press, 2007), chapter 7.

构，以及国际社会的行为体在此基础上实现与秩序变迁大体相符的认知调整，从而在国家互动的过程中实现了认知与实际行为之间基本的一致性。理解国际秩序的变迁，不仅要理解国际体系中实力对比的变化，而且要理解国际行为体对其认知和信念的调整。

如果国际社会对于中国行为方式的认知，与中国的实际行为方式之间具有较强的一致性，那么相关国家与中国的互动过程在总体上符合其在均衡状态中的预期，从而使这些国家不需要显著改变其行为方式，这将有助于权力转移过程中秩序的稳定性。这样一种对对方行为方式的预期与对方的实际行为方式之间存在较强的一致性，在大国关系如中美关系和美俄关系中尤其重要。预期与对方的实际行为方式的一致性，可以带来大国关系的宏观稳定性。相反，两者之间持续出现重大反差，会导致一国的政策行为长期达不到预期效果，并由此出现政策调整的需求，并造成秩序演化过程中的不稳定性与调适过程。

二 中国推动国际秩序变化的实践及其影响

这一部分探讨在未来一个时期，中国的综合实力进一步上升，在总体上继续维持崛起势头的假设下对国际秩序可能产生的影响。中国崛起的首要和直接含义，是相对于既有大国，中国实力的进一步上升，并由此推动国际格局的性质发生变化，包括大国地位排序的变化。在讨论中国崛起的影响时，需要区分由此带来的国际领导权的变化和国际秩序的变化。国际领导权的变化如果仅仅局限在权力易位的领域，而并不带来国际社会中国家的行为方式、行为预期以及国际制度与规范方面的重要变迁，那它对国际秩序的影响是非常有限的。

从国际格局的角度看，中国崛起成功后，很可能出现中美两国处于优势地位的两极格局，但这并不会在已有国际格局的集合中增加新的类型。当然，即使在两极格局下也可能出现新的变化，即中美或许可以形成一种对抗性较低、两极关系更为密切、处于事实上的深度相互依存状态的新型两极秩序。

如果中国能够实现和平崛起，这将为国际秩序提供有价值的新内容，就是单极格局下大国之间权力和平转移的经验。这对于未来国际秩序的演化具有重要意义，但它要成为一种模式，需要通过大国之间连续多次的权力和平转移来实现，这将是一个非常漫长的历史过程。

未来中国的崛起将是一个长期的过程，在这个过程中还存在许多不确定因素。在中国崛起尚未成为国际政治事实之前，探讨其对国际秩序可能产生的影响的一个思路，是从中国近年来已经采取的一些政策举措中，寻找中国崛起会对国际秩序产生何种影响的线索。虽然由此可能无法得到决定性的结论，但仍可以在当前阶段对我们思考这一问题提供一定的帮助。

当前，中国崛起还处在早期或早中期阶段，在这个阶段，中国最优先需要解决的事情是更有效地积累实力[①]，而不是以更大的力度在国际社会上发挥其影响力，更不是直接挑战既有霸主在国际体系中的主导地位。[②] 虽然中国已成为世界第二大经济体，在国际经济领域的影响力稳定上升，但从综合实力的角度看，中国还远远没有成长为可与美国相匹敌的世界大国，当前还不具备真正在较大程度上改变国际秩序的能力。但自 2010 年以来，中国外交行为的某些变化，特别是近几年来从"韬光养晦"向"奋发有为"的转变，还是能够为人们判断中国外交的走向、中国在改变国际秩序方面可能的作为提供一定的指引。

---

① 对此，中国领导人有十分清晰的认识，不仅在国内，也在国际场合明确地阐述了这一点。2013 年 1 月 28 日，在中央政治局第三次集体学习时，习近平指出："我们一定要抓住机遇，集中精力把自己的事情办好"；在 2013 年 4 月 7 日的博鳌亚洲论坛上，习近平再次指出，中国将"集中精力把自己的事情办好"。参见《习近平谈治国理政》，外文出版社，2014，第 248、332 页。

② 阎学通和孙学峰把大国的崛起分为准备、崛起和冲刺三个阶段。按照这一划分，目前中国崛起已经进入第二阶段，但尚未进入冲刺阶段。参见阎学通、孙学峰等《中国崛起及其战略》，北京大学出版社，2005，第 14~15 页。

（一） 从对国际体系的有限参与到不断融入再到转向一定程度的塑造

20世纪90年代以来，中国外交的一个重要方向是不断融入现有的国际体系。有人认为这是一个中国被国际社会不断社会化的过程。[①] 在这个融入过程还有很大的拓展空间时，国内外的人们对融入的前景总体保持一定程度的乐观。一方面，国际社会欢迎中国进一步融入国际体系，把它作为对中国进行社会化或者影响中国发展方向、提高对中国的约束能力的过程。另一方面，中国也从这个过程中获取了重要利益，特别是经济方面的利益。在此背景下，中国经济总量迅速上升，仅用五年时间就从世界第五大经济体成长为第二大经济体。

但在成为世界第二大经济体之后，中国发现自身进一步融入现有国际体系的空间受到了一定的局限。这表现为：随着中国实力的进一步上升，美国对中国的战略针对性进一步加强，对中国经济崛起的容忍度下降，视新兴国家的合理诉求为对美国霸主地位的挑战，并试图从军事、安全领域对中国进行一定程度的战略挤压，这比较集中地体现在美国推行的"亚太再平衡"战略中。[②] 同时，美国试图利用其现有的优势地位，对国际规则进行对自身有利的调整，这造成现有国际体系的人为分割，也增大了中国融入由美国主导的国际体系的难度。[③] 随着美国加强对中国的战略针对性，中国在一定程度上面临着

---

① Alastair Iain Johnston , "Is China a Status Quo Power?" *International Security*, Vol. 27, No. 4 (2003), pp. 5 – 56; Alastair Iain Johnston, *Social States: China in International Institutions, 1980 – 2000* (Princeton: Princeton University Press, 2008), pp. 33 – 38.

② 参考周方银《韬光养晦与两面下注——中国崛起过程中的中美战略互动》，《当代亚太》2011年第5期，第6～26页；吴心伯《论奥巴马政府的亚太战略》，《国际问题研究》2012年第2期，第62～77页；阎学通《历史的惯性：未来十年的中国与世界》，中信出版社，2013。

③ 高程：《从规则视角看美国重构国际秩序的战略调整》，《世界经济与政治》2013年第12期，第81～97页。

即使试图融入由美国主导的国际体系也不可得的情况，① 而中国在文化上与西方国家的异质性，也在一定程度上强化了这样一种局面。② 在这种情况下，中国在某些方面试图强化对国际秩序与地区秩序的塑造能力，这既是能力上升的结果，也是一种确保自身在一定范围内保持影响力的必要手段。③

（二）中国外交"奋发有为"及其对国际秩序的影响

自 2010 年以来，经过几年的酝酿，中国外交经历了一个可以粗略地称之为从"韬光养晦"到"奋发有为"的转变过程。虽然这个转变过程不像字面意义显示得那么有戏剧性，但中国外交确实在发生某种重要的变化。

自 20 世纪 90 年代初以来，韬光养晦政策在一个较长时期内得到了有效执行，其最重要的体现是中国在没有引起周边国家较强负面反应的情况下，实现了自身实力的跨越式发展。不过，随着中国经济实力的快速上升，以及美国对中国实力上升过程中产生更大的警惕与担忧，韬光养晦的政策效果在 2010 年以后显著下降。④ 中国与菲律宾、越南等国围绕南海问题发生的摩擦和斗争，既推动了中国对韬光养晦政策的调整，也是中国采取主动性更强的进取性外交政策的一个体现和试验。从"韬光养晦"到"奋发有为"的政策转变，既是中国自身实力地位与所处国际环境变化的产物，也是中国政府努力适应新的

---

① 参见朱锋《中美战略竞争与东亚安全秩序的未来》，《世界经济与政治》2013 年第 3 期，第 4~26 页。

② 参见〔英〕巴里·布赞《中国能和平崛起吗》，《国际政治科学》2010 年第 2 期，第 1~32 页。

③ 杨洁篪：《在纷繁复杂的国际形势中开创中国外交新局面》，《国际问题研究》2014 年第 1 期，第 1~7 页；阮宗泽：《中国需要构建怎样的周边》，《国际问题研究》2014 年第 2 期，第 11~26 页；唐永胜：《发挥地缘优势经营周边战略依托》，《战略决策研究》2014 年第 5 期，第 14~15 页。

④ 周方银：《韬光养晦与两面下注》；Yan Xuetong，"From Keeping a Low Profile to Striving for Achievement," *The Chinese Journal of International Politics*, Vol. 7, No. 2, 2014, pp. 153–184。

态势，并对本国外交策略主动进行调整的结果。

有学者认为，韬光养晦政策的主要目标是在国外获取经济利益，而奋发有为战略的目标是在国际社会争取更多可靠的伙伴和可能的盟友。[1] 不过，两者在目标方面可能并非那么截然不同。对于中国来说，在这一政策转换时期，继续沿用韬光养晦的政策手段，已经难以实现为经济发展争取良好国际环境的目标。周边环境中不稳定因素的上升、西方国家贸易保护主义的抬头、美国大力推进 TPP 协议的谈判等，不仅影响到中国和平崛起的国际安全环境，也影响到中国和平发展面临的国际经济环境。在此背景下，即使是为了维护有利的国际经济合作环境，也需要中国采取更为积极进取的做法。

"奋发有为"的直接含义，是中国外交主动性、进取性的增强，但并不意味着中国外交变得具有扩张性。它确实体现为中国在维护自身权益方面，表现出更大的坚定性，政策更为连贯，手段更为丰富。以下从两个方面对中国外交的奋发有为及其对国际秩序的影响进行简单的考察。

1. 应对安全压力方面的奋发有为

2011 年以后，随着南海局势的升温，中国在南海问题上面临比过去更大的安全压力。这样的压力仅仅依靠战略上的克制和外交上的隐忍，不但难以有效应对，而且会使某些国家在挑衅中国的立场与利益方面变得更加无所顾忌。[2] 在这个过程中，中国学者越来越清晰地意识到，在安全问题上继续坚持韬光养晦政策，将会造成自缚手脚的后果。这也引发了学者中关于在南海应优先"维权"还是优先"维

---

[1] Yan Xuetong , "From Keeping a Low Profile to Striving for Achievement," *Chinese Journal of International Politics*, Vol. 7 (2), 2014, p. 18.

[2] 相关方面的逻辑分析，参见 Zhou Fangyin, "Equilibrium Analysis of the Tributary System," *Chinese Journal of International Politics*, Vol. 4, (2), 2011, pp. 147 – 178;《专家激辩"韬光养晦"：和平崛起不排除武力反击侵犯》，环球网，2011 年 12 月 17 日，http://china. huanqiu. com/roll/2011 – 12/2273974. html；周方银《国际博弈中的中国外交理念与行为策略》，《文化纵横》2012 年第 4 期，第 32~36 页。

稳"的争论。① 由于南海问题本身的复杂性，无论是"维权"还是"维稳"，都没有简单直接的实施办法，而需要通过多种手段相结合，采取迂回曲折的路径，并通过长时间连贯的努力才能实现。在韬光养晦思想指导下的外交政策，由于其手段上的单一性，在很大程度上已难以应对因南海问题形成的外交挑战。

与此同时，中国在南海、钓鱼岛等问题上的政策逐渐向积极主动的方向发展，这比较集中地体现在黄岩岛事件中。事情发生后，中国并未简单地采取息事宁人的做法，而是通过积极维权，实现了对黄岩岛的实际控制，强化了自身在南海的存在。同一时期，中国还实现了对钓鱼岛的常态化巡航，并成功划设了东海防空识别区，提升了中国在相关区域的战略主动性。

值得注意的是，中国在相关问题上采取强硬做法具有一定的界限和内在逻辑。无疑，中国在维护自身权益方面表现出了很强的坚定性，但在向外拓展控制范围方面表现出较为明显的克制。与不少人的预测相反，中国并没有在南海地区复制所谓的"黄岩岛模式"，虽然近年来中国采取有力措施强化了在南海岛礁的建设活动。

中国在海洋维权方面的坚定态度，或在外界看来颇为强硬的做法，在一定程度上有其内在的必然性。为了有效地维护自身权益，在长期执行韬光养晦政策的背景下，中国外交需要经历一个"变得强硬"的阶段，以对某些试图挑衅的国家形成稳定和可信的威慑。② 虽然中国外交在转型时期变得比过去强硬了一些，但强硬并不是中国外

---

① 参见高倚天《国家安全战略筹划呼唤维权和维稳相统一》，《世界知识》2011 年第 16 期，第 65 页；阎学通《从南海问题说到中国外交调整》，《世界知识》2012 年第 1 期，第32 ~ 33 页；李向阳《中国崛起过程中解决边海问题的出路》，《现代国际关系》2012 年第 8 期，第 17 ~ 18 页；王生、罗肖《国际体系转型与中国周边外交之变：从维稳到维权》，《现代国际关系》2013 年第 1 期，第 9 ~ 15 页。除学术论文外，相关问题在很多政策会议中也经过了深入、热烈和集中的讨论。

② 周方银：《周边环境走向与中国的周边战略选择》，《外交评论》2014 年第 1 期，第 28 ~ 42 页。

交的目标或内在特性。中国在短期内优先追求的目标是，在使南海局势不失控的情况下，遏制某些周边国家挑衅升级的势头，以有效维护自身的利益，不使现状向不利于中国的方向发展，并在这个过程中建立起必要的和可信的，但负面作用总体不是很大的威慑。对中国来说，重要的不是与某些国家进行物理上的对抗，而是以必要的、合理的、前后一致的强硬政策，改变周边国家对中国行为方式的预期，使其更好地认识到中国在维护基本立场和关键利益方面的意志和决心。

从国际秩序的角度看，奋发有为的含义是中国试图以一种代价较低的、非直接军事冲突的方式，推动周边国家对中国行为方式的认知和预期调整，影响双方在安全领域的博弈进程，并在此基础上形成新的稳定均衡状态。这种状态的理想结果，是中国、周边相关国家以及域外国家都不试图以不利于局势稳定的方式采取主动挑衅行动，但在预期调整的过程中，一定程度的试探与反作用是难以避免的。

对于中国在南海问题上行为的基本逻辑及其边界，习近平主席在2015年10月18日接受路透社采访的表述中，做出了政府层面十分权威和清晰的表述，他指出："走和平发展道路符合中国根本利益……中国的这个战略选择没有变，也不会变。……中国在南海采取的有关行动，是维护自身领土主权的正当反应。对本国领土范围外的土地提出主权要求，那是扩张主义。中国从未那么做过。"[①] 也就是说，中国在维护自身主权和实现防御性目标方面，可能会采取非常强硬的坚定做法，但中国并没有采取任何扩张性的做法。这也说明了中国在南海、东海等有争议的领土领海主权权益问题上奋发有为的基本逻辑及其限度。

中国在南海问题上表明自身态度的做法虽然强硬，但总体上是防御性的立场，意味着中国的做法在很大程度上将具有抵消他国使南海现状发生较大改变的效果。习近平的讲话也说明，即使是中国在安全

---

① 《习近平接受路透社采访》，http：//www.xining.gov.cn/html/4936/337730.html。

领域奋发有为，也不会逾越扩张行为的界限，不会改变中国走和平发展道路的战略选择。在此前提下，未来很长一个时期，即使相关国家围绕南海问题的博弈变得更加激烈一些，其对国际秩序的宏观影响也将是较为有限的。

2. 在积极推动国际合作方面的奋发有为

从时间上看，伴随着中国外交的奋发有为，中国推出了一系列合作力度更大的外交政策举措和国际倡议。随着时间的推移，中国在这方面的一些做法，可能对国际秩序产生更大的影响。这主要体现在以下四个方面。

第一，"一带一路"倡议的提出和推进。2013年9月和10月，中国领导人相继提出建设"丝绸之路经济带"和"21世纪海上丝绸之路"的倡议。"一带一路"倡议在国内引起了高度重视，很多省区市纷纷出台实施方案的同时，它在国际社会也产生了较强的反响，得到一些国家的积极响应。在"一带一路"倡议的提出和推进过程中，可以看到奋发有为精神和努力的重要体现，这特别体现在这一倡议抱负的宏大上："一带一路"沿线涉及约65个国家，相当于联合国成员国数量的三分之一；"一带一路"倡议试图通过"共商、共建、共享"的方式，在中国的积极参与下，实现沿线众多国家实质性的共同发展，推动沿线地区经济联系更加紧密，政治互信更加深入；中国将采取积极的措施，推动欧亚大陆在交通、电力、通信、网络等诸多领域的互联互通，打通制约欧亚大陆发展的瓶颈，创造经济合作的新模式，夯实世界经济长期稳定发展的基础。显然，这是一个从未有其他大国试图实现的宏大目标。它在地理空间、时间范围、目标设定、内容的丰富性等方面，都是其他国家推出的"丝绸之路"计划所不能比的。①

---

① 赵江林：《战略方向与实施路径：中美丝绸之路倡议比较研究》，《战略决策研究》2015年第3期，第3～27页；甘均先：《中美印围绕新丝绸之路的竞争与合作分析》，《东北亚论坛》2015年第1期，第107～117页。

虽然"一带一路"建设坚持"共商、共建、共享"的原则，但我们可以大体认为，在正常情况下，其他参与国并不会轻易改变自己的基本行为模式。这意味着，"一带一路"建设要真正取得重大成效，中国必须在其中发挥至关重要和不可替代的作用。在这方面，中国能否有效地发挥领导力将十分关键。为此，中国将付出重要努力，以克服在与相关国家合作过程中存在的难以采取集体行动的难题，在双边和多边合作中，中国将更多地照顾到其他国家的利益。中国领导人明确表示欢迎周边国家搭乘中国发展的列车，"搭快车也好，搭便车也好，我们都欢迎"；中国在与发展中国家合作的过程中，将坚持正确的义利观，"在一些具体项目上将照顾对方利益"。① 由国家领导人对范围广泛、有的双边关系基础并不十分牢固的国家做这样的公开表示，也是此前大国对中小国家的外交中所没有的。

如果"一带一路"未来取得重要成功，它在国际秩序方面的意义将表现在两方面。一方面，中国和平崛起找到了具体的实现路径，这在很大程度上有助于解决大国如何以和平的方式崛起，这一国际社会的历史性问题。作为一个成功的案例，它对未来的大国崛起将提供有益的指引和借鉴，这一借鉴的一个重要方面是，一个非西方大国在西方主导的国际体系内，在积累自身实力的同时，如何更好地利用经济合作和互利共赢的手段团结体系中的其他国家，在推进与这些国家共同发展的同时有效提升自身的影响力。它有助于显示，在既有大国的战略挤压下，新兴大国依然可以在国际社会找到足够的行动空间，这显示既有大国在阻碍新兴大国崛起方面能力的局限性，从而可以为未来其他大国实现和平崛起提供有价值的启示。另一方面，这将有助于显示和平、合作的手段在改变国际格局与秩序方面的威力，与此前

---

① 《习近平：欢迎搭中国发展列车》，http：//politics. people. com. cn/n/2014/0822/c1024 - 25520515. html。

国际秩序往往是通过大战后强国之间达成的安排来决定的情况形成重要反差,[①] 并构成新的、非常重要的国际经验。在"一带一路"建设中,中国在经济合作中将对中小国家给予更大程度的利益倾斜,如果这种做法可以持续,并能产生双方都满意的政策效果,其对于未来大国与中小国家的互动方式会产生积极影响。

第二,亚洲基础设施投资银行的建立。2013 年 10 月,习近平主席在雅加达同印度尼西亚总统苏西洛举行会谈时表示,为促进本地区的互联互通建设和经济一体化进程,中方倡议筹建亚洲基础设施投资银行,向包括东盟国家在内的本地区发展中国家的基础设施建设提供资金支持。[②] 这一倡议得到了国际社会的积极响应。2015 年 6 月 29 日,《亚洲基础设施投资银行协定》在北京举行签署仪式,中国成为其第一大股东。[③]

中国建立亚投行一个引人注目的方面在于,它是在美国等西方国家主导的国际经济与金融秩序内,由一个非西方国家倡议成立的多边开发银行和区域性金融机构。作为国际经济秩序重要支柱的世界银行和国际货币基金组织,是在二战末期由美国发起成立的,它们是战后世界经济秩序的重要支柱。而亚投行则是在和平时期由中国倡议成立的,且总部设在北京。在未获得国际体系内霸主美国的支持,甚至在遭到美国一定程度的抵制和反对的情况下,亚投行的创建过程也十分迅速,在比较短的时间内吸引了世界上数十个国家参加,其创始成员国达到 50 多个,涵盖联合国安理会五大常任理事国中的四国,二十国集团中的 13 个成员国和全部"金砖国家",此外,成员国中有约 20 个国家是美国的盟国。亚投行的快速进展,对于未来国际秩序的

---

① 关于战争与秩序重建,参见〔美〕约翰·伊肯伯里《大战胜利之后:制度、战略约束与战后秩序重建》,门洪华译,北京大学出版社,2008。

② 《习近平同印度尼西亚总统苏西洛举行会谈》,http://news.xinhuanet.com/world/2013 – 10/02/c_ 117587755. htm。

③ 《亚投行创始成员国今签署章程中国成第一大股东》,http://finance.people.com.cn/n/ 2015/0629/c66323 – 27220837. html。

转型将起到促进作用。

中国政府认为，亚投行与现有的多边开发银行是互补而非竞争的关系，亚投行的设立是新形势下中国对全球发展事业的贡献，是对现有多边发展体系的强化和补充。[①] 在亚投行的筹建过程中，中国主动放弃了外界认为它本可获取的主导权。中国的主张和做法降低了亚投行对现有国际经济秩序的冲击。同时，亚投行的设立过程显示，在主导大国提供全球经济公共产品意愿不足的情况下，新兴的崛起大国能够以受到国际社会普遍欢迎的方式积极发挥作用。即使是国际体系中唯一的超级大国，要阻止崛起大国发挥这样的作用也十分困难。

亚投行的设立对现有国际经济秩序会形成一定冲击，但这种冲击本身是良性的，它可以弥补现有国际多边开发银行功能领域的不足，同时，也可以对其他多边开发银行形成一定的竞争压力，推动其提高效率。从国际秩序转换的角度看，亚投行成功设立的一个重要意义在于，它显示崛起国可以在霸主国不支持的情况下建立新的地区多边开发银行，可以在全球经济治理领域发挥十分积极的作用，这在一定程度上为未来国际金融领域的权力转移提供了思路和可能性，也有助于让其他国家认识到，西方国家对全球和地区多边开发银行的控制并不是理所当然和无法动摇的，有助于打破重要国际金融机构和地区多边开发银行必须由主导大国建立，或必须在主导大国的支持下建立的预期，使人们对国际经济秩序和全球经济治理领域权力和平转移的可能性，抱有更大的信心。

第三，推动中美"新型大国关系"建设。2010 年以后，中国领导人开始较为频繁和连贯地提出要建立"新型大国关系"。2012 年

---

① 楼继伟：《开放包容互利共赢　打造二十一世纪新型多边开发银行》，《人民日报》2015 年 6 月 25 日，第 10 版。

11 月，中共十八大报告明确提出："改善和发展同发达国家的关系，拓宽合作领域，妥善处理分歧，推动建立长期稳定健康发展的新型大国关系。"① 2013 年 6 月，习近平主席在与奥巴马总统会晤时，进一步把新型大国关系的内涵明确为"不冲突、不对抗、相互尊重、合作共赢"。

到目前为止，美国对中美新型大国关系建设的态度总体不太积极。美国国家安全委员会前官员麦艾文认为，在构建新型大国关系的过程中，中国把注意力更多地放在维护自身的核心利益上，而不是推动中美两国的共同利益上，由此导致中美关系出现一定问题。② 麦艾文所说代表了美国不少人士的认知。中国确实为推动两国共同利益做了很多务实的工作，但不少美国人把目光更多地放在了中美利益不一致的领域。由于新型大国关系的建设，实际是在中国崛起或者更广义的中美权力转移的背景下进行的，而且需要由中美两国共同努力来实现，因此，它的道路不可能平坦，过程也不会一帆风顺。

从国际秩序转换的角度看，建设中美新型大国关系的努力，表达了中国希望找到一条实现权力和平转移的路径，或者即使不发生较为根本性的权力转移，中美两个大国也要找到一条稳定的、对双方都有益的长期共处之道，并由此推动体系内主要大国关系性质的历史性改变。从中国的视角来看，建设新型大国关系有助于维护现有国际秩序在权力转移过程中的稳定性。中美两国维护关系稳定的真实意愿，将对体系内很多国家的行为形成有力约束，从而有助于降低相关国家博弈过程中的不确定性，稳定主要国际行为体对权力转移过程的预期。从理论上说，作为一个由中国提出和积极推动的理念，新型大国关系在中国实现崛起后将依然有其约束力，这个约束力将比当前在更大程

---

① 《胡锦涛在中国共产党第十八次全国代表大会上的报告》，新华社，2012 年 11 月 17 日，http：//news. xinhuanet. com/18cpcnc/2012 – 11/17/c_ 113711665_ 12. html。

② INTERVIEW/ Evan Medeiros：China's attempt to isolate Japan worsens bilateral relations，http：// ajw. asahi. com/article/views/opinion/AJ201404060018.

度上指向中国自身。也就是说，随着时间的推移，如果新型大国关系的理念得到进一步深化和落实，其对中国自身的战略约束作用将会上升。在假想的情况下，如果中国成为体系内的霸主后，"不冲突、不对抗、相互尊重、合作共赢"将继续是中国处理与此后的新兴大国关系的基本原则。从这个意义上讲，崛起国与既有大国建设新型大国关系的努力，对于国际秩序的长期演化将是具有重要积极性的行为。

新型大国关系的着眼点，是在实力结构变化的过程中对体系内大国的关系进行管理，这对国际秩序的变化本身具有重要意义。它的成功需要美国在一定程度上改变与中国打交道的方式，同时会对体系内其他国家的行为方式产生影响，有助于使"不冲突、不对抗、相互尊重、合作共赢"逐渐演化为大国相互交往的规范。

第四，倡导"亚洲安全观"。2014 年 5 月 21 日，习近平主席在亚洲相互协作与信任措施会议第四次峰会上讲话提出："应该积极倡导共同、综合、合作、可持续的亚洲安全观，创新安全理念，搭建地区安全和合作新架构，努力走出一条共建、共享、共赢的亚洲安全之路。"习近平同时指出："亚洲的事情归根结底要靠亚洲人民来办，亚洲的问题归根结底要靠亚洲人民来处理，亚洲的安全归根结底要靠亚洲人民来维护。亚洲人民有能力、有智慧通过加强合作来实现亚洲和平稳定。"[①]

在亚洲安全观中，包含了中国关于国际秩序特别是国际安全秩序观念中的一些重要内容，其出发点是超越传统的同盟政治、划分势力范围、进行集团对立、通过力量平衡实现均势、以牺牲他国的安全利益来获取自身安全的传统思路，反对由少数国家垄断地区安全事务，试图通过平等的、渐进的、非排他性和多渠道的合作，通过对话和磋商而非武力与强制的手段，实现众多国家普遍和更可持续的安全。通

---

① 《积极树立亚洲安全观共创安全合作新局面》，载《习近平谈治国理政》，外文出版社，2014，第 353 ~ 359 页。

过亚洲国家的平等参与，共同应对安全领域的问题和挑战。

从长期来说，亚洲安全观的提出将对亚洲的安全秩序产生影响，这体现为：亚洲安全观将引导亚洲秩序从外生型向内生型转变，① 更好地解决安全问题的内部根源和物质基础，避免本地区的安全问题更多地为外部力量所操控，同时努力减少地区安全问题向其他地区外溢，使亚洲地区成为国际安全中的一个重要的稳定因素。新型亚洲安全局面的出现，也将对中国的和平崛起起到积极推动作用。

不过，到目前为止，亚洲安全观尚未在改善亚洲安全环境方面产生明显效果，其所引发的国际反响不是十分积极。从国际关系的角度看，观念要对国际政治产生重要影响，必须通过国际制度、国家战略、具体的国际合作等方式加以落实。在这个方面，亚洲安全观的实现路径暂时还不十分清晰，需要有一个逐步清晰化和具体化的过程。

从秩序演化的角度看，亚洲安全观更集中于观念、认识的层面，其试图通过对观念、认识的调整，推动国家在安全领域的博弈过程中发生变化，实现对各国来说更为合意的博弈均衡。不过，在亚洲安全问题上，存在不同安全思维的竞争。如果安全思维不发生重要变化，在地区安全领域将不过是随着力量对比的变化，反复上演具有高重复性的历史故事。新的安全思维要战胜传统的安全思维，远不是提出一种新的安全思维这么简单。新的理念除了需要具有更大的内在合理性之外，还需要许多重要条件的支持，包括倡导这一理念的国家在国际安全领域发挥作用的能力、重要性、话语权和国际权威的提升，通过它自身及其他支持这一理念国家的行为所产生的引导效果和示范效应，以及国际社会对那些赞成这一理念的国家的支持作用，对那些试图违反这一理念的国家行为的约束作用等。这些因素的作用总体上既

---

① 姜志达：《亚洲新安全观及其秩序意涵：规范的视角》，《和平与发展》2014 年第 5 期，第 1~11 页。

十分微妙，又颇为缓慢。亚洲安全观是否能对地区安全秩序产生真正重要的影响，还有很大的不确定性。

除此以外，中国外交还有一些比较重要的提法和举措，包括倡导"命运共同体"、建设"全球伙伴关系网络"、强化"南南合作"、实现具有"中国特色的大国外交"等。其中，建设全面、有效的"命运共同体"无疑还十分遥远，而建设作为其基础的"利益共同体"（这里的利益至少包括经济利益和安全利益两个不可或缺的方面）也需要很长的时间来打牢基础。从长期看，命运共同体将在约束他国的同时，也对中国产生缓慢增强的约束力。建设全球伙伴关系网络，某种程度上是中国试图在坚持不结盟政策的前提下，深化与国际体系内其他国家关系的一种努力，它在不恶化国际体系中的安全对立方面，可能客观上会产生好于同盟政治的效果，但伙伴关系也存在约束力不强、行动力不足的问题。2015 年 9 月，习近平主席在出席联合国发展峰会期间，通过一系列举措，把中国与发展中国家之间的"南南合作"推到了新的高度。加强"南南合作"对于推动国际社会的共同发展和减轻国际社会在发展方面的显著不均衡状态将具有积极作用，但它发挥作用的过程将较为缓慢。

2014 年 11 月，中央外事工作会议确立了中国特色大国外交理念的指导地位，[①] 总体来说，中国特色大国外交的内容，并没有超出中国政府过去几年中已经在做的方面多少，它更多反映的是中国外交自信心的增强和国际影响力的上升。可能意味着，同样的政策主张，在中国政府的有意推动下，能够在国际社会产生更大的影响。从过去多年的经验看，"中国特色"的提法，确实建立在中国所具有的某些独特性质的现实基础之上，同时，它也是对中国走自身道路，避免其他

---

① 参见《习近平出席中央外事工作会议并发表重要讲话》，http：//news. xinhuanet. com/politics/2014 - 11/29/c_ 1113457723. htm；王毅《探索中国特色大国外交之路》，《国际问题研究》2013 年第 4 期，第 1 ~ 8 页。

道路、模式的干扰与诱惑的一种保护性机制，并影响到国际社会对各国不同做法的评价标准：由于我们的一些做法是建立在中国特色的基础之上，因此，在对其进行评价时，就不宜简单地，有时是不合理和不必要地套用国际上的某些标准，这有助于提升中国外交政策的自主性，为中国的外交实践进一步开辟空间。不过，总体上中国特色大国外交对国际秩序本身产生的影响将较为有限，它在很大程度上是对中国外交既有行为方式和政策内容的归纳。

中国推动国际秩序变化的政策及其秩序含义如表 7 - 1 所示。

表 7 - 1　中国推动国际秩序变化的政策实践

	政策表现	秩序含义
应对现实安全压力的政策实践	(1)对日本采取强硬态度，维护中国在钓鱼岛的权益，反对日本否定历史和改变地区秩序的行为 (2)划设东海防空识别区，增强中国的防卫能力 (3)在黄岩岛问题上展现坚定立场 (4)在国际压力下坚持进行南海岛礁建设 (5)大力加强军事现代化建设等	(1)中国在维护主权和安全方面，更多地采用了国际通行的传统做法 (2)说明在这一领域中国与立场较为对立的国家在很大程度上并未改变常见的国际关系互动模式，新的理念和行为思路还很难超越安全现实 (3)在国际秩序方面的含义较为有限
推进国际合作方面	推进"一带一路"建设	(1)在力量结构方面，意味着发展中国家和新兴经济体的重要性上升 (2)在国际制度方面，提供了多元化的合作平台 (3)在国家互动过程中，大国与中小国家的互动方式变得更为平等；国家之间的相互依存进一步深化 (4)有助于改变安全问题与发展问题在国际社会的相对重要性
	倡议建立亚洲基础设施投资银行	(1)推进国际金融制度与安排的多元化 (2)有助于实现国际金融与全球经济治理领域的权力的和平调整 (3)不同的国际金融机构和多边开发银行将通过一个博弈过程形成新的均衡状态，这一均衡状态提升了发展中国家和新兴经济体的话语权和影响力 (4)在观念层面，打破了重要国际金融机构和地区多边开发银行必须由主导大国建立，或必须在主导大国的支持下建立的预期

续表

	政策表现	秩序含义
推进国际合作方面	推动中美"新型大国关系"建设	(1)对中美力量结构影响很小 (2)以对大国双边关系进行管理为重点,对国际制度的影响比较间接 (3)在观念层面,影响的不是国际社会的价值观,而是大国互动模式 (4)若成功,有成为新的国际规范的可能
	提出"亚洲安全观"	(1)对实力对比影响小,但可能会影响国家之间的关系结构 (2)它并不直接对应于国际安全制度,但随着其影响力增大,会影响国际安全制度背后的设计原则和工作方式 (3)在观念层面,是与当前国际社会中实际通行的观念不同的新观念,但其作为观念本身的生命力和能实际发挥的影响力,有较大的不确定性
	建设"命运共同体"	(1)对实力对比影响有限,但会弱化实力对比在国际关系中的作用 (2)它需要有创新的制度形式来实现,这方面可以采取多种形式,总体上会提升国际制度对国家行为的约束力 (3)在观念层面,它具有新意,但也有一定的理想主义色彩,不易在很高的水平上实现,需要克服很多物质和观念层面的障碍,这将是一个十分漫长和曲折的历史过程

三　结语

国际秩序是作为行为体之间的博弈均衡而出现的国家间关系状态,它是不同力量、不同安排、不同理念相互作用和重复博弈的结果。秩序的稳定性依赖于这个均衡本身的性质。稳定的秩序具有在动态过程中进行自我调节的能力。国际秩序是历经时间演化、国家之间博弈而产生的结果和保存。由于与其他国家相比,大国具有更强大的影响博弈均衡的能力,因此,对于任何一种国际秩序的维持和演化,大国包括大国之间相互处理关系的方式,具有根本的重要性。

由于美国是国际体系中的既有大国,人们在理解当前国际秩序时，往往把其作为一个常量或背景性因素来看待。相比之下，中国成为国际秩序演变过程中最大的变数，被给予了特别的关注。但这并不意味着中国崛起一定会对国际秩序的性质产生十分重要的影响。特别需要区分的是，中国崛起带来的是国际体系中领导权的变化，还是国际秩序基本性质的变化。因为领导权的变化不一定意味着秩序的性质发生了重要变化。从领导权变化的角度来说，中国崛起如果获得较大成功，将对美国形成最大的冲击，也会对日本形成较大冲击，但对俄罗斯、印度、欧洲带来的冲击总体上不会很大。2015 年 3 月，英国率先宣布加入亚洲基础设施投资银行的做法，在一定程度上说明了这一点，即英国对于中国在国际经济和国际金融领域的地位和重要性的提升，并不持较强烈的排斥态度，反而可能对此予以支持。

同样值得关注的另一个问题是，在崛起的过程中，中国更关心的是在现有秩序内提升自身地位，还是要建立或提供一种新的国际秩序。在这个问题上，外部世界对于中国提供新国际秩序的可能性进行了更大胆的想象，而中国政府则明确表示了总体维护现有国际秩序的基本态度。2015 年 9 月习近平主席访美期间，对此进行了全面的阐述，他指出："中国是现行国际体系的参与者、建设者、贡献者。我们坚决维护以联合国宪章宗旨和原则为核心的国际秩序和国际体系。世界上很多国家特别是广大发展中国家都希望国际体系朝着更加公正合理的方向发展，但这并不是推倒重来，也不是另起炉灶，而是与时俱进，改革完善。"[①] 这既是对中国政府基本立场的权威阐述，也是中国政府向国际社会做出的一个重要承诺。

当前，中国崛起还处于早期阶段，我们还难以准确地预测中国崛起对国际秩序带来的影响到底有多大，以及主要会在哪些方面产生影

---

① 习近平：《在华盛顿州当地政府和美国友好团体联合欢迎宴会上的演讲》，http：//news.xinhuanet.com/politics/2015 - 09/23/c_ 1116656143. htm。

响。从中国政府过去几年已经采取的一些政策措施看，在领土、主权、国家统一等国家安全的核心领域，中国在维护自身权益方面采取的许多举措仍然是国际政治中的传统做法，但在推进地区安全合作和国际社会的共同发展方面，中国提出了许多积极的理念。特别是在推进共同发展方面，中国做出了大国中最积极的努力。我们有理由期待，中国在崛起的过程中会在发展领域对国际社会做出比他国更突出的贡献。在观念与国际规范层面，中国对国际社会能够产生的影响还有相当的不确定性，中国提出的某些理念，如"命运共同体"，"共同、综合、合作、可持续的安全观"，"亲、诚、惠、容"的周边外交理念，"新型大国关系"建设，等等，如果能够实现，将给国际秩序带来较深层次的积极变化。但同时，这些理念也包含一些具有一定理想主义色彩的内容，在未来二三十年甚至更长的时期内还难以真正实现。综合来看，我们有较大的理由相信，中国崛起为国际秩序的演变带来的更主要是积极的因素。中国政府也有意识地试图在实现自身和平崛起的同时推动国际社会的积极变化。

中国周边外交的政策调整与新理念

陈　琪　管传靖

随着近年来综合国力的快速增长，中国与周边国家的力量结构及周边安全环境也逐渐变化。2010 年以来，美国推行"亚太再平衡"战略，加大了对亚太地区的战略重心转移力度，助长了日本和菲律宾等国在领海和岛屿主权问题上改变现状的气焰。亚太国际环境的急剧变化，凸显了中国周边外交政策调整和改革的外部压力。2013 年中央周边外交工作座谈会召开，系统阐明了中国周边外交的目标、方针和布局，标志着中国周边外交政策的"升级"。

一　问题的提出与相关争论

周边国家与中国地理上相近，互动频繁，在新中国外交战略中始终居于非常重要的地位。20 世纪 90 年代，中国与周边国家之间的关系基本实现了正常化，1992 年中共十四大报告指出："我们同周边国家的睦邻友好关系处于新中国成立以来的最好时期。"[①] 此后，中国积极与

---

① 江泽民：《加快改革开放和现代化建设步伐，夺取有中国特色社会主义事业的更大胜利》，1992年 10 月 12 日，http：//cpc. people. com. cn/GB/64162/64168/64567/65446/4526313. html。

周边国家建立战略伙伴关系，并在经济合作领域取得了重要进展。冷战结束初期，中国与俄罗斯及中亚邻国达成边界划定协议，并先后于1996年、1997年签订了边境地区军事互信和裁军协定，在此基础上建立了上海合作组织。1997年爆发的亚洲金融危机促使中国与东南亚国家之间的关系进一步密切，以此为契机，中国开始积极参与和推动东亚"10+3"合作，并于2010年最终建成了中国-东盟自由贸易区。中国与周边国家的经济政治关系呈现良好态势，中国在周边区域的影响力显著增加。①

但是，2010年以来周边环境发生的一系列深刻变化，给中国外交带来了新挑战。中国周边积累的一些矛盾纷纷迸发，从东到西开始显现出原有政策架构内难以化解的困局。特别是随着美国加强在亚太地区的战略投入，在一些争议问题上"拉偏架"，刺激了地区矛盾，这使中国周边外交工作面临的复杂性剧增。归结起来，中国周边外交面临的挑战大致有三类：领土（领海）争端与矛盾集中爆发；主要大国在中国周边区域的战略竞争加剧；东亚区域经济整合遭遇瓶颈。这三者相互交织影响，化解难度很大。

在此背景下，如何评估中国周边外交挑战的严峻性以及是否应该适时调整相关政策，成为国内学界研究和争论的焦点。学者们对中国周边外交总体环境和面临的问题认识差别不大，而且一般都认为中国需根据现实情况的变化调整和丰富周边外交政策，但也存在分歧和争论。这些分歧和争论主要集中在三个方面：中国周边外交是否应该放弃"韬光养晦"和"不结盟"原则；大国外交与周边外交哪个更重要

---

① 冷战结束后因中国崛起和东亚影响力的持续增长，导致了东亚格局发生引人注目的变化，对于其分析，参见周方银《中国崛起、东亚格局变迁与东亚秩序的发展方向》，《当代亚太》2012年第5期，第4~32页。关于1997年亚洲金融危机之后中国参与东亚区域合作政策的具体分析，参见 David Shambaugh, "China Engages Asia: Reshaping the Regional Order," *International Security*, Vol. 29, No. 3, 2004/2005, pp. 64 – 99; Sun Xuefeng, "The Efficiency of China's Multilateral Policies in East Asia (1997 – 2007)," *International Relations of the Asia – Pacific*, Vol. 10, No. 3, 2010, pp. 515 – 541。

及如何协调二者之间的关系；中国周边外交的重点方向应该如何确定。

第一，"韬光养晦"和"不结盟"是改革开放以来中国处理与大国和周边国家间关系长期坚持的主要原则。在中国相对实力提升和崛起压力增大的情况下，是否应该继续坚持"韬光养晦"和"不结盟"原则？如果改变这一原则是否有助于周边问题的解决？

有观点认为，中国周边安全局势最好的地区之所以是西部和西北部，是因为有半军事同盟性质的上海合作组织的存在，中国需要给周边国家提供安全保障以使它们安心并愿意成为中国的朋友。[①] 而且由于中俄都面临美国加强在欧洲和东亚主导地位的战略压力，两国有通过结盟应对美国新战略的需求。[②] 为此，中国应该放弃"韬光养晦"和"不结盟"政策，与俄罗斯结盟并为周边国家提供安全保障。这种观点主要基于中国的实力地位和外部压力等因素发生了重大变化的判断。

与此不同，反对改变"韬光养晦"的观点则认为，国家在崛起中遇到各种挑战是正常现象，但从当前中国周边的形势来看，尚不存在爆发战争的可能；尽管中国经济发展成绩巨大，但综合实力仍存在短板。在这些学者看来，三十多年的外交实践证明"韬光养晦"行之有效，因而中国面临的最大挑战是，在实力提升时头脑发昏从而误判形势，如果改变"韬光养晦"原则将给中国的崛起带来更大困难。[③]

还有一种折中的观点认为"韬晦"和"有为"并不矛盾，不应放弃"韬晦"，而应与时俱进地做出调整，实现"韬晦"与"有为"的平衡。[④] 即便中国应更加重视周边外交，也不应改变"韬光养晦"，

---

① 阎学通：《从南海问题说到中国外交调整》，《世界知识》2012 年第 1 期，第 32～33 页；阎学通：《中国外交全面改革的开始》，《世界知识》2013 年第 24 期，第 15～16 页。

② 阎学通：《俄罗斯可靠吗？》，《国际经济评论》2012 年第 3 期，第 21～25 页。

③ 吴建民：《中国外交需要大战略》，《国际关系研究》2013 年第 1 期，第 8～12 页；吴建民：《已经天下第二，还要韬吗？》，《人民日报》（海外版）2012 年 12 月 11 日，第 1 版。

④ 相关讨论，参见王辑思《中国的国际定位问题与"韬光养晦、有所作为"的战略思想》，《国际问题研究》2011 年第 2 期，第 4～9 页；徐进《在韬晦和有为之间：中国在保障国际安全中的作用》，《国际安全研究》2013 年第 4 期，第 83～102 页。

而是在"韬光养晦"的基础上加强"有所作为"。①

第二，2008 年以来，"大国是关键、周边是首要"成为国内决策界的共识，但在周边外交问题突出的情况下，如何协调大国外交与周边外交的关系，特别是如何处理中美关系与周边外交的关系？

有观点认为，美国在中国周边地区具有巨大的影响力，直接影响着中国周边关系的变局，因而，把握中美关系大局是解决周边问题的核心。② 虽然周边外交重要性提升，但经营周边的前提应是先稳定大国关系，在十年内周边外交还不能超越对美外交。③

与此不同的观点认为，虽然中美关系是影响中国周边形势的重要因素，中国周边战略也需要充分考虑这一因素，即"霸权国家与崛起大国的关系尽管会影响中国周边战略，但不应成为中国周边战略的全部或主导性因素"④。根据这一观点，鉴于中国周边外交及其问题有着多样的形式和丰富的内容，因而需要采取综合战略，而不应以中美关系为轴心转动。与此认识类似的一种观点认为，中国周边存在诸多大国，大国外交和周边外交分不开，因而应从整体上将周边外交与大国外交综合起来思考，而且由于周边问题比较突出，周边外交应成为中国对外战略的重中之重。⑤

第三，中国邻国众多，且各国政治与经济发展水平参差不齐，社会和文化方面存在较大差异，在东亚、南亚和中亚等周边区域，大国力量对比和关系状态也不同，而美国加强在东亚地区的战略运作又直接增加了中国应对相关问题的压力。在此情况下，中国周边外交的重点方向应该如何选择？

对这一问题主要有"西进"、"走向南方"和"大周边"三种观点。"西进"是一种影响力比较大的观点，认为中国应积极发展与西部国家的

---

① 《推进周边外交：不改韬光养晦，加强有所作为》，《南方日报》2014 年 1 月 8 日，第 A4 版。
② 张蕴岭：《把握周边环境新变化的大局》，《国际经济评论》2012 年第 1 期，第 12 页；张蕴岭：《如何认识周边关系与变局》，《东方早报》2012 年 9 月 18 日，第 4 版。
③ 《推进周边外交：不改韬光养晦加强有所作为》，《南方日报》2014 年 1 月 8 日，第 A4 版。
④ 傅梦孜：《中国周边战略问题思考点滴》，《现代国际关系》2013 年第 10 期，第 20～21 页。
⑤ 袁鹏：《关于新时期中国大周边战略的思考》，《现代国际关系》2013 年第 10 期，第 30～32 页。

关系，在能源和商品通道建设、经贸合作、打击"三股势力"和社会人文等领域加强合作。其主要战略依据是，中美在东亚地区的竞争已日益具有"零和"的特点，如果中国积极"西进"，中美可在投资、能源、反恐、防扩散和维护地区稳定等诸多领域有较大的合作潜力，而且几乎不存在与美国发生军事对抗的风险。①

"走向南方"的观点认为，由于中亚是俄罗斯的势力范围，中国"西进"会引起俄罗斯的警惕；中国还缺乏足够实力与美国对抗，所以也不能向东。因而，比较可取的选择是走向东南亚、其他的新兴市场国家和发展中国家。②

与这两类观点不同的是一种综合性的"大周边"理念，认为中国"大周边"的地理范畴应包括东北亚、东南亚、南亚、中亚、西亚和南太平洋地区，中国周边外交须统筹"六大板块"，并整合"海上突破"与"积极西进"两种思路。③

以上关于中国周边外交政策选择的激烈争论，充分反映了中国周边外交形势和问题的复杂性。2013 年以来，中国周边外交非常活跃，国家领导人在出访周边国家时均对中国的政策与立场有了新的提法，并通过召开周边外交工作座谈会系统阐释了周边外交的战略新构想。中国周边外交政策的调整及其新理念主要体现在哪些方面？这些变化有什么意义？本文将在总结周边外交政策变化的基础上，结合现实对其体现的新理念进行解读和思考，并回应上述关于周边外交政策选择的争论。

二 中国周边外交政策及理念变化的主要方面

中共十八大以来，新一届中央领导集体对中国周边外交给予了异

---

① 王缉思：《"西进"，中国地缘战略的再平衡》，《环球时报》2012 年 10 月 17 日，第 14 版。
② 赵可金：《走向南方可能是中国今后十年的战略重心》，《世界知识》2013 年第 24 期，第 22～24 页。
③ 祁怀高、石源华：《中国的周边安全挑战与大周边外交战略》，《世界经济与政治》2013 年第 6 期，第 25～46 页。

乎寻常的高度重视。2013 年是中国周边外交极其活跃的一年，中国国家主席和总理先后出访了中亚与东南亚国家，提出了进一步发展与这些国家之间关系的新政策。[①] 2013 年 9 月 7 日，习近平主席在哈萨克斯坦提出了与中亚打造"利益共同体"和全面提升关系的政策主张。10 月 3 日，在印度尼西亚提出与东南亚建设"命运共同体"的新政策。随后，在 10 月 24 日，中央周边外交工作座谈会召开，这是专门就周边外交工作召开的一次重要会议。国务委员杨洁篪在会上表示："中央就周边外交工作专门召开座谈会，充分体现了中央对周边外交工作的高度重视。"[②] 这既说明了周边外交在中国外交全局中具有重要的地位，也表明中央决心根据形势的变化调整周边外交政策，积极应对近些年周边外交工作中涌现的难题。此次会议确定了"今后 5 年至 10 年周边外交工作的战略目标、基本方针、总体布局，明确解决周边外交面临的重大问题的工作思路和实施方案。"[③] 5～10 年的规划周期，表明此次会议要确定的是一个中长期的周边外交战略。

（一）政策的延续与调整

20 世纪 90 年代以来，中国周边外交政策呈现明显的延续性。1997 年，中共十五大在"争取一个良好的国际和平环境和周边环境是可以实现的"这一判断的基础上，提出了"睦邻友好"和对一时解决不了的争议问题"暂时搁置、求同存异"的周边外交基本原则。2002 年，中共十六大在中国与周边国家关系普遍向好并且积极参与区域合作的背景下，将"与邻为善、以邻为伴，加强区域合作"加

---

① 《中国周边外交步入新一轮活跃期》，《人民日报》2013 年 11 月 13 日，第 3 版。
② 《为我国发展争取良好周边环境，推动我国发展更多惠及周边国家》，《人民日报》2013 年 10 月 26 日，第 1 版。
③ 《为我国发展争取良好周边环境，推动我国发展更多惠及周边国家》，《人民日报》2013 年 10 月 26 日，第 1 版。

入周边外交政策。2007 年，中共十七大提出"加强同周边国家的睦邻友好和务实合作"。2012 年，中共十八大进一步提出"努力使自身发展更好惠及周边国家"。① 可见，在"睦邻友好"的基本原则确立之后，周边外交政策随着现实的变化不断发展，内涵日益丰富。

需要特别指出的是，2001 年 8 月中央也召开过周边安全问题座谈会。将两次座谈会进行比较，可清晰地看出中国周边外交政策的调整与理念变化。

首先，两次会议召开的背景存在很大差别。从经济上看，2001 年周边安全问题座谈会召开时，中国国内生产总值（GDP）从 1999 年到 2001 年一直保持着 7% 以上的增长率，是区域经济发展势头最好的国家。② 而东亚区域经济合作面临内外双重挑战：内部源自亚洲金融危机的压力，外部来自北美和西欧等地区的经济一体化的浪潮。③ 此外，2001 年中国将正式加入世界贸易组织（WTO），一些东南亚国家因担心与中国存在出口方面的竞争而心存疑虑。④

从国际战略环境看，1996 年，中俄建立了战略协作伙伴关系，

① 参见历次党代会报告，http://cpc.people.com.cn/GB/64162/64168/351850/index.html。
② 根据世界银行的报告，1999 年、2000 年和 2001 年东亚国家平均 GDP 增长率分别为 2.8%、3.6% 和 0.7%，中国分别为 7.1%、7.9% 和 7.1%。参见 The World Bank，"East Asia Update"，October 2001，http://siteresources.worldbank.org/INTEAPHALFYEARLYUPDATE/Resources/550192 - 1101735173665/Overview.pdf。
③ 1999 年 11 月，朱镕基总理在东亚国家领导人会晤时提出，东亚面临着进一步克服金融危机影响和应对经济全球化新挑战的双重压力。他指出，亚洲金融危机的深刻启示是，东亚经济要转危为安，恢复发展势头，不仅需要各国坚持推进改革和经济结构调整，而且需要东亚进一步加强协调与合作，在合作中求发展。参见《朱镕基总理在东亚国家领导人第三次非正式会晤上的讲话》，1999 年 11 月 28 日，外交部网站，http://www.fmprc.gov.cn/mfa_chn/wjb_602314/zzjg_602420/yzs_602430/dqzz_602434/dmyzrh_602464/zyjhy_602474/t25702.shtml。
④ 2000 年 11 月 24 日，朱镕基总理出席在新加坡举行的东盟—中日韩领导人会晤时，对东南亚国家进行了释疑。他指出有的东盟国家对中国入世后双方在对发达国家的出口、引资等方面可能产生竞争有疑虑。由于中国与东南亚国家的经济结构和出口商品结构不尽相同。中国在美国等发达国家出口市场的竞争对手并不是东南亚国家。而且，中国利用外资的多半也来自中国香港、中国台湾等地而非发达国家。中国人世对东盟国家意味着市场的扩大和商机的增加。参见《朱镕基出席东盟—中日韩领导人会晤》，《新华每日电讯》2000 年 11 月 25 日，第 1 版。

1997 年，江泽民主席与东盟领导人进行了首次会晤并建立了中国与东盟建立面向 21 世纪的睦邻互信伙伴关系。2001 年 6 月，上海合作组织成立，2001 年 7 月，中俄签署《中俄睦邻友好合作条约》。总的来说，2001 年前后中国与周边国家的政治关系在稳定发展。① 但中美关系在此期间经历了戏剧性变化。2001 年初，小布什就任美国总统，将中国界定为战略竞争者，同年 4 月发生中美南海 "撞机事件"。但是，"9·11" 事件后美国的战略重心转向反恐，中美关系得以缓和，为中国与东亚国家的经济合作提供了相对有利的机遇期。

2013 年中国周边外交工作座谈会所面临的国际形势，相较于 2001 年出现了巨大变化。此时，中国经济超越日本成为区域第一大经济体，并成为区域内许多国家最重要的贸易伙伴，一些国家开始担心经济上过于依赖中国。中俄及中国与上海合作组织成员国家之间的关系更加紧密，但同时，中国与日本和部分东南亚国家之间的历史和岛屿主权争端集中爆发，中国积极推进东亚区域合作面临的阻力越来越大；美国加大对东亚地区的战略投入，成为影响亚太地区区域合作和安全的关键因素。

其次，两次会议所强调的周边政策重点有所不同。2001 年的会议重申坚持睦邻友好、和平共处五项原则及和平解决争端的主张。其中，尤其强调政经结合，即 "通过支持周边国家的经济发展，进一步巩固我国与这些国家的政治关系" 的 "以经促政" 思路，并明确指出美国是影响中国周边安全环境的关键因素。②

2013 年习近平主席在周边外交工作座谈会上的讲话，强调外交工作应坚持正确的义利观，有原则、讲情谊、讲道义，多向发展中国家提供力所能及的帮助，在处理周边外交问题上，应做到 "亲、诚、

---

① 参见《面向新世纪、开创新局面：唐家璇外长谈中国外交》，《人民日报》2000 年 12 月 14 日，第 6 版。
② 江泽民：《同周边国家发展睦邻友好关系》，载《江泽民文选（第三卷）》，人民出版社 2006，第 313～318 页。

惠、容"。具体而言，经济上应"使我国发展更多惠及周边国家，实现共同发展"，安全上"推进区域安全合作"和"增进战略互信"，人文方面实现"命运共同体意识在周边国家落地生根"。① 关于这一战略布局的目标、方针、布局和工作思路，后文将进一步讨论。

（二）周边外交政策调整的特点

综合2013年以来的周边外交活动，可以发现中国周边外交政策有三个比较突出的变化，即周边外交的战略地位得到提升、处理与周边国家经济关系的理念进行了更新以及周边外交的目标得以升级。

1. 周边外交的战略地位提升——周边外交在外交工作全局中的重要性明显加强

中国大周边范围内集中了美、俄、日、印度等当今世界主要大国，处理周边问题，无论是领土（领海）争端还是区域经济合作，都必须与这些大国打交道。中国和主要大国及周边中小国家之间相互影响，可以说周边外交很大程度上就是大国外交。随着中国的崛起速度加快，面临的国际压力显著增强，而主要大国给中国施加压力的基本媒介之一就是中国的周边，大国压力和周边压力交织在一起，对中国的周边外交提出了更高的要求。为此，习近平主席在2013年中国周边外交座谈会讲话中明确指出，党的十八大以来，中央"积极运筹外交全局，突出周边在我国发展大局和外交全局中的重要作用，开展了一系列重大外交活动"。②

在中国的外交全局中，大国外交特别是对美外交与周边外交密不可分。两者之间的关系如何协调？如上文所述，既有争论主要有三个观点：周边外交重于对美外交，中美关系是周边外交的核心，大国外

---

① 《为我国发展争取良好周边环境，推动我国发展更多惠及周边国家》，《人民日报》2013年10月26日，第1版。

② 《为我国发展争取良好周边环境，推动我国发展更多惠及周边国家》，《人民日报》2013年10月26日，第1版。

交、对美外交与周边外交综合思考。实际上，作为唯一超级大国的美国长期存在于中国周边是一个基本事实，中国周边外交特别是在东亚地区的外交绕不开美国，两者经常缠绕交织在一起。但是，在美国战略重心转向东亚的基本格局下，稳定对美关系与稳定周边关系，何者居于更为优先的位置或需要投入更多的外交资源，成为观察中国外交政策变革的一个重要视角。中国新一届政府执政以来，强调构建中美新型大国关系的关键在于"打破历史上大国对抗冲突的传统逻辑"，① 实现"不冲突、不对抗、相互尊重、合作共赢"。② 其主要目的是维持中美关系的稳定，即"维稳"，这是一种崛起国与现状大国之间进行危机管理的战略。而周边外交则不同，需要解决的具体问题很多，包括缓解领土（领海）争端，打破区域合作的瓶颈以推动区域整合，推进与周边国家的安全互信与合作等，可以说周边外交重在"经营"。对于中国来说，对大国的"维稳"和对周边的"经营"都不可缺少，但"经营"需要投入更多的战略和外交资源，需要突出其在外交全局中的优先地位。

2. 处理周边经济关系的理念更新——从 "互惠互利" 到更强调 "惠及"

历史上，中国具有秉持"厚往薄来"的原则处理与周边政权关系的传统。改革开放后，中国积极与周边国家开展经济合作，坚持优势互补、互利互惠的原则，积极吸引投资和扩大贸易。中共十八大报告则提出"努力使自身发展更好惠及周边国家"。③ 2013 年周边外交工作座谈会进一步明确，在坚持"互惠互利"的同时"把双方利益融合提升到更高水平，让周边国家得益于我国发展"。与"惠及"理

---

① 胡锦涛：《推进互利共赢合作、发展新型大国关系：在第四轮中美战略与经济对话开幕式上的致辞》，《人民日报》2012 年 5 月 4 日，第 2 版。
② 王毅：《继往开来，努力构建中美新型大国关系：纪念中美建交三十五周年》，《人民日报》2014 年 1 月 1 日，第 4 版。
③ 胡锦涛：《坚定不移沿着中国特色社会主义道路前进，为全面建成小康社会而奋斗》，《人民日报》2013 年 10 月 26 日，第 1 版。

念相对应，明确提出在外交工作中"坚持正确的义利观"，强调在处理与周边国家关系时，不能仅从经济利益出发，还要"有原则、讲情谊、讲道义"。① "惠及"具有单向度，主要是指中国的发展给周边国家带来好处，但其前提是中国必须比周边国家发展得更好，而且必须具有经济实力优势，否则就不可能"惠及"。"惠及"理念的提出，表明中国已具有承认自身是地区经济发展相对较好的强国这一基本现实的自信。"义利观"则表明，中国将改变以往周边外交主要基于经济合作和经济利益的政策，发展与周边国家的经济关系将从全局着眼，在注重经济效益的同时，强调提高与周边国家关系的质量。

3. 周边外交工作的目标升级——从周边稳定与区域合作到"命运共同体"

在中国经济实力相对较弱的时候，突出强调以经济建设为中心，外交工作必须服务于经济建设，为经济发展争取有利的外部环境，因而往往奉行"经济实用主义"，其基本逻辑是"以妥协求和平，以和平保经济建设，以经济建设缓解社会矛盾"。② 这种逻辑运用到周边外交上，至少有三层含义：首先是尽量搁置与周边国家的争议，为国内经济建设创造稳定的周边坏境，专心于国内经济建设；其次是在与周边国家维持和平关系的同时，积极与其进行经济合作，利用它们的资源和市场；最后是以经济上让利的方式密切与周边国家关系，以经济利益带动政治问题的解决，同时通过让利扩大与周边国家的合作，密切经济联系，将经济相互依存（特别是对中国的不对称依赖）作为保持关系稳定的"压舱石"。

这种"经济导向"的周边外交政策，是"以经济建设为中心"在外交政策方面的体现和延伸，也是在中国经济处于急剧发展时期比

---

① 《为我国发展争取良好周边环境，推动我国发展更多惠及周边国家》，《人民日报》2013 年 10 月 26 日，第 1 版。

② 阎学通：《历史的惯性》，中信出版社，2013，第 181 页。

较合理的选择。它为中国改革开放和国内经济的高速发展提供了比较稳定的周边安全环境，在三十多年的时间里，中国实现了从沿海、沿边开放到向周边国家大规模投资的转变。在这一转变过程中，中国与周边国家的经济联系日益密切。但是，经济发展并不能自发解决所有的安全和政治问题，经济合作也无法破解安全难题。随着中国与周边国家经济和总体实力对比的变化以及周边安全与战略环境的复杂化，中国周边外交出现了经济投入成本和政治收益高度不对称的状况，中国在周边"以经促政"的战略效果开始下降。例如，东盟国家对在经济和贸易领域过分依赖中国日益表现出担心，中国与东盟经济合作的边际效益正在逐步递减。① 在这种情况之下，中国需要转变"经济导向"思维，平衡好周边国家对中国的经济和政治安全诉求，确立更高的、全方位的目标，"命运共同体"理念正适应了这一现实要求。

"命运共同体"不仅要求密切经济联系，还要求安全上互信，文化交流上亲近，是一种共同发展、安危与共、休戚相关的更高关系。2013 年 10 月，习近平主席在印度尼西亚国会演讲时，正式提出"建设中国 - 东盟命运共同体"。② 同月，李克强总理在中国 - 东盟（"10 + 1"）领导人会议上提出了全方位的"2 + 7"合作框架，并表示这是中国新一届政府对未来中国 - 东盟关系发展的政策宣示。③ "命运共同体"与"亲、诚、惠、容"是一个统一的整体，体现了周边外交工作的目标升级，即从以维持周边稳定与经贸合作为主到从经济、政治与安全等领域全面经营周边。

---

① 高程：《周边环境变动对中国崛起的挑战》，《国际问题研究》2013 年第 5 期，第 39～40 页；李晨阳：《对冷战后中国与东盟关系的反思》，《外交评论》2012 年第 4 期，第 14～15 页

② 习近平：《携手建设中国 - 东盟命运共同体：在印度尼西亚国会的演讲》，《人民日报》2013 年 10 月 4 日，第 2 版。

③ 李克强：《在第十六次中国 - 东盟（"10 + 1"）领导人会议上的讲话》，《人民日报》2013 年 10 月 10 日，第 2 版。

三　周边外交新理念的政策思考

突出地位、更新理念和升级目标，是今后中国周边外交的基调。这些战略和理念的调整与落实，还需要结合现实问题进行研究和思考，制定行之有效的策略。在"亲、诚、惠、容"的理念中，"亲"是目的，"诚"和"容"是主要手段，"惠"是基础。"惠"主要指经济方面，而"诚"和"容"主要指安全和政治方面。"亲、诚、惠、容"内涵丰富，是"睦邻、安邻、富邻"的进一步提升，这必然要求中国加大对周边的战略投入，要求更加奋发有为地全面推进周边外交工作。

奋发有为与战略审慎并不矛盾。中国快速崛起是一个不争的事实，在这种情况下中国与周边国家关系一个重要的特点是，"周边关系向强势中国下的结构转变，以中国为主线的矛盾凸显，很多问题和中国联系起来了"[①]。当然，从积极辩证的视角来看，实力既是解决问题的基本手段，也是引发问题的重要根源，[②] 关键是在互动中如何运用优势实力。正如英国著名国际关系学者巴里·布赞（Barry Buzan）所说，虽然中国反复宣称"永不称霸、永不扩张"，但面对中国的快速发展和实力的相对上升，周边中小国家难免不时产生畏惧或猜疑声音。[③] 再加上美国的因素，不难理解为何中国 GDP 跃居世界第二位之后，积累多年的周边问题冲突竞相迸发。在这种情况下，需

---

① 张蕴岭：《如何认识周边关系与变局》，《东方早报》2012 年 9 月 18 日。

② 在理论研究中，有观点认为，实力与安全的曲线关系表明，在实力达到相对安全点之后和超过绝对安全点之前，实力增加会导致安全递减，在此阶段崛起压力比较大。相关分析参见 Davide Fiammenghi, "The Security Curve and the Structure of International Politics Davide Fiammenghi: A Neorealist Synthesis," *International Security*, Vol. 35, No. 4, 2011, pp. 126 – 154。

③ 巴里·布赞认为，对中国崛起心存顾虑的国家，会认为"和平崛起"是中国的战略欺骗之辞，并不能确保中国实现崛起之后会延续"和平崛起"时期的政策，因而中国的实力增长必然会引发猜疑。参见 Barry Buzan and Michael Cox, "China and the US: Comparable Cases of 'Peaceful Rise'?," *Chinese Journal of International Politics*, Vol. 6, No. 2, 2013, pp. 109 – 132。

要清醒地认识到中国还没有"羽翼丰满",而在"羽翼未丰"的快速成长时期尤其需要战略审慎,需要认识到虽然经济手段很重要,但"经济思维"不可能化解日益尖锐的安全问题等多样的挑战。现实情况需要中国在完善经济惠及的基础上,积极参与和推动区域安全合作,不回避对区域安全的责任和代价,力所能及地参与周边区域公益建设,发挥与实力相匹配的负责任地区大国的作用,避免战略上的推诿或冒进。

(一)完善经济上带动周边国家的方式,使中国与周边国家共同发展

对中国这个区域经济增长的"发动机"而言,经济上的惠及是发展周边关系发展的重要基础之一。例如,在中国与东盟建立自由贸易区的过程中,东盟对中国充满疑虑,中国通过"早期收获"计划单方面减税,缓解了东盟国家对中国经济威胁的担心。这充分说明,与东盟国家关系能否顺利推进的关键,在于中国能够在多大程度上使它们相对获益。① 但是,从来没有单纯的经济问题,没有经济利益的内在驱动不可行,但利益惠及本身也会带来一些值得思考的问题。

第一,让利具有"边际效应",随着让利的持续,获益方会对让利的感知越来越不明显。如关税取消后,再实施其他贸易便利和优惠措施,很难产生先前关税大幅度降低所带来的影响。在此情况下,只能进一步开辟新的合作领域,而这只有在中国经济持续快速发展的前提之下才能实现。

第二,带动周边国家共同发展的一个重要手段是直接投资,包括矿产资源的开发等。但是,当他国在经济上过度依赖中国,或者说中国对一个国家的投资越来越多的时候,经济民族主义不可避免地会在这个国家兴起,因为不对称依赖意味着脆弱性的增加和自主性的降

---

① 陈琪、周舟、唐棠:《东盟对中国 - 东盟自贸区的顾虑》,《国际政治科学》2010 年第 4 期,第 51 ~ 81 页。

低，再加上一些中国企业只顾逐利而忽略社会责任等行为，更会加剧部分国家国内民众对与中国进行经济合作的批评。

第三，中国经济发展惠及周边国家，不仅要惠及周边国家的政治企业精英，更要惠及周边国家的普通民众，否则一旦该国发生政治变动就会直接影响中国与该国的关系。"交朋友先交心"，与一个国家交往除了要结交精英的心，更要交民众的心。为此，习近平主席 2013 年在周边外交工作座谈会讲话中明确指出，"关系亲不亲，关键在民心"。

综上，要使中国发展更好地惠及周边国家，需要加强统筹研究。具体包含以下方面。

其一，要丰富内容，既要密切经贸往来，推动新的区域自由贸易区建设，升级既有自由贸易区，也要加强经济风险防范和货币金融领域的合作，还要共同推进周边次区域合作，推动落后地区共同开发，不断培育新的合作点，形成经济上的联动互惠网络。

其二，要规范方式，在追求经济效益的同时，扩大合作的社会效益。特别是对周边国家的矿产开发等直接投资，除了追求企业利益之外，也要照顾到当地的基础设施建设和就业的可持续性等问题，更要遵循严格的环境和质量标准，以免引发误读和冲突。[①] 随着中国支持周边国家基础设施建设的力度加大，中国的资金和企业将大规模进入周边国家的重大项目建设，这迫切需要完善相关法律和制度。

其三，应兼顾不同的主体，既要考虑所在国的精英，也要照顾到其普通民众。毫不夸张地说，从长远看，发展与周边国家民众的利益联系和发展与周边国家政府、精英群体的利益联系同样重要。中国对周边国家在经济上的惠及，不应仅限于贸易、投资和援助，注重大型的开发项目或基础设施建设，还应更加重视通过小型项目来解决周边国家一些地

---

① 参见王碧珺《被误读的官方数据：揭示真实的中国对外直接投资模式》，《国际经济评论》2013 年第 1 期，第 61～74 页。

区民众亟须解决的发展难题。因为大项目虽然很重要，但其感知度有一定的周期，经过一定时间就会被淡化，而且还会出现个别国家政府刻意不宣传的情况。而深入周边国家民众之中的开发项目，虽然投入金额少，但可以解决这些民众眼前的难题，利于当地的发展，造福于一方百姓，也把友好的种子播散在当地。重要的是，这种情谊不会被轻易淡化，如果多播散这样的种子，积少成多，积点成片，其效果将不可估量。

其四，须积极参与区域公益建设，为周边国家的全面发展贡献力量。为区域公益做贡献的方式很多，包括救灾、经济风险防控和促进冲突的和平解决等。目前，中国关注比较多的是与周边国家的互联互通建设。由于周边很多国家基础设施不完善，中国利用自身优势在其中发挥作用的空间很广阔。例如，中国积极倡议成立"亚洲基础设施投资银行"，推动建立上海合作组织开发银行，为该组织基础设施建设和经贸合作项目提供融资保障和结算平台；[1] 推动新亚欧大陆桥和渝新欧国际铁路联运通道建设，在技术、装备以及融资等方面给予支持。[2] 这些关系经济发展和民生的项目，在密切中国与周边国家联系的同时，也有助于在周边地区生成中国负责任的大国形象。

总之，促进周边国家共同发展体现了中国的大国担当，但为了避免出现"一厢情愿"和"出力不讨好"的情况，在具体措施和幅度等方面还需总结经验，提出切实可行的策略。

（二）以诚相待，采取实际行动做区域安全的贡献者和维护者

在国家安全自助和意图不确定的国际关系中，很少有学者或政治家重视"诚"的理念，因为没有一个国家会把自身安全寄托于其他国家的"诚意"之上。但是，这并不意味着"诚"不重要，特别是

---

① 习近平：《弘扬"上海精神"，促进共同发展》，《人民日报》2013 年 9 月 14 日，第 2 版。
② 李克强：《在上海合作组织成员国总理第十二次会议上的讲话》，《人民日报》2013 年 11 月 30 日，第 2 版。

对于大国而言，"诚"是塑造国际声誉的基本要求之一。"诚"的内涵丰富，具体到周边外交，至少应该包括以诚相待和信守承诺两个方面。以诚相待是指不回避现实存在的分歧和冲突，明确划定自己的底线，同时尊重周边国家的顾虑和感受，信守承诺则是指要严格履行自己的政策主张和达成的协议。以诚相待有助于消解猜疑，从而保障和提升自身的战略信誉。

作为大国，中国可在东亚实现安全上的自助。但是，周边国家的安全能力存在比较明显的差异，一些国家接受美国的安全保护，还有一些国家实力较弱且主要依靠自身力量维护安全。① 如果中国只追求自己的单方面安全，只注重自身安全问题而忽视周边众多中小国家的感受，只会使中国自身的安全形势更加复杂。因此，习近平主席强调："一个国家要谋求自身发展，必须也让别人发展；要谋求自身安全，必须也让别人安全；要谋求自身过得好，必须也让别人过得好。"② 作为地区中具有巨大体量的国家，中国需要以诚相待，甚至以大事小，从多方面推进与周边国家安全上的相互信赖。③

其一，需要展现诚意、释放善意，以消解疑虑，这是中国处理与周边国家关系时一直秉持的原则。例如，新中国成立以来，中国在解决陆地边界争端中坚持以"强硬对扩张，宽和对现状"，通过互谅互

---

① 孙学峰：《东亚准无政府体系与中国的东亚安全政策》，《外交评论》2011 年第 6 期，第 31 ~ 48 页。

② 习近平：《携手合作共同维护世界和平与安全：在"世界和平论坛"开幕式上的致辞》，《人民日报》2012 年 7 月 8 日，第 2 版。

③ 在理论研究中，对于国际关系中互信与合作的关系存在分歧，有观点认为，合作主要由利益驱动，信任因素影响较弱，信任源于重复合作中对彼此的行为与偏好稳定的预期，在某种程度上信任是合作的结果；也有观点认为，虽然利益驱动合作，但合作离不开信任，否则即便存在共同利益，由于意图的不确定性等因素，可能会导致次优结果。对信任与合作关系的讨论参见 Andrew Kydd, "Trust, Reassurance, and Cooperation", *International Organization*, Vol. 54, No. 2, 2000, pp 325 – 357; Brian C. Rathbun, "Before Hegemony: Generalized Trust and the Creation and Design of International Security Organizations", *International Organization*, Vol. 65, No. 2, 2011, pp. 243 – 273。

让，协商谈判解决争端。① 有学者通过系统研究新中国成立后中国在领土争端中的行为发现，中国处理与周边国家领土争端时不恃强凌弱，更不欺负较弱的邻国。② 中国主动提出与东盟签订睦邻友好合作条约，正是展现中国愿与东盟和平共处的诚意。

其二，需要加强沟通，通过不同层次的对话增进了解，更要确保承诺的可靠性，这可以从中国与俄罗斯及中亚邻国边境地区裁军协定的成功范例中得到证明。该协定详细规定了边境地区军备的类型和数量、武器的销毁标准，并从细节上规定了如何进行定期相互视察和监督。③ 信任源于细节，非常详细的协定条款是保证协定可信的关键，这也是中国与这些国家边境地区相对平稳的重要保障。

其三，应积极发起、参与或推动周边区域及次区域安全合作，做多边安全的倡导者和互利安全的推动者。在传统安全问题上不回避责任，坚决打击试图破坏地区秩序和地区稳定的行为，在非传统安全问题上为周边国家提供支持，做地区应对非传统安全挑战的贡献者和领导者。

（三）对周边区域整合和周边国家与美国的关系持包容态度

中共十八大之后，中国领导人一再展现包容的思想，"强调亚太之大容得下大家共同发展，以更加开放的胸襟和更加积极的态度促进地区合作"④。就包容而言，尊重文化多样性、尊重各个国家按照本国意愿选择适合自己的发展道路，是中国处理对外关系时长期坚持的基本原则。从周边特别是东亚地区的现实来看，强

---

① 聂宏毅、李彬：《中国在领土争端中的政策选择》，《国际政治科学》2008 年第 4 期，第 33 页。

② M. Taylor Fravel, "Regime Insecurity and International Cooperation Explaining China's Compromises in Territorial Disputes", *International Security*, Vol. 30, No. 2, 2005, pp. 46 – 47.

③ 具体参见《中华人民共和国和哈萨克斯坦共和国、吉尔吉斯共和国、俄罗斯联邦、塔吉克斯坦共和国关于在边境地区相互裁减军事力量的协定》，《中华人民共和国全国人民代表大会常务委员会公报》1997 年第 5 期，第 617 ~ 653 页。

④ 《为我国发展争取良好周边环境，推动我国发展更多惠及周边国家》，《人民日报》2013 年 10 月 26 日，第 1 版。

调包容应该主要关注两个方面，一是如何看待美国推动的以自己为核心的亚太区域合作，二是如何看待一些周边国家与美国的关系。

中国对外贸易依存度比较高，而且美欧是中国关键的经济贸易伙伴，所以，美欧主导的跨太平洋伙伴关系协议（TPP）和跨大西洋贸易与投资伙伴协议（TTIP）等贸易谈判及其带来的新一轮国际经济贸易规则调整必然直接影响到中国。一般分析认为，一旦美国主导的两大超区域贸易谈判达成，新的高标准规则将会增加中国企业进入美欧市场的难度。在东亚地区，作为中国－东盟自由贸易区成员的新加坡、文莱、马来西亚和越南已加入 TPP 谈判，这使东亚区域经济合作机制安排更加复杂化。关于美国推动的以自己为核心的亚太区域合作对中国的影响大致有两种不同的认识，一种观点认为美国对华政策开始更注重利用对自身更为有利的、非中性的国际规则，[1] 推动 TPP 主要目的之一在于在遏制中国的同时维护美国对国际规则主导权。[2] 与之对立的观点则认为，TPP 是区域经济一体化的重要推动力量，有助于整合原有的 FTA 从而降低"意大利面条碗"效应，对中国而言是一个机会。[3] 无论美国的意图是什么，面对新一轮国际经济贸易规则的调整和区域经济整合，中国必须秉持包容的态度，构建和完善开放型经济新体制，并积极参与激烈的竞争。对此，中央决定确立"以周边为基础加快实施自由贸易区战略"的方针，[4] 并与东盟国家推动"区域全面经济伙伴关系"

---

[1] 张宇燕：《再全球化浪潮正在涌来》，《世界经济与政治》2012 年第 1 期，第 1 页；高程：《从规则视角看美国重构国际秩序的战略调整》，《世界经济与政治》2013 年第 12 期，第 81~97 页。

[2] 李向阳：《跨太平洋伙伴关系协定：中国崛起过程中的重大挑战》，《国际经济评论》2012 年第 2 期，第 17~27 页。

[3] 魏磊、张汉林：《美国主导跨太平洋伙伴关系协议谈判的意图及中国对策》，《国际贸易》2010 年第 9 期，第 54~58 页。

[4] 《中共中央关于全面深化改革若干重大问题的决定》，《人民日报》2013 年 11 月 16 日，第 1 版。

（RCEP）建设，提出 RCEP 与 TPP 可以交流互动、相互促进，① 主张"区域经济一体化应坚持开放、包容、透明的原则"。②

来自区域经济合作方面的压力相对容易缓解，关键是如何正确认识和处理周边一些国家与美国的关系。随着美国高调推进"亚太再平衡"战略，积极在中国周边开展外交活动，一些周边国家与美国的关系得到缓和或加强，国内一些媒体和学者认为，美国的这些举动具有"围堵"或"遏制"中国的意图。中国最近的系列对外宣示，表明了对周边国家发展与美国的关系的"脱敏"。

首先，"亚太地区是中美两国利益交汇最集中的地区。中美两国在亚太地区实现合作共处，对地区形势和中美关系发展都至关重要。"③ 从历史和现实需求看，中国与周边一些国家发展关系绕不开美国，中国周边也是中美密集互动的场所，中美关系的状态对中国与部分邻国关系和东亚区域合作的影响是客观的和难以回避的，④ 中国应具有正视这一事实的开放心胸。

然后，中美关系是全球最重要的双边关系，具有全球影响性，双方着眼点都不应仅仅局限于中国周边。只要中美关系整体上稳定，在周边地区即便存在摩擦也会保持在一定的限度之内。尽管在一些周边敏感问题上不能排除冲突扩大的风险，但正如王缉思所指出的，"在摩擦和竞争中维护住大局稳定"仍是比较可能的预期。⑤

最后，周边国家有根据自身利益考虑自主选择外交倾向的需求，即便有些倒向美国，地缘上的邻近性和中国经济的强大辐射力也会使

---

① 李克强：《变化世界中的中国：在 21 世纪理事会北京会议开幕式上的演讲》，《人民日报》2013 年 11 月 3 日，第 3 版。

② 李克强：《在第八届东亚峰会上的讲话》，《人民日报》2013 年 10 月 11 日，第 3 版。

③ 胡锦涛：《建设相互尊重、互利共赢的中美合作伙伴关系》，《人民日报》2011 年 1 月 21 日，第 2 版。

④ 相关分析参见张蕴岭《中国与邻国的新关系》，《当代亚太》2007 年第 2 期，第 3 页；G. John Ikenberry, "American hHgemony and East Asian Order," *Australian Journal of International Affairs*, Vol. 58, No. 3, 2004, pp. 353 – 367。

⑤ 王缉思：《全球发展趋势与中国的国际环境》，《当代世界》2013 年第 1 期，第 6 页。

它们在借助美国的同时而不过分刺激中国。实际上，东盟国家比较有利的选择是在中美之间"左右逢源"，最不利的情况则是中美之间对抗或冲突加剧而东盟国家不得不选边站。①

因此，中国应以成熟自信的心态面对一些周边国家与美国的特殊关系或与美国改善关系，无须因一些传统友好国家与美国接近而紧张，更没有必要因一些国家主动亲近美国而疏远它们，也不要因一些国家拉拢和借助美国而心存顾忌。

（四）处理好与周边国家的战略亲疏关系

与友好相比，"亲"是一个水平更高的关系，并且带有感情因素。亲疏不是敌友，国家之间有亲必有疏，中国在战略上应重视亲疏关系，主动利用亲疏关系化解一些因自身崛起而带来的战略压力。

首先，在战略上保持与传统友好国家的关系，扩大友好国家数量。亲疏是相对而言的，战略上亲近的国家是化解被孤立压力的重要战略资源。在理念上可将"亲"分为两类，即战略上支持或是在重大问题上不反对、不干扰。就现实而言，周边国家中在战略问题上明确支持中国的国家较少，但大部分国家并不愿与中国为敌。因而，中国在稳固传统友好国家的同时，应积极增加对中国战略上不反对、不干扰国家的数量，防止在一些敏感问题上被孤立。

---

① 关于东南亚国家应对中国崛起及在中美之间的战略选择，是一个争论比较多的话题，相关研究和争论，参见 David C. Kang, "Hierarchy, Balancing, and Empirical Puzzles in Asian International Relations," *International Security*, Vol. 28, No. 3, 2003/2004, pp. 165 – 180; Robert S. Ross, "Balance of Power Politics and the Rise of China: Accommodation and Balancing in East Asia," *Security Studies*, Vol. 15, No. 3, 2006, pp. 355 – 395; Evelyn Goh, "Great Powers and Hierarchical Order in Southeast Asia: Analyzing Regional Security Strategies," *International Security*, Vol. 32, No. 3, 2007/2008, pp. 113 – 157; Steve Chan, "An Odd Thing Happened on the Way to Balancing: East Asian States' Reactions to China's Rise," *International Studies Review*, Vol. 12, No. 3, 2010, pp. 387 – 412; Ian Tsung – Yen Chen and Alan Hao Yang, "A Harmonized Southeast Asia? Explanatory Typologies of ASEAN Countries' Strategies to the Rise of China," *The Pacific Review*, Vol. 26, No. 3, 2013, pp. 265 – 288。

然后，战略上巧妙利用"亲疏"关系。日本屡屡拉拢与中国有领土（领海）争端的周边国家，试图一致对付中国，提出"自由与繁荣之弧"和"民主安全菱形"等遏制中国的设想，但效果并不明显。① 在这个问题上，中国充分发挥了传统友好国家的作用，并在战略上对日本和东盟国家区别对待。例如，对日本在钓鱼岛问题上的蓄意挑衅，中国进行了积极反制，逐步掌握主动权。在中日关系高度紧张时，中国对越南采取"促和促谈"的政策，两国于2011年10月确立解决海上问题基本原则后推进海上低敏感领域合作，② 比较有效地避免了争端复杂化和扩大化，并启动了政府间边界谈判。③

最后，要清醒认识亲疏关系的实质与限度。与"睦"相比，"亲"更近一步，而且富有感情色彩，但要真正实现"亲"并不容易。国家间关系不同于人与人之间的关系，小国对主权和安全的敏感度高，生存是其首要目标。中国周边中小国居多，对小国而言谋求安全主要有"抱团取暖"和"借助大国"等方式。中国的规模和实力对周边中小国家而言都太大了，这种差距使它们难以规避中国的影响力，而且冷战时期中国与周边国家发生的几次战争，还留在一代人的记忆之中。不难理解一些国家存在寻求外部力量以平衡中国的内在动力。这可以解释，为什么一些周边国家特别是东盟国家，一方面搭乘中国经济的顺风车，从中国经济发展中获得好处，另一方面寻求靠近美国以增强安全感。④ 这也是美

---

① 刘江永：《中国的周边安全挑战与大周边外交战略》，《世界经济与政治》2013年第6期，第20～22页。

② 《中越签署关于指导解决中华人民共和国和越南社会主义共和国海上问题基本原则协议》，《人民日报》2011年10月12日，第3版；《中越启动海上低敏感领域合作专家工作组磋商》，《人民日报》2012年5月31日，第21版。

③ 《中越举行政府边界谈判代表团全体会议》，2013年12月6日，http：//news. xinhuanet. com/world/2013－12/06/c_ 118457930. htm。

④ 相关分析参见〔美〕约翰·伊肯伯里《地区秩序变革的四大核心议题》，《国际政治研究》2011年第1期，第8页；周方银《周边环境走向与中国的周边战略选择》，《外交评论》2014年第1期，第31～34页。

国宣布重返亚太就能"呼朋唤友",而中国的善意行动却难以消解一些国家的"中国威胁论"的原因。

要实现中国与东盟周边国家真正的"亲",其前提是中国的实力足够强大,即便这些国家引入美国的力量也无法平衡中国的影响力,追求平衡中国反而会损害自身从中国获取的利益,只有这时它们才会与中国真正"亲"起来。换言之,亲不亲关键取决于力量对比是否发生根本性变化。从整体上看,中国周边大国与小国交错存在,周边国家有的借助外部力量平衡中国,也有周边国家借助中国平衡其他大国。比如,中亚一些国家靠近中国有平衡俄罗斯的影响的考虑,由于俄罗斯在中亚具有绝对的优势,中亚国家与中国的"亲"必然是有限度的,即不能越过俄罗斯能够容忍的底线。亲疏关系受历史因素影响,但亲疏的选择主要基于现实利益考虑。

四　周边外交工作的重点选择:
争端解决与区域合作

周边是中国崛起的战略依托地带,虽然从经贸关系上看,东南亚国家与中国的联系更为密切、合作程度更高,但周边各个区域对中国都非常重要,任何一个方向出现动乱都将直接影响中国的安全。因而,周边外交工作重点的选择以紧迫性议题为导向更为合适,而不是提前设定重点区域方向,因为一个突出的问题可能在不同周边区域出现,对不同的周边区域都需要兼顾。在目前和今后比较长的时期,积极谈判解决与周边国家的领土(领海)争端和推进周边地区的区域合作,将会是周边外交中不可避免的议题,而且前者的解决直接影响着后者的开展。

中国与一些周边国家存在领土(领海)争端的原因比较复杂,"搁置争议"对维护中国周边环境稳定和争取良好的发展环境发挥了巨大的历史作用。[①] 从长远看，问题永远搁置也不现实，中国北部边界问题正是因为及时解决而维护了稳定，对于未解决的争端，有些情况下即便中国想搁置，也无法避免一些国家别有用心地挑起事端。因此，在维护周边环境总体稳定的前提之下，应区分不同情况，推动与周边国家领土（领海）争端的解决。对短期内难以解决，并且能有效管控的争端，可继续搁置以等待合适的条件与时机，如与印度的争议。对于一些越拖越难以解决的争端，要尽快创造条件，争取主动权，如钓鱼岛问题。特别是一些为国内政治目的故意挑起争端并试图破坏地区秩序的国家，可予以重点反制。

区域化是中国周边地区的一种基本趋势。在中亚地区，俄罗斯具有传统影响力，无论经济、安全还是能源开发与运输，中亚国家都在一定程度上需要俄罗斯。[②] 冷战后，恢复在包括中亚在内的独联体国家的影响力是俄罗斯外交的重要目标，为此，俄罗斯积极推进与中亚一些国家的经济一体化。同时，中国在中亚的经贸影响持续增加。必须承认，这可能会带来中俄在中亚区域合作上的潜在主导权矛盾。对此，中国应采取务实的态度，通过上海合作组织的多边层面、与中亚邻国的次区域层面以及与中亚国家的双边层面，积极发展与中亚国家的政治和经济关系，同时充分尊重俄罗斯的历史影响力。2013 年 9 月，习近平主席出访中亚时，提出与中亚国家建立"利益共同体"，同时也提出决不干涉中亚国家内政，不谋求地区事务主导权，不经营势力范围的原则，强调"愿同俄罗斯和中亚各国加强沟通和协调，共同为建设和谐地区做出不懈努力"。[③]

上海合作组织经过十多年的发展，面临着成员国扩大和增加合作

---

① 参见张清敏《中国解决陆地边界经验对解决海洋边界的启示》，《外交评论》2013 年第 4 期，第 3 页。

② Julie Wilhelmsen and Geir Flikke, "Chinese-Russian Convergence and Central Asia," *Geopolitics*, Vol. 16, Issue 4, 2011, pp. 874 – 876.

③ 习近平：《弘扬人民友谊，共创美好未来：在纳扎尔巴耶夫大学的演讲》，《人民日报》2013 年 9 月 8 日，第 3 版。

内容的要求与压力。① 政策界比较谨慎的看法是，应尽量保持上海合作组织的政治和安全功能，发挥其对区域合作的政治引领作用。就上合成立以来的运行来看，其在中国保持与中亚国家和俄罗斯政治关系稳定、维护中国西北边境稳定、打击三股势力方面发挥着重要作用。如果将经济议题引入上合框架，将使其无法专注于安全问题。国外学者也担心，如果上海合作组织快速扩员、不断增加议题，该合作机制必将受到削弱。② 在笔者看来，如果扩员和增加合作内容不可避免，可考虑通过建立"丝绸之路经济带合作组织"等专门的经济合作机制，发展与中亚等国家的经济合作，也可通过此机制吸纳南亚等地区的国家。

东亚地区大国的竞争关系比较复杂，既有区域内的中日竞争，也有区域外美国的介入。在区域合作机制建设方面，主要大国之间的竞争表现在对区域合作事务领导权的竞争上。③ 在大国竞争难以调和时，由东盟在东亚区域合作机制建设中发挥领导作用是比较现实的选择。长期以来，中国支持东盟在区域合作中发挥领导作用是东亚经济合作的基础之一，有分析认为，"东盟的领导作用体现在对其他合作伙伴具有黏合力。如果没有东盟作为领导，就很难想象把所有各方都带入一个合作框架之内"。④ 但必须承认，东盟得以发挥领导作用的一

---

① 赵华胜：《上海合作组织：过去和未来的 5 年》，《国际观察》2006 年第 2 期，第 35 ~ 36 页；《上合组织遭遇扩员争论》，新华网，2011 年 11 月 8 日，http://news. xinhuanet. com/world/2011 - 11/08/c_ 122251166. html。

② 有吉尔吉斯斯坦学者提出："上合组织不应当膨胀到无限大，或者扩张到难以控制的规模，不要发展成庞大复杂无法达成共识和做出决策的组织。"参见奥斯莫纳昆·易卜拉伊莫夫《上海合作组织：希望与期待：吉尔吉斯斯坦视角》，《国际观察》2009 年第 6 期，第 66 页。关于成员数量和议题范围等因素对合作机制影响的理论分析，参见 Barbara Koremenos, Charles Lipson and Duncan Snidal, "The Rational Design of International Institutions," *International Organization*, Vol. 55, No. 4, 2001, pp. 761 - 799。

③ 具体分析参见李巍《东亚经济地区主义的终结？制度过剩与经济整合的困境》，《当代亚太》2011 年第 4 期，第 18 ~ 26 页。

④ 张蕴岭：《可贵的"东盟方式"》，《人民日报》2007 年 8 月 8 日，第 3 版；Min - hyung Kim, "Why Does A Small Power Lead? ASEAN Leadership in Asia-Pacific Regionalism," *Pacific Focus*, Vol. 27, No. 1, 2012, pp. 111 - 134。

个重要条件是区域大国相对克制的竞争。[①] 从"10 + 3"的发展过程看，东盟的领导能力仍难以应付多重竞争。[②] 在实力不足又力图维持领导地位的情况下，东盟比较有效的策略是利用大国之间的竞争来进行平衡。因此，在区域合作机制建设问题上，东盟存在将区域外部力量引入的冲动。

此外，为了在各种力量之间保持平衡的同时维护自己在区域机制安排中的领导地位，东盟在区域机制建设过程中追求灵活性，从而可在不同的力量间进行协调，以防止大国凭借实力优势主导机制运作。为了增强选择性，东盟分别与各方对话，从而形成了大国围绕东盟的机制体系，导致东盟缺乏将不同的机制整合在一起的内在动力。在设计具体机制时，为了保持灵活性，东盟尽量选择非正式化的合作形式，在议题选择上集中关注自己关心的议题。东亚区域合作的深化受大国竞争和经济发展差异等客观环境因素限制，东盟领导力的缺失更使东亚区域合作制度建设呈现比较严重的分散化、非正式化。[③]

[①] 具体分析参见 Evelyn Goh, "Institutions and the Great Power Bargain in East Asia: ASEAN's Limited 'Brokerage' Role," *International Relations of the Asia - Pacific*, Vol. 11 No. 3, 2011, pp. 386 - 392。

[②] 张蕴岭将东盟领导能力的弱点归为三个方面："一是东盟的集合领导力受到内部分歧的制约；二是东盟保持中心地位的强烈意识使其对扩大保持戒心，担心被大国吃掉；三是东盟共同体建设进展不快，担心大区整合冲垮东盟。因此，东盟无论是在构建东亚政治合作框架，还是在整合自贸区上，都显得举棋不定，左右摇摆。"参见张蕴岭《寻找推进东亚合作的路径》，《外交评论》2011 年第 6 期，第 8 ~ 9 页。也有类似观点认为，"东盟仍然是东亚合作的倡导者和主要推动力量，但其内部缺乏一个有力的领导核心，影响力受到领导权之争等内部分歧的牵制，难以提出长远明确的战略规划"。参见朱光耀《"十一五"期间中国发展的外部经济环境和财经外交重要性的分析》，中国财政部网站，2006 年，http://wjb. mof. gov. cn/pindaoliebiao/zcyj/201101/t20110104_ 401045. html。

[③] 有观点认为，虽然东亚区域合作设计了数量众多的合作机制，但具有明显的"无效的功能合作"特点，难以有效应对危机或解决冲突。具体分析参见 John Ravenhill, "East Asian regionalism: Much Ado about Nothing?" *Review of International Studies*, Vol. 35, S1, 2009, pp. 215 - 235。也有评论认为，多种进程、多种机制并存有其积极的一面，可增加东亚经济合作动力，推动区域整合，也有助于全球经济的可持续发展。但也存在潜在风险，重叠与繁复意味着协调难度的加大、管理成本的提高。该评论认为各种合作机制孰优孰劣，有待时间检验，关键要看能带来多少合作机遇，能收获多少合作成果，能在多大范围内发挥积极作用。至于由谁来主导合作进程并不重要。参见钟声《国际论坛：东亚合作进程中的大国角色》，《人民日报》2011 年 11 月 17 日，第 3 版。

从目前东亚合作的困境来看，东亚区域合作迫切需要有能力、有意愿提供公共产品并能照顾各方利益关切的领导力量来积极引领合作走向。就中美日三方的战略关系而言，东亚区域合作很难实现"双重领导"或"多重领导"，加上东盟实力有限，难以起到实质带动作用，东亚区域合作要想往更高水平推进，中国不仅应提出有利于区域合作进一步深化的倡议，还应在支持"东盟主导"的同时，根据自身实力和实际需要为促进区域合作整合做更多的努力和贡献。

五　结语

中国周边外交政策调整效果的检验尚需时日。这不仅取决于中国的政策，还取决于周边国家的反应，需要落实到具体行动上才能看到影响和变化。越来越清楚的是，周边国家今后与中国打交道会越来越感受到中国解决问题的风格变化。中央周边外交政策的新构想、新思维和新提法，必然会产生中国周边外交具体行动的变化。

对中国而言，全面推进周边外交还需要一段时间适应，包括统一思想认识和加强机构的协调等，在确定总体战略之后，更需深入研究，明确战略所要应对的问题和威胁的次序、可调动的资源、运用资源的方式等，以合适的手段实现战略目标。[1] 中国的崛起需要良好的周边环境，虽然存在诸多难解的问题，但崛起中的中国也在不断塑造着与周边国家的互动关系，周边外交政策的调整无疑是一个很好地理解中国外交转型的风向标。

---

[1]　关于周边战略目标与手段相匹配问题的分析参见刘丰《中国周边战略的目标、手段及其匹配》，《当代亚太》2013 年第 5 期，第 4~21 页。

中国钓鱼岛政策的调整及其战略效果（2012～2014年）

孙学峰

钓鱼岛及其附属岛屿自古以来就是中国的固有领土。第二次世界大战后，附属于台湾岛的钓鱼岛等岛屿一度由美军占领。1971年6月，日美签署《归还冲绳协定》，将钓鱼岛切给了日本的冲绳县，导致钓鱼岛主权争议趋于复杂。① 1972年中日建交及1978年两国签署和平友好条约时，中日双方领导人着眼于大局，主张暂时搁置争议，待条件成熟时谈判解决。② 此后日方在钓鱼岛上修建直升机场和灯塔等设施，不断挑起争端，中方则一直坚持"搁置争议、共同开发"的构想，希望通过谈判解决争议，避免激化矛盾。③

2008年6月，中日双方就东海问题达成原则共识，一致同意在

---

① 刘江永：《中日关系二十讲》，中国人民大学出版社，2012，第122页。

② 《中国外交部就日本宣布"购岛"发表声明》，http://news.xinhuanet.com/world/2012-09/10/c_113026288.htm；William Hollingworth, "Japan, China Had Agreement to Maintain Senkaku Status quo, Suzuki - Thatcher Files Show," *The Japan Times*, http://www.japantimes.co.jp/news/2014/12/31/national/history/japan-china-agreement-maintain-senkaku-status-quo-82-suzuki-thatcher-files/#.VKxRk7CUecQ；《英解密档案显示中日曾就钓岛归属"达成谅解和共识"》，2014年12月31日，http://news.ifeng.com/a/20141231/42837160_0.shtml。

③ 《外交部副部长就中日东海问题有关协议发表谈话》，2008年6月19日，http://www.gov.cn/jrzg/2008-06/19/content_1021773.html。

实现划界前的过渡期间，在不损害双方法律立场的情况下进行合作。①不过，双方的合作意向并未得到有效落实，2010 年 9 月的撞船事件更导致中日钓鱼岛争端进一步激化。② 针对日本的挑衅行动，中国采取了一系列反制措施，促使日方最终释放了遭其非法扣押的中国渔船船长。③ 尽管中方采取了较为强硬的反制措施，但是中国的钓鱼岛政策并未因此发生根本性变化。

2012 年 9 月，日本政府对钓鱼岛实行所谓的"国有化"，中日钓鱼岛争端达到了前所未有的尖锐程度。面对钓鱼岛争端日趋严峻的不利局面，中国的政策思路出现了令人瞩目的调整，开始采取积极姿态应对战略分歧，战略主动性大大增强。④ 本文试图借助典型案例揭示中国钓鱼岛政策的转变过程和核心特征，分析政策调整的动因及其战略效力，并希望借此探寻 2012 年以来中国对外战略的总体转型及其发展趋势。

本文共分为四个部分。第一部分重点关注 2012 年 9 月日本"购岛"后中国利用危机采取进取政策，成功打破日方实际控制钓鱼岛的过程及其原因。第二部分主要分析 2013 年 12 月中国顺势划设东海

---

① 《中日就东海问题达成原则共识》，http：//news. xinhuanet. com/video/2008 – 06/19/content_8398786. html。

② 《日本释放非法抓扣的14名中国船员和渔船》，http：//news. sina. com. cn/o/2010 – 09 – 13/134918105337s. shtml。

③ 《河北省国家安全机关依法审查擅闯我军事管理区 4 名日本人》，2010 年 9 月 24 日，http：//news. hebei. com. cn/sybjzx/syxwpd/xwpdztk/2010hbxwpd/nxshb/201012/t20101219 _ 2650793. shtml。《日本释放中国渔船船长》，2010 年 9 月 25 日，http：//cn. reuters. com/article/CNTopGenNews/idCNCHINA – 3057620100924。2013 年 9 月 23 日，日本前内阁官房长官仙谷由人接受媒体采访时表示，2010 年 9 月撞船事件发生时，正值亚太经合组织（APEC）横滨首脑峰会前夕。时任日本首相菅直人认为，如果不放人放船，中方很可能拒绝出席 APEC 会议，这将有损日本的"颜面"，于是紧急做出指示，要求尽快无条件放人放船。参见《日媒曝钓鱼岛撞船后日释放中国船长系要面子》，http：//mil. youth. cn/mil_ yw/mil_ ywxg/201309/t20130924_ 3929415. html。

④ 相关文献和报道可参见左希迎《中国在钓鱼岛争端中的战略动员》，《外交评论》2014 年第 2 期，第 35 ~ 54 页；吴怀中《日本在钓鱼岛争端中的国际舆论动员》，《外交评论》2014 年第 3 期，第 86、88 页；Jane Perlez, "China and Japan, in Sign of a Thaw, Agree to Disagree on a Disputed Island Group", *The New York Times*, http：//www. nytimes. com/2014/11/08/world/asia/china – japan – reach – accord – on – disputed – islands – senkaku – diaoyu. html。

防空识别区，为妥善处理钓鱼岛争端塑造有利环境的战略实践及其效果。第三部分集中分析钓鱼岛争端由危机转入常态化后中国的战略对冲实践，其核心特征是适度回应日本改善关系的诉求，同时在钓鱼岛争端上采取进取政策，以两手对两手确保战略主动。结论部分则提出中国钓鱼岛政策的变化反映了近些年中国对外战略转型的总体方向，既顺应了中国实力地位的变化趋势，也符合了东亚安全秩序的内在逻辑，因此取得了较为理想的政策效果。

一　利用危机强化控制：日本"购岛"后的战略反制[①]

2012 年 4 月，时任日本东京都知事石原慎太郎公开表示，东京都有意"购买"钓鱼岛，以强化对日本对钓鱼岛的实际管辖权。[②] 时隔三个月，当时的日本首相野田佳彦在参议院接受质询时称，日本政府已着手筹措预算，正式启动钓鱼岛"国有化"程序。[③] 9 月 7 日，日本中央政府与钓鱼岛所谓"岛主"就"购岛"事宜达成协议，日本政府准备出价 20.5 亿日元购买岛屿。[④] 三天之后，日本政府不顾中方一再严正交涉，宣布"购买"钓鱼岛及其附属的南小岛和北小岛，实施所谓"国有化"，并于 9 月 11 日上午正式签订了所谓的"购岛"合同。[⑤]

日本的"购岛"行动导致中日钓鱼岛争端全面激化，对此中方

---

① 本节改写自孙学峰等著《合法化战略与大国崛起》，社会科学文献出版社，2014，第 220～223 页。

② 《日右翼计划"购买"钓鱼岛称要"守卫领土"》，2012 年 4 月 17 日，http：//news. sina. com. cn/o/2012 - 04 - 17/085824284366. shtml。

③ 《日首相：争取明年 4 月"国有化"钓鱼岛》，2012 年 7 月 24 日，http：//news. ifeng. com/ mainland/special/diaoyudaozhengduan/content - 3/detail_ 2012_ 07/24/16264192_ 0. shtml。

④ Takashi Mocheizuki, "Japan Plans to Buy Islands in Dispute," *The Wall Street Journal*, http：// www. wsj. com/articles/SB10000872396390443921504577643261139002438.

⑤ 刘江永：《中日关系二十讲》，中国人民大学出版社，2007，第 130 页。

提出了严正交涉和强烈抗议。9月10日，日本政府宣布"购岛"当天，时任中国外交部长杨洁篪紧急召见日本驻华大使，就日本政府非法"购买"钓鱼岛提出严正交涉和强烈抗议。① 中国外交部则发表了措辞强烈的声明，重申日本政府的所谓"购岛"完全是非法无效的，丝毫改变不了日本侵占中国领土的历史事实，丝毫改变不了中国对钓鱼岛及其附属岛屿的领土主权……中国政府不会坐视领土主权受到侵犯。② 当天时任国务院总理温家宝在外交学院发表讲话，坚定表示钓鱼岛是中国固有领土，在主权和领土问题上，中国政府和人民绝不会退让半步。③ 9月19日，时任中国国家副主席、中央军委副主席习近平在会见美国国防部长时，敦促日本应悬崖勒马，停止一切损害中国主权和领土完整的错误言行。④

为了纠正日本损害中国主权和领土完整的错误言行，中国的战略反制措施随即陆续出台。2012年9月14日，中国政府向联合国交存钓鱼岛及其附属岛屿的领海基点基线坐标表和海图。⑤ 与此同时，中国渔政和海监船只开始在钓鱼岛海域进行常态化执法巡航，行使对钓鱼岛及其附近海域的管辖。⑥ 中国海监船还打破以往巡航的惯例，开始进入钓鱼岛12海里海域。据中方统计，日本宣布"购岛"后的一年内，中国政府公务执法船组织钓鱼岛领海内巡航59次，最近的一

---

① 《外交部长杨洁篪召见日本驻华大使提出强烈抗议》，2012年9月10日，http：//www.gov.cn/gzdt/2012-09/10/content_ 2221150.html。

② 《中国外交部就日本宣布"购岛"发表声明》，2012年9月10日，http：//news.xinhuanet.com/world/2012-09/10/c_ 113026288.html。

③ 《温家宝：钓鱼岛是中国领土中国政府和人民绝不退让》，2012年9月10日，http：//www.gov.cn/ldhd/2012-09/10/content_ 2221219.html。

④ 《习近平副主席会见美国国防部长帕内塔》，2012年9月19日，http：//news.xinhuanet.com/politics/2012-09/19/c_ 113137558.html。

⑤ 《中国向联合国交存钓鱼岛领海基线声明及海图》，http：//www.chinanews.com/gn/2012/09-14/4183189.shtml。

⑥ 《人民日报：中国钓鱼岛岂容他人肆意"买卖"》，2012年9月11日，http：//www.21ccom.net/articles/qqsw/zlwj/article_ 2012091167348.html。

次距钓鱼岛 0.28 海里，成功实现了在钓鱼岛海域的常态巡航。① 2012
年 12 月 13 日，中国国家海洋局还成功组织中国海监船舶、飞机开展
了首次海空联合巡航，这是中国政府公务飞机首次飞抵钓鱼岛上空宣
示主权。②

除了钓鱼岛海域常态巡航之外，中国公务船只还多次成功驱离日
方进入钓鱼岛海域的船只。2012 年 10 月 30 日，中国海监编队在钓
鱼岛领海内对非法活动的日方船只进行监视取证，并对日船首次实施
了"驱离措施"。③ 2013 年 2 月 4 日，中国海监编队在钓鱼岛领海内
发现并成功驱离日方渔船。4 月 23 日，中国海监组织 10 船编队成功
驱离钓鱼岛领海内进行非法活动的 10 艘日方渔船。④ 此外，中国军方
也在钓鱼岛问题上展现出强硬姿态。2012 年 9 月 19 日，日本海上保安
厅巡逻船确认，中国海军两艘军舰进入钓鱼岛西北偏北 80 海里处海域
进行巡航，这是日方首次确认中国海军军舰在钓鱼岛附近海域巡航。
2013 年 7 月 24 日，日本防卫相小野寺五典向记者表示，中国军方的一
架预警机当天首次飞经冲绳主岛和宫古岛之间的公海上空。⑤

不难发现，中方的一系列强制措施表明日本"购岛"之前的钓
鱼岛现状已彻底打破。正如中国官方评论所言，日方的非法"购岛"
行径已彻底葬送了双方达成的共识，改变了钓鱼岛问题的现状，钓鱼

① 《我公务船一年来巡航钓鱼岛领海 59 次多次遇日方挑衅》，2013 年 9 月 10 日，http：//
news. xinhuanet. com/world/2013－09/10/c_ 117308199. htm；根据日方统计，2008 年至 2012 年 8
月，中国船只 9 次进入钓鱼岛领海，而 2012 年 9 月至 2013 年 9 月则共计 226 次。参见日本外务
省 2014 年 11 月统计数据 http：//www. mofa. go. jp/region/page23e_ 000021. html。
② 《我公务船一年来巡航钓鱼岛领海 59 次多次遇日方挑衅》，http：//news. xinhuanet. com/
world/2013－09/10/c_ 117308199. html。
③ 《中国"驱离"日船是阶段性胜利》，2012 年 10 月 31 日，http：//news. sina. com. cn/pl/
2012－10－31/072525477046. shtml。
④ 《我公务船一年来巡航钓鱼岛领海 59 次多次遇日方挑衅》，http：//news. xinhuanet. com/
world/2013－09/10/c_ 117308199. html。
⑤ 《日媒：中国海警船首入钓鱼岛海域巡航》，2013 年 7 月 25 日，http：//
newspaper. jfdaily. com/isdb/html/2013－07/25/content_ 1065338. html。

岛局势已不可能再回到过去。① 与此同时，这些强制措施还有力破除了日本关于钓鱼岛"不存在争议"的论断，在很大程度上动摇了日本对钓鱼岛的实际控制，② 中国对钓鱼岛领土主权地位的合法主张则得以进一步巩固。更为重要的是，中国对钓鱼岛及其周边海域的控制能力也明显强化，为中国进一步改善东亚安全环境创造了更为有利的条件。

在针对日本实施战略强制措施的同时，中国十分注重向美国说明日本的"购岛"行动同时挑战了美国主导的国际规范，尽最大可能弱化美国的安全压力。2013 年 9 月 19 日，习近平在会见美国国防部长帕内塔时强调，日本演出的"购岛"闹剧，公然质疑《开罗宣言》和《波茨坦公告》缺乏国际法效力，激化同邻国的领土争端。国际社会绝不能容许日本企图否定世界反法西斯战争胜利成果，挑战战后国际秩序的行径。因此，美方应从地区和平稳定大局出发，谨言慎行，不介入钓鱼岛主权争议，不做任何可能激化矛盾和令局势更加复杂的事情。③ 美国国防部长则表示，美方对有关领土争端不持立场，呼吁有关方避免采取挑衅行动，通过和平方式解决争端。④

尽管 2013 年 4 月底美国新任国防部长哈格尔表示，承认钓鱼岛处于日本的"管辖"之下，而且适用于《美日安保条约》，但他同时强调，美国对钓鱼岛的主权归属不持立场，希望钓鱼岛争议各方以和平合作的方式处理分歧。⑤ 也就是说，在中国当时采取强制措施的情况

---

① 《钟声：日本必须承担背信弃义的严重后果——五论钓鱼岛问题真相》，2012 年 10 月 22 日，http://www.fmprc.gov.cn/mfa_chn/ziliao_611306/zt_611380/dnzt_611382/diaoyudao_611400/t981176.shtml。

② 《日媒：日本对钓鱼岛的有效控制已动摇》，2013 年 9 月 12 日，http://news.xinhuanet.com/world/2013-09/12/c_125373115.html。

③ 《习近平副主席会见美国国防部长帕内塔》，2012 年 9 月 19 日，http://news.xinhuanet.com/politics/2012-09/19/c_113137558.html。

④ 同上。

⑤ 《崔天凯大使：美国不要搬日本这块石头砸自己的脚》，2013 年 5 月 2 日，http://news.xinhuanet.com/yzyd/local/20130502/c_115610289.htm。

下，美国并不情愿因钓鱼岛卷入与中国的武装冲突，这与美国一贯的立场完全一致。2011 年 11 月 14 日，时任驻日美军司令菲尔德（Burton Field）也曾明确表示，钓鱼岛是《美日安保条约》的适用对象，但是最妥善的方法是和平解决，而且一定能够找到相应的解决途径。①

二　顺势而为寻求主动：划设东海航空识别区

2013 年 11 月 23 日，根据《中华人民共和国国防法》、《中华人民共和国民用航空法》和《中华人民共和国飞行基本规则》，中国政府宣布划设东海防空识别区，其范围涵盖了钓鱼岛并与日本航空识别区范围有所重叠。②

防空识别区是在一国领空外国际空域划设的识别和预警范围。根据国际通行做法，划设国可对飞经其防空识别区的航空器进行识别和查证，以为保障国家空防安全提供足够的预警时间。③ 从这个意义上讲，设立防空识别区有助于使模糊的界限清晰化，因而有利于防止突发意外事件，预防可能爆发的危机。其原因在于危机预防的基本原则之一就是要厘清利益边界，明确告知对方哪些地方可行或不可行，哪些地方经过允许才可行，以便为正当防卫留出预警时间。④

由此可见，中方划设东海航空识别区的重要目标在于主动做好预防

---

① 廉德瑰：《简析美国钓鱼岛政策的模糊性》，《现代国际关系》2012 年第 10 期。
② 东海航空识别区的具体范围为以下六点连线与中国领海线之间空域范围：北纬 33°11′、东经 121°47′，北纬 33°11′、东经 125°00′，北纬 31°00′、东经 128°20′，北纬 25°38′、东经 125°00′，北纬 24°45′、东经 123°00′，北纬 26°44′、东经 120°58′。《中华人民共和国政府关于划设东海防空识别区的声明》，2013 年 11 月 25 日，http：//www. mod. gov. cn/affair/2013 - 11/23/content_ 4476911. html。
③ 《中国军方对东海防空识别区一些细节进行说明》，2013 年 12 月 3 日，http：//mil. news. sina. com. cn/2013 - 12 - 03/1716752667. html。
④ 罗援：《中国设立东海防空识别区关美国何事》，2013 年 11 月 26 日，http：//military. china. com/zh_cn/important/11132797/20131126/18175921. html。

措施，防止日本的挑衅行为引发更为严重的危机。2013 年 12 月 3 日，中国国防部在说明东海防空识别区细节时就特别强调，2012 年 9 月以来，日方在领土争议问题上制造所谓"购岛"闹剧，并频繁出动舰机干扰中方正常的演习训练活动，公然发表击落中方无人机等挑衅言论，严重损害了中方的合法权益和安全利益，不利于东亚地区的和平稳定，为此中方不得不做出必要反应。① 复旦大学沈丁立教授也指出，1969 年日本设立防空识别区时就将中国的钓鱼岛划了进去。过去中国一直不想激化矛盾，但中方无法容忍 2012 年日本对钓鱼岛实施国有化。也就是说，正是由于日本一再采取不当行为，中国才设立了东海防空识别区。②

中国的积极作为与以往多年的政策措施差异较大，结果导致日本政府与企业在应对思路上出现了明显分歧。2013 年 11 月 26 日，日本官房长官菅义伟要求日本航空公司拒绝接受中国划设的东海航空识别区，并表示已通知日本的航空公司，中国划设的东海防空识别区对日本不具有任何效力，要求航空公司按照现有规则处理。③ 但是，日本两大航空公司仍然决定向中国政府递交飞行计划书。日本航空公司的相关人士表示，如果不向中国政府递交飞行计划书，一旦在中国公布的防空识别区内遭到拦截就会有飞行安全问题，因此接受是唯一的选择。④

与此同时，日本政府的政策思路与美国的应对举措也不尽一致。例如，美国官方也建议本国航空公司向中国提交飞行信息以确保安全。2013 年 12 月 4 日，美国白宫发言人在记者会上表示，将要求中方不执行相关规定，但未表示要求撤销识别区，只是强调中国不能再

① 《中国军方对东海防空识别区一些细节进行说明》，http：//mil. news. sina. com. cn/2013 – 12 –03/1716752667. html。

② 《时代周刊：拜登访华意在调解防空识别圈争端》，2013 年 12 月 4 日，http：//mil. news. sina. com. cn/2013 – 12 – 04/0735752757. html。

③ 《日本通知航空企业中国防空识别区不具效力》，2013 年 11 月 26 日，http：//mil. news. sina. com. cn/2013 – 11 – 26/0957751350. html。

④ 同上。

划设新的防空识别区。美国的公开表态与日本政府的立场差别较大，结果导致日本担心中国的防空识别区已经在某种程度上获得了外界的认可。①

日美两国的分歧在美国副总统拜登访日期间进一步显现出来。据日本媒体报道，2013 年 12 月 5 日，拜登在与日本首相安倍会谈的过程中，拒绝了安倍提出的三项关键要求。首先，拒绝发表共同声明。早在拜登抵达日本之前，日本首相官邸就放出风声，表示安倍将会在与拜登的会谈中，重点讨论中国东海防空识别区问题，并将寻求发表一份"联合声明"。但是，拜登最终并未接受日本政府的精心提议。其次，拒绝赞同"中国必须撤回防空识别区"的要求，最后只使用了较为模糊的"不能默认"来表达日美两国的一致立场。最后，拒绝阻止民航公司向中国政府递交飞行计划书。拜登认为，出于民航安全的考虑，美国政府同意航空公司向中国政府递交飞行计划书。②

拜登的政策立场与日本政府的期待落差巨大，结果引发了日本政界的担忧。有日本政府人士表示，美国只想充当中日的调解人，而不愿坚定地与日本共同努力。在与安倍会谈后的记者招待会上，拜登也确实强调，日本与中国有必要建立危机管理机制和相互沟通渠道，并敦促中日两国政府展开对话，建立危机管控机制，避免在东海发生擦枪走火问题。③

日后的实践表明，划设东海防空识别区确实为中方提前预警和管控危机创造了条件。例如，2014 年 5 月 24 日，日本自卫队 OP－3C 和 YS－11EB 飞机各一架闯入中国东海防空识别区，对中俄海上联合演习实施侦察干扰。中国军队两架苏－27 战机紧急升空并采取了必

① 《日媒称美不再要求中国撤识别区要求别再扩大》，2013 年 12 月 4 日，http：//mil. news. sina. com. cn/2013－12－04/1624752893. html。

② 《拜登访日未大谈中国识别区连拒安倍三大要求》，2013 年 12 月 5 日，http：//mil. news. sina. com. cn/2013－12－05/0921753002. html。

③ 《拜登敦促日本尽快与中国建立危机管控机制》，2013 年 12 月 4 日，http：//mil. news. sina. com. cn/2013－12－04/0812752766. html。

要的识别、防范措施,以维护参演舰机安全,确保演习顺利进行。[1] 有分析认为,中国划设的防空识别区为东海方向的预警提供了宝贵时间,有助于中国减轻东海空防的巨大压力。此次中国苏 – 27 近距离伴飞日方侦察机就是划设东海防空识别区积极效果的直接体现。[2]

三 战略对冲:2014年 APEC 会议前后的政策实践

2012 年 9 月以来,日本"购岛"导致中日围绕钓鱼岛的对抗一度较为激烈,甚至走到了武装冲突的边缘。随着对抗的持续,双方都清楚地意识到,钓鱼岛争端并不是两国关系的全部,仅仅由于钓鱼岛争端,两国对抗甚至发生战争只能是两败俱伤。[3] 挑起危机的日本更加意识到缓和钓鱼岛争端对其改善国内和国际环境的重要意义,并开始采取行动寻求与中国展开对话的可能性,中方则谨慎观察,适度回应。2014 年 1 月底,王毅外长在接受采访时表示,当前的中日关系很不好,正处于低谷。但任何事情都物极必反,走到头了,就会回头。[4]

2014 年 4 月 8 日,日本首相安倍晋三在首相官邸会见了已故前中共中央总书记胡耀邦的长子胡德平,双方就如何改善中日关系交换了看法。日本官房长官菅义伟也与胡德平举行了会谈,并表示中日关系是最重要的双边关系,即使存在个别问题,也应该回到战略互惠关

---

① 刘昆:《中日军机对峙阵容曝光解放军疑似"轮战"日本》,2014 年 5 月 27 日,http://mil. sohu. com/20140527/n400082550. shtml。

② 刘昆:《中日军机对峙阵容曝光解放军疑似"轮战"日本》,2014 年 5 月 27 日,http://mil. sohu. com/20140527/n400082550_ 1. shtml。

③ 张沱生:《走出危机、重启对话与合作——中日关系的现状与前景》,2014 年 11 月 3 日,北京大学国际战略研究院,http://www. ciss. pku. edu. cn/ueditor/net/upload/file/20141118/6355189164766995614583579. pdf。

④ 《中国外交部长王毅接受英国〈金融时报〉专访》,2014 年 1 月 27 日,http://www. mfa. gov. cn/mfa_ chn/zyxw_ 602251/t1123518. shtml。

系的原点。胡德平则表示会把日方的想法转达给中国的相关人士。《朝日新闻》当时的分析认为，对于日方寻求对话并借此打破中日关系僵局的举动，中方似乎仍持观望态度。①

一个月之后，自民党副总裁高村正彦率领中日友好议员联盟团访华，并与中国全国人大常委会委员长张德江举行了会谈。张德江表示，在当前中日关系遇到困难的情况下，代表团访问中国表明了推进中日友好关系的决心。高村则就下半年在北京举行亚太经合组织（APEC）会议期间举行中日首脑会谈一事征询了中方意见，并强调他个人认为如果实现会谈，推动两国关系得以改善，安倍将不再会参拜靖国神社。② 张德江同意将意见转告中国国家主席习近平，同时对日本首相安倍2013年12月参拜靖国神社进行了谴责。③

时隔两个多月，日本首相安倍开始公开表示要改善两国关系。7月14日，在日本国会众议院预算委员会回答问题时，安倍表示，邻国必定有些问题，一边控制一边维持向前就是战略性的互惠关系，并提出希望在北京APEC峰会期间与中国国家领导人举行首脑会谈，推动两国关系回到战略互惠关系原点。④ 半个月之后，安倍派遣日本前首相福田康夫作为特使秘密访问北京，为实现两国首脑会谈进行斡旋。习近平主席则与福田康夫举行了会谈。⑤

---

① 《安倍"密会"胡德平或讨论改善中日关系》，2014年4月16日，http：//china. cankaoxiaoxi. com/2014/0416/375867. shtml。

② 《BBC：安倍称希望"回到原点"改善中日关系》，2014年8月1日，http：//china. cankaoxiaoxi. com/2014/0801/445959_ 4. shtml。

③ 《日方关注张德江会见高村正彦》，2014年5月7日，http：//news. sina. com. cn/c/2014-05-07/094930077502. shtml。

④ 《BBC：安倍称希望"回到原点"改善中日关系》，http：//china. cankaoxiaoxi. com/2014/0801/445959_ 4. shtml。

⑤ 《日媒称前首相福田康夫27日秘密访华会见习近平》，2014年8月1日，http：//www. guancha. cn/Neighbors/2014_ 08_ 01_ 252431. shtml；陪同福田康夫来访的是安倍最为信任的安全政策顾问日本国家安全保障局长谷内正太郎，参见《日媒：安倍见中国领导人仍将宣称钓鱼岛是日领土》，http：//military. china. com/news2/569/20141016/18866144. html。

此前，日本外务省亚洲大洋洲局官员也曾秘密访问北京，与中国外交部亚洲司官员进行了磋商，以探索北京 APEC 会议期间实现中日首脑会谈的可能性。会谈期间，中方对安倍是否再次参拜靖国神社表示关切，希望日本能拿出诚意，为促成首脑会谈创造条件。[①] 就钓鱼岛问题，中方展示出了寻找办法以打破僵局的姿态，但同时强调如果安倍不改变现时态度，中国的态度也不会改变。[②] 针对日本官员提出"APEC 领导人非正式会议期间举行中日首脑会晤是很自然的事"，7 月 11 日，中国外交部发言人秦刚做出回应，表示当前中日关系面临严重困难，其症结是清楚的。日方如不端正态度，不采取实际行动，中日关系的改善就无从谈起。[③]

2014 年的日本"战殁者悼念日"之前，安倍表示"战殁者悼念日"（8 月 15 日）不会参拜靖国神社。8 月 15 日当天，安倍并没有前往靖国神社参拜，只是以"自民党总裁"而非"总理大臣"的名义供奉了祭品。日本广播协会的评论认为，安倍此举的目的是希望实现中日首脑会谈，因此不愿刺激中方的判断。中国外交部也做出了较为温和的回应，没有如以往那样召见日本驻华大使提出抗议。[④] 此前大约一周，中国外长王毅和日本外相岸田文雄还进行了"非正式会面"，就中日关系现状及面临的问题交换了意见，会面期间王毅严肃阐明了中方原则立场，要求日方为克服两国关系中存在的政治障碍做出切实努力。[⑤]

---

① 《日媒称前首相福田康夫 27 日秘密访华会见习近平》，http：//www. guancha. cn/Neighbors/ 2014_ 08_ 01_ 252431. shtml。

② 《日本曾派密使访京欲促成中日首脑会谈》，2014 年 7 月 25 日，http：//china. cankaoxiaoxi. com/2014/0725/437137. shtml。

③ 《2014 年 7 月 11 日外交部发言人秦刚主持例行记者会》，2014 年 7 月 11 日，http：//www. fmprc. gov. cn/mfa_ chn/wjdt_ 611265/fyrbt_ 611275/t1173617. shtml。

④ 冯玮：《实现首脑会谈是两国人民的共同期待》，http：//www. jnocnews. jp/news/show. aspx？id = 77169。

⑤ 《王毅与日本外相岸田文雄进行非正式接触》，2014 年 8 月 10 日，http：//www. chinanews. com/gn/2014/08 – 10/6477610. shtml。

2014年9月底，在第187届临时国会众议院全体会议发表施政演讲时，安倍表示中国的和平发展是日本的重大机遇。为了建立稳定友好的关系，希望尽快实现首脑会谈，通过对话进一步发展"战略互惠关系"。这是安倍再次担任日本首相以来，第一次在国会施政演说或对外政策解释中，使用"友好关系"一词表述中日关系。日本媒体认为，安倍如此表态的目的是争取在北京APEC会议期间实现中日首脑会谈。① 此外，为避免在钓鱼岛周边海域爆发军事冲突，中日两国政府还原则同意重启中日防务部门海上联络机制磋商，以避免因误判引发的海空意外事件。与此同时，中国国防部新闻发言人敦促日方正视当前存在的问题，采取切实措施，为双边关系的恢复和发展作出努力。②

在适度回应日本改善关系诉求的同时，中国依然在钓鱼岛争端上保持积极姿态，以两手对两手，战略对冲的特征较为明显。③ 根据《朝日新闻》报道，2014年8月，中方开始派遣军舰在钓鱼岛以北约200公里海域进行常驻巡航。④ 2014年1～9月，中国海警船进入钓鱼岛相关海域的次数为平均每月累计7.1艘。虽不到2013年同期

---

① 《安倍国会演讲首次提"中日友好"》，http://world.people.com.cn/n/2014/0930/c1002－25764896.html。

② 《中日原则同意重启防务部门海上联络机制磋商》，2014年9月25日，http://military.people.com.cn/n/2014/0925/c1011－25736543.html。

③ "对冲战略"是指国家混合使用性质相反的战略手段应对所面临的战略不确定性。对于实力较弱的中小国家，对冲通常表现为同时与处于战略竞争关系的大国开展政治安全合作，而不是完全追随一方对抗另一方。对于实力较强的大国，对冲通常表现为在增强实力谋求战略优势的同时采取合作手段安抚目标国。与制衡战略相比，采取对冲战略的国家会寻求安全合作伙伴但不会组建新的军事同盟，会增强综合实力但不会展开军备竞赛。有关对冲战略定义和类型的讨论，参见 Kuik Chen - Chwee, "Making Sense of Malaysia's China Policy: Asymmetry, Proximity, and Elite's Domestic Authority," *Chinese Journal of International Politics*, Vol. 6, No. 4, 2013, pp. 433－436; Brock F. Tessman, "System Structure and State Strategy: Adding Hedging to the Menu," *Security Studies*, Vol. 21, No. 2, 2012, pp. 192－231; 王栋课题组《中国崛起与亚太国家对冲行为研究》，《战略纵横研究报告汇编2012～2013年》，北京大学国际战略研究中心，第78～79页。

④ 《日称中国军舰常驻钓鱼岛近海中日冲突可能大增》，2014年12月30日，http://military.people.com.cn/n/2014/1230/c1011－26301668.html。

（17.6 艘）的一半，但中国渔船进入钓鱼岛相关海域作业的次数则在悄然增加。2014 年 1～9 月，中国渔船进入钓鱼岛相关海域共计 208 起，几乎是 2013 年的 2.4 倍，是 2011 年的 26 倍。有分析称，中国打算在一定程度上"放任"渔船驶向钓鱼岛相关海域，以此削弱日本的实际控制。① 2014 年北京 APEC 会议之前，中国国家海洋局证实，11 月 3 日中国海警 2401、2305 舰船编队在钓鱼岛领海内巡航。据日本广播公司报道，中国海警船还用汉语和日语警告日方巡逻船，钓鱼岛及其附属岛屿自古以来是中国固有的领土，请日本巡逻船立即离开。②

　　2014 年 11 月 7 日，中国国务委员杨洁篪同日本国家安全保障局局长谷内正太郎举行会谈，双方就处理和改善中日关系达成了四点原则共识。③ 尽管在启程赴北京参加 APEC 会议之前安倍再次强调改善中日关系的意愿，但四点共识中有关钓鱼岛问题的表述过于模糊，留下巨大解读空间，④ 因此，11 月 10 日，在 APEC 峰会正式会议以外，习近平主席与安倍的交谈仅持续了 25 分钟。从肢体语言判断，两人会面时的气氛极为冷淡。⑤ 此外，会谈背景中并没有出现两国国旗，而习近平会见俄罗斯、韩国和越南领导人时则布置了各自国家的国旗。这一细节也反映出中方要降低中日领导人会面的正式和重要程度，以

---

① 《钓鱼岛海域中国渔船数量猛增日媒：削弱日本控制》，2014 年 10 月 19 日，http://world. chinaso. com/detail/20141019/1000200032709021413676800122812634_ 1. html。

② 《中国海警船钓鱼岛巡航用双语向日方宣示主权》，2014 年 11 月 04 日，http://www. cssn. cn/jsx/jsjj_ jsx/201411/t20141104_ 1389584. shtml。

③ 四点共识的内容包括：（一）双方确认将遵守中日四个政治文件的各项原则和精神，继续发展中日战略互惠关系；（二）双方本着"正视历史、面向未来"的精神，就克服影响两国关系政治障碍达成一些共识；（三）双方认识到围绕钓鱼岛等东海海域近年来出现的紧张局势存在不同主张，同意通过对话磋商防止局势恶化，建立危机管控机制，避免发生不测事态；（四）双方同意利用各种多双边渠道逐步重启政治、外交和安全对话，努力构建政治互信。参见《杨洁篪会见日本国家安全保障局长谷内正太郎中日就处理和改善中日关系达成四点原则共识》，2014 年 11 月 7 日，http://www. fmprc. gov. cn/mfa_ chn/wjdt_ 611265/gjldrhd_ 611267/t1208349. shtml。

④ 2014 年 12 月 6 日对清华大学国际关系研究院日本问题专家的访谈。

⑤ 《FT 社评：中日关系的一线曙光》，2014 年 11 月 11 日，http://www. ftchinese. com/story/001059065？ full＝y。

显示对日方态度的不满。

中日领导人会面后，中方政策的对冲色彩更加明显。一方面，两国多个领域的协商对话机制陆续重启。11月15日，时隔两年零七个月中日两国再次举行了财长会谈。① 11月27日，中国国防部新闻发言人表示，中日已就建立两国防务部门海上联络机制达成一致，双方的防务部门正在就推进此事进行协商。② 次日，因钓鱼岛问题恶化已中断两年多的"中日节能环保综合论坛"在北京重启。③ 此后两国在时隔三年后又重新启动了"中日湄公河政策对话"。④

12月3～4日，由两国专家组成的"中日友好21世纪委员会"正式会议时隔三年后再次在北京举行。⑤ 中国总理李克强则会见了委员会双方全体成员，并在会谈中希望日方认真对待和妥善处理影响两国关系健康发展的问题，两国民间可以更多地开展教育、文化、地方、青少年等各领域友好交流，增强两国关系的民意基础，为两国关系的改善不断积累条件。不过，值得注意的是会谈中李克强并未突出提及11月杨洁篪与谷内正太郎达成的四点共识，⑥ 这也反映出中方对日方态度的疑虑与不满。

与此同时，中国海监船在钓鱼岛海域巡航的频率较之两国领导人会谈之前明显提高。11月26日，日本海上保安厅公布消息称，3艘中国海警船当天进入钓鱼岛12海里巡航，这也是日方连续第7天发

---

① 《日媒热议中日互动加强看好中日关系回暖》，2014年12月6日，http：//world. huanqiu. com/exclusive/2014 – 12/5229388. html。

② 《国防部：中日就海上联络机制达成一致》，2014年11月27日，http：//news. sina. com. cn/c/2014 – 11 – 27/170231212873. shtml。

③ 《日报关注中日时隔两年将重启节能环保论坛》，2014年12月5日，http：//news. sina. com. cn/c/2014 – 12 – 05/094731249570. shtml。

④ 《日媒热议中日互动加强看好中日关系回暖》，http：//world. huanqiu. com/exclusive/2014 – 12/5229388. html。

⑤ 《第五届中日友好21世纪委员会全体会议在北京举行》，2014年12月4日，http：//www. fmprc. gov. cn/mfa_ chn/zyxw_ 602251/t1216670. shtml。

⑥ 《李克强会见中日友好21世纪委员会双方全体委员》，2014年12月4日，http：//www. fmprc. gov. cn/mfa_ chn/zyxw_ 602251/t1216768. shtml。

现中国海警船在钓鱼岛周边海域航行。三艘中国海警船还曾于 11 月 25 日驶入钓鱼岛 12 海里巡航，并以中文和日语回应日本海上保安厅的巡逻船，强调钓鱼岛自古以来就是中国的固有领土。① 据中国国家海洋局网站消息，11 月 29 日，中国海警 2337、2151、2102 舰船编队在钓鱼岛领海内巡航。② 此外，据《朝日新闻》报道，2014 年 12 月中旬，两艘中国军舰曾航行至钓鱼岛沿岸 70 公里处海域，距离钓鱼岛毗邻水域以北约 27 公里，这是 2014 年 8 月以来中方军舰距离钓鱼岛最近的一次。③

日本防卫省还发布消息称，中国海军的 2 艘驱逐舰、2 艘护卫舰和 1 艘补给舰驱逐舰等 5 艘舰只于 12 月 4 日凌晨通过大隅海峡前往太平洋进行演习。④ 两天后，日本防卫省网站的报告称，中国军队 5 架飞机（1 架运 -9 电子侦察机、2 架运 -8J 海上警戒机和 2 架轰 -6G 轰炸机）于 12 月 6 日飞越宫古海峡进入西太平洋，以配合北海 115 舰编队赴西太平洋训练。⑤ 此外，根据日本媒体报道，中国人民解放军正着手在钓鱼岛西北约 300 公里的南麂列岛建设军事基地，以加强对东海防空识别区的监视。为此中方已经安装了最先进的雷达设备，正在修建直升机场，并计划建设军用飞机跑道。⑥

---

① 《中国海警船连续 7 天巡航钓鱼岛中日双语回应日警告》，2014 年 11 月 26 日，http：//world. huanqiu. com/exclusive/2014 – 11/5216845. html。

② 《中国海警舰队 29 日再次巡航钓鱼岛附近海域》，2014 年 11 月 30 日，http：//mil. huanqiu. com/china/2014 – 11/5221419. html。

③ 《日称中国军舰常驻钓鱼岛近海中日冲突可能大增》，2014 年 12 月 30 日，http：//military. people. com. cn/n/2014/1230/c1011 – 26301668. html。

④ 《日媒热议中日互动加强看好中日关系回暖》，http：//world. huanqiu. com/exclusive/2014 – 12/5229388. html。

⑤ 《2 架中国轰 6 飞越宫古海峡日本战机出动》，2014 年 12 月 7 日，http：//mil. sohu. com/20141207/n406721112. shtml。

⑥ 《日媒：中国在南麂岛建军事基地距钓鱼岛 300 公里》，2014 年 12 月 22 日，http：//www. chinanews. com/mil/2014/12 – 22/6897474. shtml。对此，中国外交部发言人在 2014 年 12 月 22 日的例行记者招待会上并没有直接否定，只是表示没有这方面的消息可提供，参见《2014 年 12 月 22 日外交部发言人华春莹主持例行记者会》，http：//www. mfa. gov. cn/mfa_ chn/fyrbt_ 602243/jzhsl_ 602247/t1221632. shtml。

四　结论

2012 年 9 月日本"购岛"引发了中日两国的尖锐对立，中国的钓鱼岛政策也随之出现了较为明显的变化。面对日本"购岛"引发的危机，中国改变了以往维持现状寻求稳定的政策思路，转而利用危机实现了对钓鱼岛领海的常态化巡航，成功打破了日方实际控制钓鱼岛的现状，在钓鱼岛主权争端中赢得了战略主动。在此基础上，中国主动进取，顺势划设了东海防空识别区，为日后妥善处理中日钓鱼岛争端塑造了更为有利的整体环境。随着中日钓鱼岛对抗由危机转入常态化，中国的政策力度逐步回调，整体政策呈现较为明显的战略对冲特征，即适度回应日本缓和两国紧张关系诉求，缓和钓鱼岛纷争引发的安全压力，同时积极进取应对日本挑战，继续把握战略主动性。

中国钓鱼岛政策的调整集中反映了近些年中国对外战略的整体转型。2012 年以来，中国对外战略较之以往更加积极进取，奋发有为。[①] 清华大学阎学通教授认为，在奋发有为的战略原则下，中国对外政策出现了三个明显的转变，即从回避冲突转向利用冲突、从等待机遇转向创造机遇、从适应环境变化转向塑造良好环境。[②] 具体到主权领土问题上，中国开始直面安全挑战，坚决维护领土主权和海洋权益，与此同时强调善于化危为机、转危为安，妥善处理好领土岛屿争端问题。[③] 而在具体政策手段上，战略对冲和双轨思路则更加突出。

---

① 《习近平：让命运共同体意识在周边国家落地生根》，2013 年 10 月 25 日，http：//www.fmprc. gov. cn/mfa_ chn/zyxw_ 602251/t1093113. shtml。

② 阎学通：《安倍参拜，中国外交的战略机遇》，2013 年 12 月 31 日，http：//opinion. huanqiu. com/opinion_ world/2013 – 12/4710418. html。

③ 《习近平出席中央外事工作会议并发表重要讲话》，2014 年 11 月 29 日，http：// www.fmprc. cn/mfa_ chn/zyxw_ 602251/t1215440. shtml。

正如李克强在 2014 年博鳌论坛开幕式上所强调的，中国将奉行睦邻友好的周边外交政策，愿意通过和平手段解决争端的主张。因此，对加强海上合作的积极行动，都会倾力支持；但对破坏南海和平稳定的挑事行为，将给予果断回应。[1]

研究表明，中国对外战略转向积极进取，以战略对冲直面安全矛盾既符合中国整体实力地位的变化，又顺应了冷战结束以来东亚地区的局部等级化安全秩序。[2] 局部等级化安全秩序是指由超级大国的安全等级体系和自助国家共同构成的安全秩序，对冲则是这一秩序内国家的主导安全战略。[3] 具体到冷战后的东亚，美国主导的联盟体系是地区体系内唯一的安全等级体系，此外还包括中国、越南等自助国家，而中国的实力规模和发展趋势则使其初步具备了挑战美国战略主导地位的能力，因此冷战后的东亚安全体系是典型的局部等级化体系，对冲战略则成为东亚国家（包括美国）应对地区安全威胁的主导战略。2012 年以来中国安全政策的转型方向恰好符合东亚安全秩序的内在逻辑，因而取得了较为理想的效果。[4]

需要指出的是，中国积极进取的安全政策只有充分利用相关国家偏离对冲、主动挑衅的战略机遇，才能够进一步增强政策合法性，并确保实现战略的预期效果。正如前文所述，2012 年 9 月日本"购岛"后中国充分把握机遇，采取进取政策并取得积极进展

① 《李克强出席博鳌亚洲论坛 2014 年年会开幕式并发表主旨演讲》，2014 年 4 月 10 日，http://www.fmprc.gov.cn/mfa_chn/ziliao_611306/zt_611380/dnzt_611382/lkqcxbayzltnh_666778/zxxx_666780/t1145855.shtml。

② Sun Xuefeng, "Rethinking East Asian Regional Order and China's Rise," *Japanese Journal of Political Science*, Vol. 14, No. 1, 2013, pp. 9 - 30.

③ 局部等级秩序与等级秩序的区别在于出现了能够挑战超级大国安全主导地位的自助国家，与均势秩序的区别则在于体系内有且仅有一个超级大国主导的安全等级体系。从战略取向上看，等级秩序下国家的主导战略是依附，均势秩序下则是制衡。

④ 有关中国安抚战略效果的讨论，参见 Sun Xuefeng, "Rethinking East Asian Regional Order and China's Rise," *Japanese Journal of Political Science*, Vol. 14, No. 1, 2013, pp. 9 - 30。

就是较为典型的例证。更为重要的是，在政策转型过程中，要善于
学习及时调整。一旦政策偏离预定轨道遭遇挫折和挑战，应根据实
际情况及时做出调整，确保政策思路符合自身实力地位，顺应地区
安全秩序，进而更为有效地缓解崛起困境。2014 年 5 月，中国处
理中越有关 981 钻井平台作业的分歧就充分说明了及时学习调整政
策的重要意义。

附录
东亚秩序研究与中国
国际关系理论创新[*]

高　程

引　言

近年来东亚地区在现实中的重要性和被关注度持续上升。中外学者一致认为，世界中心由西欧向东亚转移已成为 21 世纪的大势所趋，[①] 而人们对于全球霸权体系的关注也将逐渐转向地区权势的转移。中国作为导致世界中心和地区权势转移的核心变量，越来越难以独善其身，被动适应时代进程。随着时代背景和环境的变化，国内学界的哲学视角、理论关切点和命题方向需要与特定历史时期的需求相匹配。这是整个中国社会科学界面对时代转型和变迁应当做出的回应和调整，而中国国际关系学界作为相关性最强的学科领域更是责无旁

---

[*]　本部分节选自《外交评论》2013年第3期，作者为中国社会科学院亚太与全球战略研究院研究员。

[①]　Christopher Layne, "The Global Power Shift from West to East," *The National Interest*, May/June, 2012, pp. 21 - 31；阎学通：《权力中心转移与国际体系转变》，《当代亚太》2012 年第 6 期。

贷。中国崛起对地区和国际秩序可能形成怎样的冲击，我们如何在过去经验的基础上去诠释和应对正面临或可能面临的难题？理论创新的灵感和成果往往源于时代的变迁和新需求的产生，对于"三大主义"浪潮过后，多少陷入集体迷茫和失语状态的中国国际关系理论界而言，中国和东亚话题备受瞩目，不失为一个难得的理论创新机遇。这首先需要我们深入探析中国与其传统文化和地缘政治依托的东亚地区之间的关系，并透过地区关系视角进一步诠释中国与世界的关系。

其实，国内一些学者已经意识到东亚秩序研究的重要性，陆续推出了不少富有价值的研究成果，并开始引起国外学界的关注。这些研究成果体现了中国国际关系学者希望突破理论创新瓶颈的尝试。迄今相关研究已大致达成以下两点共识：其一，西方学界的关注议题和分析视角往往基于其自身国家利益和价值偏好，我们的研究要尽力保持自主性，避免落入其窠臼；其二，建立在近代欧洲历史经验基础上的主流国际关系概念体系和研究框架在解释东亚及中国问题时存在明显缺陷。[①] 这些共识增进了中国国际关系研究立足于中国本位进行思考的主动性。一方面，问题意识和分析视角不再盲目追随西方学界的目光而游离，开始更多地关怀和思考中国真正面临和需要解决的难题；另一方面，理论见解不再仅仅满足于忠实阐述和追随西方国际关系学的既有成果，而是力图通过挖掘中国和东亚自身历史以实现本土创新。本文拟通过系统梳理、总结和评析中国学者在东亚秩序研究领域的最新议题和理论思考，展现该领域前沿研究的特点和发展趋势，揭示东亚秩序在哲学层次和理论创新层面为何值得中国国际关系学界充分关注，亦即其时代性和学理性价值之所在。换言之，笔

---

① 康灿雄对此做过专门的讨论，参见 David C. Kang, "Getting Asia Wrong: The Need for New Analytical Frameworks," *International Security*, Vol. 27, No. 4, 2003。

者希望通过本文使国际关系学界同仁了解并重视国内东亚秩序前沿研究在理论创新上的价值，在此基础上共同探寻该领域研究需要继续努力的方向。

一 区域概念产生的历史背景与东亚秩序研究的时代需求

某一学科在一个时代的兴衰，及其所涉命题的受关注程度，往往与特定的历史环境和国家需求紧密相连。二战结束以来，主流国际关系学界围绕"国际秩序"的讨论经久不衰，关于世界秩序的构建、演进和交替，[①] 国际秩序及国际体系的稳定性，成为最热门的研究话题。[②] 这种局面的形成，在很大程度上源于美国是国际秩序

---

① 参见〔美〕塞缪尔·亨廷顿《文明的冲突与世界秩序的重建》，周琪等译，新华出版社，1999；〔美〕罗伯特·吉尔平《世界政治中的战争与变革》，武军等译，中国人民大学出版社，1994；A. F. K. Organski, *World Politics* (New York: Alfred A. Knopf, 1958); A. F. K. Organski, *World Politics*, 2nd ed. (New York: Alfred A. Knopf, 1968); Ronald L. Tammen, et al., *Power Transitions: Strategies for the 21st Century* (New York: Chatham House Publishers, 2000); A. F. K. Organski and Jacek Kugler, *The War Ledger* (Chicago: University of Chicago Press, 1980); George Modelski, "Evolutionary Paradigm for Global Politics," *International Studies Quarterly*, Vol. 40, No. 3, 1996, pp. 321 – 342; George Modelski and William R. Thompson, "Long Cycles and Global War," in Manus I. Midlarsky, ed., *Handbook of War Studies* (Boston: Unwin Hyman, 1989), pp. 23 – 54。

② 在这些研究中，最受关注和被国际关系学界热议的观点就是所谓"霸权稳定论"。具体参见〔美〕查尔斯·金德尔伯格《1929~1939 年世界经济萧条》，宋承先等译，上海译文出版社，1986；Charles Kindleberger, "Dominance and Leadership in the International Economy: Exploitation: Public Goods and Free Rides," *International Studies Quarterly*, Vol. 25, No. 2, 1981, pp. 242 – 254；〔美〕罗伯特·基欧汉《霸权之后：世界政治经济中的合作与纷争》，苏长和等译，上海人民出版社，2001；Robert Keohane, "The Theory of Hegemonic Stability and Changes in International Economic Regimes, 1967 – 1977," in Ole Holsti, Randolph Siverson and Alexander George, eds., *Change in the International System* (Boulder: Westview Press, 1980), pp. 131 – 162; Stephen Krasner, "State Power and the Structure of International Trade," *World Politics*, Vol. 28, No. 3, 1976, pp. 317 – 345；〔美〕罗伯特·吉尔平《世界政治中的战争与变革》，宋新宁译，上海人民出版社，2007；George Modelski, *Long Cycle in World Politics* (Seattle: University of Washington Press, 1987)。

的制定者和主导者，而国际关系理论的话语权又主要掌握在美国的学术机构手中。与此同时，作为全球霸主，在世界范围内使用"全球化"的概念来弱化非美国主导的"区域化"的发展势头，符合美国的根本利益。因为"全球化"多少意味着美国与每一个国家之间形成双边互动关系，而区域主义的发展则可能导致一些地区以共同体为行动单位与美国发生联系，并在博弈中拥有更多议价能力。尽管"门罗主义"曾被视为"区域主义"实践的先驱，但美国在成为全球霸主之后，对"亚太"和"泛太平洋"区域概念的强调成为其反区域化的态度仅有的例外。这多少体现了美国在地缘上冲淡"东亚"这一自然演化的地理边界及文化概念，并将东亚地区问题"美国化"和"国际化"的尝试。其背后的主要战略意图之一是使美国拥有合法主导东亚事务的地缘身份，有效阻止该地区出现挑战美国霸主地位和既有国际秩序之力量的可能性。

与美国国际关系学界对于世界秩序和霸权稳定性所投入的热忱相比，现代欧洲学者无论在传统上还是在现实中都更为关注地区秩序研究。因为对于欧洲国家而言，区域概念比全球概念更具有研究价值和现实意义。20世纪上半叶，德国哲学家卡尔·施米特（Carl Schmitt）提出"大空间秩序"（Grossraum order）理论，这一概念被视为区域主义的重要哲学基础之一。当时欧洲相对于美国已然失去主导世界的能力，在一个封闭的欧洲大陆空间里谋求主导者地位遂成为德国的主要政治目标。施米特以"门罗主义"为现实原型和理论依托，倡议德国在欧洲构建一个具有浓厚帝国色彩的"大空间秩序"。① 施米特

---

① 施米特相关论述主要见于其1939年的作品《现代帝国主义的国际法形式》、《以大空间对抗普世主义——论围绕门罗主义的国际法斗争》和《国际法中的帝国概念》，载〔德〕卡尔·施米特：《论断与概念：在与魏玛、日内瓦、凡尔赛的斗争中（1923～1939）》，朱雁兵等译，上海人民出版社，2006，第162～178、305～313、314～324页。

笔下的"大空间秩序"是一个在具有承载性的超级大国（Reich，该词通常也被译为"帝国"）的政治理念辐射和军事保护下，排除外空间势力干涉的区域概念。其中，Reich 作为"大空间秩序"的核心，是区域内国际法的主体。"大空间"的组织秩序具有等级性：Reich 在法律上有自主权力干预大空间及其所属主权国家的事务。在施米特的描述下，未来世界最终将演进成一个以区域秩序为基本单位而相互联系的国际生态。

施米特等德国思想家在哲学层面开始思考区域主义问题时，德国以外的大部分欧洲大陆国家虽然并不赞同和支持德国在欧洲地区的主导地位，但同样认识到欧洲区域化的必要性。它们更倾向于成员国共同构建一个具有黑格尔所描述的市民社会特征的欧洲区域共同体，使欧洲地区的秩序得以稳定。① 相对于施米特以"政治敌对性"为目标而划分的区域共同体构想，法国哲学家亚历山大·科耶夫（Alexandre Kojeve）设想的欧洲共同体的建立和发展更多依赖于区域内经济和法律关系的转型和内生演化。② 随着欧洲一体化程度的加深，科耶夫原本为法国利益所设计的"新拉丁帝国"角色逐渐发展为后来的欧盟——这一由平等主权国家组成的欧洲区域共同体组织。欧盟承担着维护欧洲地区政治、经济、法律和社会领域公共秩序的职责，其权威性由相互平等的各欧洲主权国家以"社会契约"的理念和方式共同赋予，其主要功能和运作方向则随着区域内部和外部具体环境的变化而自行调整。③

---

① 〔德〕斯蒂文·希克斯：《黑格尔论国际法、国际关系与世界共同体的可能性》《黑格尔方法论下的区域主义、全球主义和世界秩序前景》，载邱立波编译《黑格尔与普世秩序》，华夏出版社，2009，第 82、93 ~ 131 页。

② 〔法〕亚历山大·科耶夫：《法国国事纲要》，载邱立波编译《科耶夫的新拉丁帝国》，华夏出版社，2008，第 3 ~ 57 页。

③ 高程：《区域合作形成的历史根源和政治逻辑——以欧洲和美洲为分析样本》，《世界经济与政治》2010 年第 10 期。

　　此后，欧洲学界一直热衷于地区秩序研究。20 世纪 50～60 年代，第一次"区域主义"研究浪潮在欧洲产生。① 厄恩斯特·哈斯（Ernst B. Haas）、林析格（Leon Lindberg）等学者就区域一体化的动力和演进、区域内协商如何达成等问题进行了阐述，并由此判断欧洲的经济整合终将导致政治整合。② 80 年代，在欧洲区域合作的实践浪潮中，"新区域主义"应运而生。"新区域主义"在解释区域合作的产生和演进之时，特别将社会建构主义与"批判理论"中的全球社会理论③相结合，同时借鉴了新现实主义、自由制度主义的元素，融入了发展理论和国际政治经济学的某些内容。④ 20 世纪末，巴里·布赞（Barry Buzan）呼吁，欧盟作为国际社会和世界社会的一项重要研究议题，应成为英国学派研究的核心问题之一。⑤ 随着"英国学派"研究力量的加入，欧洲地区秩序研究显示出更为深厚的历史经验根基。

　　区域主义哲学理念的产生和争论，以及地区秩序研究的兴衰，无一不是特定历史时段的产物，其驱动力在于区域概念对于地区国家的

---

① Edward Mansfield and Helen Milner, eds., *The Political Economy of Regionalism* (New York: Columbia University Press, 1997), p. 4.

② Andrew Hurrell, "Regionalism in the Theoretical Perspective," in Louise Fawcett and Andrew Hurrell, eds., *Regionalism in World Politics: Regional Organization and International Order* (Oxford: Oxford University Press, 1995), pp. 37 – 73.

③ Keith Krause and Michael Williams, eds., *Critical Security Studies: Concepts and Cases* (Minneapolis: University of Minnesota Press, 1997), pp. 83 – 120, 329 – 358.

④ 关于此研究方法的主要成果，参见 Björn Hettne, *The New Regionalism: Implications for Global Development and International Security* (Helsinki: UNU – WIDER, 1994); Björn Hettne and Fredrik Söderbaum, "The New Regionalism Approach", *Politeia*, Vol. 17, No. 3, 1998, pp. 6 – 21; Björn Hettne, András Inotai and Osvaldo Sunkel, eds., *Globalism and the New Regionalism* (Basingstoke: Macmillan, 1999); Björn Hettne, "Development, Security and World Order: A Regionalist Approach", in Sheila Page, ed., *Regions and Development: Politics, Security and Economics* (London: Frank Cass, 2000), pp. 44 – 66; Björn Hettne and Fredrik Söderbaum, "Theorising the Rise of Regionness", *New Political Economy*, Vol. 5, No. 3, 2000, pp. 457 – 473; Björn Hettne, "The New Regionalism: A Prologue", in Björn Hettne and András Inotai, eds., *New Regionalism* (Basingstoke: Macmillan, 1999), pp. 15 – 29。

⑤ Barry Buzan, "The English School as a Research Program: An Overview and a Proposal for Reconvening", *BISA Conference*, December 20 – 22, 1999, University of Manchester.

现实价值。由于中国崛起，东亚地区秩序的模式选择，以及在未来东亚秩序的形成和发展过程中中国可能发挥怎样的作用，受到整个世界的关注。然而，中国以自身为视角的地区秩序观一直未成型。与美国和欧洲国家不同，中国的世界秩序观并非其尚未建立的区域秩序观的延伸和扩展。在经济高速增长的过程中跃升为世界大国的中国，其注意力更多地放在与自身经济利益关联密切的全球性问题上，对于"东亚"区域概念和地区秩序问题的关注相对不足。近十年来，中国在东亚地区的影响力和被关切程度不断提升。然而，与美国力量在这一地区发挥的主动性相比，中国对于东亚秩序的影响力主要以自发扩展的被动方式体现。这种自发性和被动性，中国随着崛起速度的加快，逐渐不能适应新的外部环境变迁，难以满足时代的需求。从世界视角出发对于东亚地区秩序的关注和在学理上的解释，既是应对周边形势变化的需要，同时也是崛起中的中国在中长期不得不正视的时代主题。对于东亚秩序和中国与东亚国家关系的深层次的探寻，不但需要在现实中发现问题，更需要在丰富的历史经验中寻求灵感和答案。

在地区秩序的历史追溯和理论构建中，以欧洲为蓝本的研究相对比较成熟。一方面，地区秩序研究所依赖的相关国际关系理论假定及概念，如无政府状态、安全困境、联盟制衡等，大多源自欧洲地区国际关系史的经验；另一方面，对于区域共同体、区域合作等重要地区议题的讨论也主要是以欧洲作为案例模本。与之相比，东亚地区的历史和力量结构具有怎样的特殊性，有效的东亚秩序能否建立、如何建立和持续，对于这些重要命题的讨论存在很大的理论需求缺口。从学术创新角度来看，中国国际关系研究向前推进，需要不断寻找新的知识增长点和努力方向。在"三大主义"范式研究套路陷入理论创新的瓶颈之后，[①] 前些年中国国际关系学界特别加强

---

① 周方银、王子昌：《三大主义式论文可以休矣》，《国际政治科学》2009 年第 1 期。

了对中国古代国际关系思想特别是对先秦思想的研究，并取得了丰硕的成果。① 但与此同时，对于中国和东亚地区国际关系历史经验的研究明显不足。对于东亚历史经验的挖掘不够深入，理论分析尚不充分，以致这一研究领域仍是一个有待开发的"富矿"，理论创新的空间和潜力巨大。

二 东亚秩序研究的进展与议题

作为跨学科命题，近年来东亚秩序研究引起多个学科领域的关注。不同学科的学者试图围绕历史上东亚秩序的理念和实践、东亚秩序的现状、未来模式和发展方向进行讨论。其中，除了国际关系和国际政治经济学相关理论和工具的运用，东亚秩序研究还广泛涉及哲学、文化、历史学等多重视角和方法。尽管这些研究总体而言尚未形成相对完整的体系，彼此之间的碰撞和交锋还不够激烈，但其已然提出一系列值得深入思考的命题，为该领域的研究开启了思想方向，并且引入了科学实证的研究方法。

（一）东亚秩序研究的跨学科对话

国内不少人文学者先于国际关系学界关注并思考与东亚秩序研究密切相关的命题，他们透过哲学和思想文化视角，以中国为本位来解构或思考以古代中国为中心的东方秩序。与国际关系学界对东

---

① 参见 Yan Xuetong, *Ancient Chinese Thought*, *Modern Chinese Power*, edited by Daniel A. Bell and Sun Zhe, translated by Edmund Ryden（Princeton: Princeton University Press, 2011）；阎学通、徐进《王霸天下思想及启迪》，世界知识出版社，2009；阎学通《借鉴先秦思想创新国际关系理论》，《国际政治科学》2009 年第 3 期；叶自成《春秋战国时期的中国外交思想》，香港社会科学出版社有限公司，2003；叶自成、王日华《春秋战国时期外交思想流派》，《国际政治科学》2006 年第 2 期；余丽《借鉴古代思想研究崛起战略》，《当代亚太》2011 年第 5 期。

亚秩序的关注层面相比，这些研究更多从东方的文化、世界秩序观和制度的哲学本源视角俯视古代中国影响力所辐射的地区关系。其代表性学者是汪晖和赵汀阳，他们的思路和观点同时引起了中国和西方国际关系学者的兴趣，产生了较为广泛的学术影响。汪晖追溯了"亚洲"这一概念的起源、演变及其承担的政治内涵，并从历史视角反思了这一概念在东亚尤其是中国现代历史中的多重运用，及其内涵在"现代性"背景下的转换。汪晖以历史研究中的亚洲、东洋及其朝贡体系等特殊遗产为中心，重新审视和理解了亚洲问题的必要性。这种哲学探讨立足于本土和亚洲，力图超越近代海洋中心论、欧洲中心主义的范畴和"民族－国家"及国际关系的分析框架。①

赵汀阳提出的"天下体系"理论同样强调了以中国为中心的东方世界秩序与西方国际关系在分析起点上的差异。以"以天下为己任"的中国传统哲学概念为出发点，他重新思考了东方世界秩序的合理性。他认为，在中国的世界秩序观中，"天下"被视为一个超越国家之上的完整的政治单位和分析框架。与之形成鲜明对比的是，西方政治哲学的分析单位则是从个人到共同体，最后止步于国家，从未有"世界"的理念。在西方国际政治的概念体系里，无论城邦、帝国还是民族或国家，"国"便是最大的政治单位，"世界"只是个地理空间概念。② 这些哲学和文化范畴的思考，揭示了以中国为中心的东亚秩序相对于西方世界秩序在精神上的独特性，有助于拓宽和丰富现代国际关系研究的视野。

关于东亚秩序的传统历史学研究近年来也有所进展。相对于

---

① 汪晖：《亚洲想象的政治》，载周方银、高程主编《东亚秩序：观念、制度与战略》，社会科学文献出版社，2012。

② 赵汀阳：《天下体系：世界制度哲学导论》，江苏教育出版社，2005；赵汀阳：《坏世界研究：作为第一哲学的政治哲学》，中国人民大学出版社，2009。

经济史、政治史等史学门类，中国古代国际关系史的研究明显薄弱。一手历史资料阅读积累方面的困难和二手历史文献成果的不足，加大了相关研究的难度。然而，随着中国崛起对于历史经验研究需求的上升，更多历史学者开始投入古代中国外交与东亚国际关系的研究中。万明对古代东亚国际关系史和朝贡体系的探讨，是传统中国历史学思考古代中国外交和地区秩序问题的代表性研究。她整理了大量明代对外交往中产生的一手历史资料——外交诏令文书，① 并在分析原始资料的基础上试图突破传统史学的视角去探讨古代东亚国际关系的现实和朝贡体系的理论缺陷。② 李庆新从东亚国际关系史的视角重新研究并解读了郑和下西洋的历史。作者运用传统史学的研究方法，得出了与历史学界传统观点颇为不同的结论，即郑和下西洋的重点不在于全方位发展帝国与东亚诸国之间的经贸往来，而是将其作为"怀柔远人"、建立以中国为中心的朝贡新秩序的一种外交手段。③ 这些研究不但为东亚秩序研究提供了重要的历史素材和线索，而且促进了传统史学与国际关系这两个学科之间的对话。

（二）对古代东亚秩序的反思及一般性启示

国内关于东亚秩序相关命题的讨论，更多还是集中于国际关系学界。近年来，一些学者开始将目光转向古代东亚国际关系这一有待开拓的新研究领域。其理论价值，一是透过东亚国际关系的历史对西方

① 万明：《明代外交观念的演进——明太祖诏令文书所见之天下国家观》，《古代文明》2010年第 2 期。
② 万明：《重新思考朝贡体系》，载周方银、高程主编《东亚秩序：观念、制度与战略》，社会科学文献出版社，2012。万明还对明代中国对外关系做了系统的历史研究，具体可参见万明《明代中外关系史论稿》，中国社会科学出版社，2011。
③ 李庆新：《郑和下西洋与朝贡体系》，载王天有、徐凯、万明主编《世界文明与郑和远航》，北京大学出版社，2005。

国际关系经典范式提出质疑和反思；二是试图从古代东亚国际关系的经验中提炼出一般性的国际关系模型，对中国与东亚国家关系及其外交行为模式做出有效的解释和预测。从方法论的宏观层面，张锋探讨了如何从本土观点出发来考察中国古代对外关系的建立和发展。自费正清确立"朝贡体系"这一概念[1]以来，朝贡体系一直是西方国际关系学界理解古代东亚国际秩序的经典范式。张锋则尝试挑战这一传统范式的理论和实证基础。他将明朝初期这一朝贡体系影响的强盛期作为案例，批判了朝贡体系理论中"华夏中心"论的假定及其对东亚现实国际关系的诠释能力。认为古代东亚国际政治研究应超越西方语境中"朝贡体系"范式的束缚，建立更为完善和有效的理论框架。这一研究从国际关系学的角度对西方朝贡体系研究的权威文献进行了批判性评析，澄清了东亚秩序研究中的一些基本概念，丰富了传统中国对外关系研究的主题和视角。尽管以"破"为主，但"立"在其中，作者同时也提出了一个有待检验的分析框架，即通过合法性动机和安全动机两个层次，对帝国话语叙述的稳定性和中国对外政策的变化性分别予以解释。[2] 这一尝试对于古代东亚秩序研究的创新具有学理性价值。

周方银则力图从利益博弈、双边关系的策略互动等角度出发，通过对广义朝贡体制（即古代东亚秩序）的均衡性及稳定性进行分析，建立等级秩序的一般性模型。他认为，朝贡体制的持续及其在这一过程中表现出来的特性，是中国与周边邻国策略互动的结果。这种具有自我实施性质的体制，通过东亚地区行为体之间的策略互动不断再生，并凝结为具体的规则、机制和对外政策。这一研究不但对于我们

---

[1] John King Fairbank and Ssu‐yu Teng, "On the Ch'ing's Tributary System", *Harvard Journal of Asiatic Studies*, Vol. 6, No. 2, 1941, pp. 135 – 264; John King Fairbank, "Tributary Trade and China's Relations with the West", *The Far Eastern Quarterly*, Vol. 1, No. 2, 1942, pp. 129 – 149.

[2] 张锋：《解构朝贡体系》，《国际政治科学》2010 年第 2 期。

深入认识古代东亚秩序的内在演化规律具有重要意义，而且它在某种意义上化解了历史与现实之间的理论适用难题。该文的核心模型旨在说明：中国与周边国家之间"怀柔与臣服"这一经典意义上的朝贡关系策略博弈均衡，并不总是稳定和能够自我实施的。从演化的观点看，怀柔战略具有如下自我败坏的特征：在中国固守怀柔政策并使对方形成预期的情况下，周边邻国常常有打破朝贡均衡、通过对中国进行骚扰以获取超额利益的机会主义动机和行为，这可能最终导致中国放弃怀柔政策，对周边邻国的骚扰进行征伐。[1] 这一东亚国际秩序模型突破了时间和空间的局限，在某种程度上可以上升为描述大国与周边小国互动关系的一般性分析框架。较之基于严格意义上的平等主权的国家间关系状态，这一建立在具有某种等级秩序性质的国际关系形态上的分析框架，在现实中或许更为贴近东亚地区大国与小国之间的交往状态和行为互动模式。

　　孟维瞻的研究挑战了江忆恩在国内学界颇有影响力的观点[2]，并在此基础上试图通过"统一性规范"的视角解读古代东亚中国与周边政权的关系。他指出，江忆恩强调中国进攻性的战略文化仅仅在分裂格局中才具有一贯性，而不能体现古代中国与大多数周边政权关系的常态。他将自然建构主义引入对古代中国与周边国家间关系的分析中，认为导致其关系样式不同的重要原因在于国家间规范的变化。在分裂格局中，各政权都认为自己具有唯一合法性或正统性，而拒不承认其他并存政权的合法权利，因此表现为严重的敌对、冲突，甚至战争状态。但这与存在于古代中国与绝大多数周边政权关系中的朝贡规范或儒家礼治规范大不相同，并非古代东亚秩序的主流形态。作者选择宋、明两朝的历史案例验证了"统一性规

---

① 周方银：《朝贡体制的均衡分析》，《国际政治科学》2011 年第 1 期。

② 参见 Alastair I. Johnston, *Cultural Realism: Strategic Culture and Grand Strategy in Chinese History* (Princeton, NJ: Princeton University, 1995)。

范"的管制性和建构性效用。这一历史经验研究同样有助于我们理解当代中国的对外战略特别是周边战略逻辑，也为当代中国与东亚周边国家建立和平关系的可能性和必要性提供了可资借鉴的历史和理论依据。[①]

（三）关于东亚秩序性质的讨论

在关于东亚秩序的现实问题研究中，东亚秩序的定性问题备受关注。比较主流的观点是，将东亚秩序看做中国倡导的多边合作体系和美国主导的双边同盟体系的集合。其中，中美关系被认为是东亚秩序的主轴，美国是决定性变量，中国崛起则是约束性变量。祁怀高提出了这两种体系兼容并存的东亚"制度嵌套交叠模式"。他认为，该模式建立在两种体系之一方都无法取代另一方的基础上，是中美两国在东亚采取制度制衡策略的结果。[②]

然而，在中国崛起和美国"重返亚洲"的背景下，两大体系是否能够，以及在多大程度上可以在东亚地区继续兼容？特别值得关注的是，美国在主导跨太平洋伙伴关系协议（TPP）等亚太合作机制方面的努力，是否最终会取代东亚目前的经济多边合作体系，将两大体系共同整合于美国的管理之下？届时，中美两国在东亚地区的博弈又将呈现何种形态？孙学峰和黄宇兴更倾向于将东亚秩序视为中国与美国及其同盟体系之间的战略互动关系。美国依靠其地区同盟关系对东亚秩序的走向发挥作用，与此同时，经济实力正在崛起的中国与美国及其盟国通过多边或双边规则协调解决地区安全问题。他

---

① 孟维瞻：《中国古代分裂格局中的"统一性规范"——以宋、明两朝历史为例》，《当代亚太》2012 年第 4 期。

② 祁怀高：《中美制度均势与东亚两种体系的兼容并存》，《当代亚太》2011 年第 6 期。关于亚太地区制度制衡战略的讨论，具体参见 Kai He, *Institutional Balancing in the Asia Pacific: Economic Interdependence and China's Rise* (London and New York: Routledge, 2009)。

们认为，决定东亚地区秩序未来的关键在于，美国及其东亚同盟体系对中国的自我克制政策是否能够做出善意的战略回应。[①] 刘丰揭示了东亚秩序的存在基础和环境变化对其稳定性的冲击。他指出，维系当前东亚安全秩序的基础在于，美国和中国分别为东亚地区提供了安全预期和经济收益两项最为重要的公共产品。在中国崛起和美国重返东亚带来的冲击下，这两种地区性公共产品的供给脱节和供给矛盾使既有东亚安全秩序面临内在的不稳定性。为了应对这种不确定性，中国在为本地区提供稳定的经济收益的同时，也需要在政治和军事方面采取积极的安全保障措施，构建东亚安全秩序的新基础。[②]

需要指出的是，目前多数研究立足于东亚秩序为"自主"型秩序的判断，其前提是将东亚地区的国家当做平等主权行为体看待，默认其有能力依据需求在中美两国之间进行选择。孙学峰对这一分析前提提出了质疑。他对地区秩序的类型进行了较为系统的研究，依据是否存在单一力量中心和地区规则的认同程度，将地区秩序分为霸权、朝贡、均势、共同体四种理想的类型，[③] 在同一个分析框架下解释了实质上的等级体系和无政府状态下的平等主权体系这两类不同性质的地区秩序的存在状态。进而，孙学峰将当前东亚秩序视为"准无政府体系"，即兼具国家间无政府体系与等级体系特征的混合体系。具体来说，他认为东亚体系内存在三种类型国家：中国、朝鲜等自助型国家，安全供给国——美国，放弃了军事自助、依赖于美国安全保护

---

① 孙学峰、黄宇兴：《中国崛起与东亚地区秩序演变》，《当代亚太》2011 年第 1 期。

② 刘丰：《安全预期、经济收益与东亚安全秩序》，《当代亚太》2011 年第 3 期。杨原也持相似的观点，他认为，中美之间的竞争机制是为区域内小国提供安全保障的机会，并由此获得这些国家的支持。参见杨原《大国无战争时代霸权国与崛起国权力竞争的主要机制》，《当代亚太》2011 年第 6 期；杨原《武力胁迫还是利益交换？——大国无战争时代大国提高国际影响力的核心路径》，《外交评论》2011 年第 4 期。

③ 孙学峰、黄宇兴：《中国崛起与东亚地区秩序演变》，《当代亚太》2011 年第 1 期。

的国家。准无政府体系有别于代表平等主权国家关系的威斯特伐利亚体系。后者属于自助型国际体系，体系内国家在安全防御方面能够自立，因此可以相对独立、灵活地根据自身利益诉求与大国建立或调整联盟关系。① 作者的后续研究更富有挑战性：由于准无政府体系的存在，其制衡行为可能导致地区力量天平进一步向美国倾斜，以致东亚地区权力结构更加失衡。上述分析不但对于建立在均势目标基础上的传统联盟制衡理论提出了质疑，而且有助于我们更深入地理解在现实中具有等级性质，或者至少具有部分等级性质的东亚国际关系形态。

周方银在中国历史经验的基础上阐释了一种特殊的等级秩序——松散的等级制，其运转逻辑在重视权威的东亚地区具有一定的借鉴意义。他发现，当体系内合法性与领导实力分属不同的国家行为体时，可能会出现一种松散的等级秩序。当体系内原主导国家的实力不可逆转地衰落以致不具备主导能力时，它可能会利用其国际社会合法性与新兴崛起国家进行利益交换，其结果对新兴国家而言可能形成一套与松散等级制相应的有效崛起策略。春秋时期大诸侯国采取的"尊王攘夷"行为，正是其借助周天子的国际合法性进行争霸的有效策略选择。② 该研究的理论贡献在于以下三点。第一，强调了国际体系形态的多样性。三十年战争和威斯特伐利亚体系建立之后，基于平等主权的欧洲国际关系体系一直被视为唯一重要的国际体系形态，西方国际关系理论所讨论的国家行为几乎都被框定在这一形态的前提之下。而松散等级秩

---

① 孙学峰：《东亚准无政府体系与中国的东亚安全政策》，《外交评论》2011 年第 6 期。

② 周方银：《松散等级体系下的合法性崛起——春秋时期"尊王"争霸策略分析》，《世界经济与政治》2012 年第 6 期。关于春秋时期周王朝与诸侯国在合法性与实力此消彼长互动中的争霸战略研究，还可参见徐进《春秋时期"尊王攘夷"战略的效用分析》，《国际政治科学》2012 年第 2 期。

序不但可以作为无政府体系的补充，而且进一步丰富了大卫·莱克等学者提出的等级制的内涵。[①] 第二，展示了不同体系形态下大国的争霸战略所呈现的不同方式和效率，强调了其崛起战略目标的差异性。这意味着，现代国际关系所描述的霸主国与崛起国之间的竞争逻辑只是在特定的条件下才具有解释效力，它对于其他体系而言可能并非有效的崛起战略。第三，揭示了不同体系的演化过程中权力转移有效方式的多样性。在松散的等级体系下，存在一种体系内权力转移和成功崛起的可能性。在讨论中，"尊王攘夷"模型被一些学者引申到对未来中美关系和中国周边崛起战略的思考中。作为美国主导的亚太联盟体系之外的大国，中国在崛起过程中如何与美国斗而胜之但不与之彻底决裂，甚至借助其国际合法性增加自身的地区影响力，上述研究成果或许在策略层面提供了一个值得思考的视角。

（四）传统"区域主义"视角在东亚合作中的适用及其局限

前些年，随着东亚地区经济一体化程度的提高和中国实力的上升，不少国内学者将传统的区域主义理论及观念移植到东亚合作领域

[①]　大卫·莱克等西方学者提出的国际关系等级制其核心是确立"权威－服从"的契约关系，而这种等级结构的基础主要是主导国和附属国之间形成的"公共产品供给－需求"的利益交换关系。参见 David A. Lake，"Anarchy，Hierarchy，and the Variety of International Relations"，*International Organization*，Vol. 50，No. 1，1996，pp. 1 – 33；"Beyond Anarchy：The Importance of Security Institutions"，*International Security*，Vol. 26，No. 1，2001，pp. 129 – 160；"Regional Hierarchy：Authority and Local International Order"，*Review of International Studies*，Vol. 35，S1，2009，pp. 35 – 58；"Escape from the State of Nature：Authority and Hierarchy in World Politics"，*International Security*，Vol. 32，No. 1，2007，pp. 47 – 79；*Hierarchy in International Relations：Authority，Sovereignty，and the New Structure of World Politics*，Draft book manuscript，2006；Tim Dunne，"Society and Hierarchy in International Relations"，*International Relations*，Vol. 17，No. 3，2003，pp. 303 – 320。

的研究中。① 其代表性观点认为，东亚经济整合为以区域主义为基础的地区秩序转型提供了物质条件，这种转型符合区域内各国的利益，崛起中的中国将在东亚地区秩序的转型中发挥重要作用，并应以区域主义为基础制定其地区政策。② 然而，近年来的种种迹象表明，利益共赢并未驱动东亚区域主义的发展和深化，东亚合作逐渐陷入僵局。这一现象引发的思考在于，鉴于东亚国际关系和地区秩序的自身结构和性质，传统区域主义的思路在该地区是否行得通。

解答以上问题，首先需要对不同类型区域主义形成和扩展的根源做深入的比较分析，一方面引入时间维度，将区域主义的演变理解为具有历史延续性的长期变迁过程，另一方面在不同区域空间中进行横向透视。高程比较了不同地区秩序形成的历史路径和背后的政治逻辑的差异。其研究结果表明，稳定的地区秩序及区域合作的形成是区域内部长期的历史认知及行为互动的结果。在这一过程中，不同的地区公共权力组织形式和公共产品供求关系对应着不同的地区秩序形态和区域主义模式。在长期无序竞争和不断重复的历史博弈过程中，欧洲各国逐渐形成了以"社会契约"政治理念维系的合作秩序。这种通过区域各国政治权力平等让渡来构建超主权国家共同体，并使该共同体成为具有合法性的公共权力中心和公共产品供

---

① 具体参见张蕴岭主编《东亚区域主义：趋势与回应》（英文版），世界知识出版社，2006；张蕴岭《探求东亚的区域主义》，《当代亚太》2004 年第 12 期；苏浩《东亚开放地区主义的演进与中国的作用》，《世界经济与政治》2006 年第 9 期；苏浩《地区主义与东亚区域合作机制的建立》，《外交学院学报》2003 年第 1 期；任晶晶《东亚区域合作语境下的中国外交：一个新地区主义的视角》，《世界经济与政治论坛》2006 年第 2 期；吴志成、李敏《欧洲一体化观照下的亚洲地区主义》，《南开学报》2004 年第 4 期；肖斌、张晓慧《东亚区域间主义：理论与现实》，《当代亚太》2010 年第 6 期；郑先武《安全复合体理论与东亚安全区域主义》，《现代国际关系》2005 年第 1 期；郑先武《东南亚安全区域主义：历史与现实》，《现代国际关系》2006 年第 3 期；夏立平《新东亚区域主义发展及其影响》，《当代亚太》2005 年第 6 期；郭延军、王春梅《新区域主义视角下的东亚安全共同体建设》，《世界经济与政治论坛》2006 年第 6 期。

② 庞中英：《亚洲地区秩序的转变与中国》，《外交评论》2005 年第 4 期。

给者的契约型合作秩序，在东亚难以形成和复制。与契约合作秩序相比，美国在政治观念与历史行为的互动中建立了美洲类帝国合作秩序。这种建立在非对称依赖基础上，主要由获得区域公共权力中心和公共产品供给者身份的地区主导国家构建的等级合作秩序，在东亚地区存在一定相似的基础条件。在进一步的研究中，作者还发现，区域安全公共产品的需求不足导致了东亚地区历史上形成不同于欧洲和美洲的"无合作秩序"形态，其特点是该地区关系总体和谐，但缺乏形成区域主义和内生合作的基础。东亚秩序向何种路径演化，以及演化过程中是否能够形成"区域主义"基础，取决于区域公共产品供求关系的动态变化趋势。[①] 王传兴对三大地区的比较分析显示，区域主义的深化受制于区域内部及外部安全环境。欧洲内部和外部安全环境总体而言与区域主义的发展正相关，这推动了二战后欧洲地区合作的形成和强化。相比之下，东亚区域主义与北美相似，其内部和外部安全环境与区域主义的深化总体呈负相关状态，这不但导致东亚合作长期局限于经济领域，而且每当区域主义试图深化时，都会遭遇区域内部安全挑战的消极影响和区域外部的安全挑战，即大国安全竞争的制约。[②]

　　传统区域主义视角在东亚合作研究中存在明显的局限性，这一认知影响了学者们对于东亚区域主义前景的判断。李巍的研究试图挑战制度供给量与区域主义成就具有正相关性的主流观点。他认为，冷战结束后东亚地区多重制度框架相互竞争，形成了一种"制度过剩"的特殊格局。这导致东亚地区在经济整合的过程中，

① 高程：《区域合作模式形成的历史根源和政治逻辑——以欧洲和美洲为分析样本》，《世界经济与政治》2010 年第 10 期；高程：《区域公共产品供求关系与地区秩序及其变迁——以东亚秩序的演化路径为案例》，《世界经济与政治》2012 年第 11 期。
② 王传兴：《区域安全竞争中的东亚区域主义——基于对欧洲/北美区域主义的比较分析》，《当代亚太》2011 年第 5 期。

缺乏有力的制度推动和有效的区域治理。随着金融危机之后中国经济的加速崛起和美国战略重心向东亚调整，东亚经济整合中制衡与反制衡的矛盾日益上升，"制度过剩"现象也将越来越突出，这是东亚经济地区主义遭遇挫折的标志。[1] 周方银从中国、美国和东亚国家的策略互动角度透析了东亚合作陷入僵局的原因。他认为，中国的崛起和中美日三方的策略互动使东亚地区形成经济中心与安全中心相互分离的特殊二元格局。这一二元格局的存在加剧了东亚国家"两面下注"的政策，并导致地区内大国和重要行为体将地区合作机制和制度安排作为服务于权力竞争的战略工具，以致东亚合作无法取得实质进展。[2] 近年来，越来越多的学者在反思东亚合作遭遇的现实挑战后，开始对传统区域主义在东亚的命运持悲观和怀疑态度，[3]并且越来越清楚地意识到，东亚秩序研究需要超越传统区域主义分析框架。

三　东亚秩序研究的理论生长点与命题

尽管大部分现实东亚秩序的研究仍未超越传统的国际关系分析框架和理论假说，但是我们也看到了其中可喜的迹象：无论是对于古代东亚国际关系历史经验的挖掘，还是关于东亚秩序性质的争论，抑或对于东亚区域主义去向产生的质疑，都表明中国国际关系学者已在重新审视西方国际关系的经验在东亚地区的适用性。这体现出东亚秩序

---

① 李巍：《东亚经济地区主义的终结？——制度过剩与经济整合的困境》，《当代亚太》2011年第4期。

② 周方银：《中国崛起、东亚格局变迁与东亚秩序的发展方向》，《当代亚太》2012年第5期。

③ 具体可参见刘建平《东亚的中国：地区政治经验与地区主义思想》，《世界经济与政治》2011年第6期；徐进《东亚多边安全合作机制：问题与构想》，《当代亚太》，2011年第4期；宋伟《中国的东亚区域一体化战略：限度、方式与速度的反思》，《当代亚太》2011年第5期。

研究领域最新的发展趋势，即中国国际关系学者从忠实追随到开始反思以欧洲为模本的地区秩序研究范式，并尝试走出西方现代国际关系理论中的一些思维定式。

在关于地区秩序的学理讨论中，对无政府状态下欧洲秩序的研究甚为成熟，并形成理论体系。如今，尽管系统的替代性解释尚未出现，但是中国国际关系学界对这一经典分析框架在东亚地区的解释力产生了越来越多的怀疑。不少中国学者开始意识到，借用这套体系思考东亚地区秩序时不得不面对一些根本性的疑问。现代国际关系理论在相当程度上立足于西方，尤其根植于欧洲的历史经验。然而，欧洲的国际关系历史经验是否具有典型性，能否涵盖世界其他地区特别是东亚国际关系的现实？现实似乎在证明，像安全困境、联盟制衡等经典的概念和逻辑，无法很好地解释东亚地区国家间复杂的博弈关系。近年来，中国国际关系学界一直试图从西方国际关系理论出发，在东亚地区的历史中寻找吻合的历史实践，来证明这些理论的正确性和普适性。这种单纯以东方经验为西方理论作注的方法能否有所突破？带着这些问题去深入挖掘东亚的历史经验和现实，我们可以引出更多值得思考的问题。

尽管存在诸多分歧，但当代西方经典的国际关系理论各流派都是以威斯特伐利亚平等主权体系为前提进行阐释的，它们未将东亚、美洲等地区的等级结构作为有可能挑战这一前提的特定研究对象加以认真对待。布赞和利特尔指出，这一占支配性地位的视角扭曲了历史与现实的真实性。它意味着如下偏见：国际社会无政府结构和追求均势行为等假设作为正常条件被植入国际体系；部落、帝国、城邦国家和其他政治形式被彻底边缘化，主权国家成为国际关系的唯一概念实体；不同于欧洲文化的历史视角基本上被排除在国际关系理论的建构之外。通过这样一个高度干扰对历史进行整体检视的扭曲的透镜来观察世界，其后果是严重阻碍了国际关系学科对于超越威斯特伐利亚模型的国际关系形式的前瞻能力。①

威斯特伐利亚体系的分析起点是国际社会无政府状态。然而事实上，自三十年战争爆发前一个世纪左右的时间开始，欧洲才真正进入后来国际关系理论所假定的国家间关系的初始状态，即国际社会无政府状态。作为特定历史时段和地域出现的特殊现象，这一假说真实适用的时间和空间范围是有限的，作为分析地区关系的基础模型其解释效力存在诸多约束。即便在国家主权拥有合法性的当今世界，北美、东亚等存在"权威－服从"关系的地区的诸多现实困惑依然超越了国际社会无政府状态的解释范畴。如果国际社会无政府状态这样一个国际关系理论的"神话"假说被打破，那么传统国际关系的权力对比、制度化和文化建构等分析框架如何适应并有效解释一个由非平等主权构成的秩序形态？对中国和东亚历史经验的挖掘无疑有助于解答这些问题，而对东亚国际关系史的研究又引申出更多的疑问和争论，例如：古代中国与周边国家之间等级关系是基于物质优势还是文化权威所赋予的合法性？其性质是现实主义实力对比基础上的"大国－周边小国"之间的战略博弈均衡，抑或一个基于文化认同的东亚国际社会？东亚地区秩序的相对和谐，是因为拥有一套解决地区安全威胁和国家间冲突的制度安排，还是传统安全困境理论原本不适用于这一地区？朝贡体系和东亚秩序是由具有相似属性的中国与其周边国家的双边关系组成的集合，还是一个多边的国际社会整体？古代中国与周边国家的关系的主要性质究竟是受霸权的一般性规律，还是文化特殊性的支配？这种支配作用又是如何体现的？总之，这一领域有许多具有创新价值的问题亟待讨论。

如果古代的东亚秩序被理解为建立在现实主义实力对比基础上的

---

① 〔英〕巴里·布赞、理查德·利特尔：《世界历史中的国际体系——国际关系研究的再构建》，刘德斌译，高等教育出版社，2004，第6页。

"大国－周边小国"等级秩序，其主要优势和威慑力来自中国强大的物质力量和军事实力，那么由此产生的疑问是：在中国军事力量或物质实力并不强大的年代，比如宋朝，以中国为依托的东亚国际体系为何仍然起到维持地区秩序的作用？这一反例似乎可以证明，物质实力和军事力量的优势并非东亚等级秩序的唯一支配因素。张勇进和布赞从文化的角度解构了古代中国与周边国家的关系，将朝贡体系解释为由多方参与者共同建立的复杂的东亚国际社会秩序。他们认为这一国际社会秩序的形成深受中国独特的文化和文明影响，在背后支持其运转的是一套基于相似文化背景、在东亚国家中达成共识、具有合法性的制度安排。这套制度安排不但指导着古代中国与周边国家之间的对外战略和政策制定，而且有效解决了东亚地区的安全挑战和国家间的冲突。① 然而与此同时，东亚古代的历史案例也显示，在中华帝国与周边实力对比衰微的时期，比如在东晋、南北朝（特别是"五胡乱华"时期）、五代十国，中国与周边之间的关系体现出明显的布赞所定义的"权力政治"特征。如果中国的文化影响力被视为古代东亚秩序的稳定剂，那么为什么在历史上的很多时候，周边地区对中原文化的认同甚至效仿并没有为实力衰落的中央王朝带来相应的和平，以及与这些地区和民族的共存与合作关系？② 把西方国际关系理论的几大范式用于解析建立在等级基础上的东亚秩序，似乎不尽如人意。

　　历史上，东亚地区没有陷入同期欧洲的混战局面，在绝大多数时期维持了和平的地区秩序。那么，我们该如何理解东亚秩序稳定性背后的动力机制？东亚历史上是否存在一套由区域内国家共同建立的制度安排，旨在广泛解决国家合作的难题？按照传统地区主义的视角，

① Zhang Yongjin and Barry Buzan, "The Tributary System as International Society in Theory and Practice," *The Chinese Journal of International Politics*, Vol. 1, 2012.

② 参见 Barry Buzan, *From International to World Society*? (Cambridge: Cambridge University Press, 2004), pp. 158－160。

朝贡体系或许可以被理解为一个边界开放、可以自由进入和退出的多边结构，是东亚诸国在处理冲突、共存与合作问题上达成共识、共同解决安全问题的多边机制。但随之而来的问题是：欧洲地区多边合作机制的形成源于对无政府状态下战乱的恐惧，假设古代东亚确实存在一套多边合作机制，那么它背后的驱动力又是什么？建构主义者或许倾向于将这种驱动力解释为中华文化的凝聚力。现实主义者对此的反驳是，那些受中国文化影响状况和程度不同的周边国家与中国的关系往往陷入相似的行为博弈模型中。依照现实主义的逻辑，朝贡体系应被理解为中国与周边国家双边关系的集合，它是由中华帝国发明和探索的用于平定周边的防御性霸权机制和策略博弈均衡，博弈双方（即中国和周边国家）完全遵从国家经济理性。① 不过，用传统现实主义和新现实主义解释古代东亚秩序时，无政府状态、安全困境、权力的天然扩张性等基本假说似乎都面临不同程度的挑战。

作为无政府体系的有效补充，对等级秩序的关注和深度理论挖掘可能成为东亚秩序研究的重点方向之一。在等级秩序下，合法性与实力共同构成国家权力的来源。在传统实力对比的基础上增加合法性的维度去理解国家间关系和国家崛起行为，显然丰富了对具有权威主义传统的东亚地区秩序的解释能力。进一步解构合法性和实力之间不同之所属和行使状态与秩序稳定性之间的关系，或许可以帮助我们建立更为精致的模型去解读和预测东亚秩序的前世今生。当权力的有效行使与国际合法性地位集中于某一中心力量时，地区霸权秩序是相对稳定的。而实力与合法性的分离或实力未有效行使都可能导致等级秩序松散化。我们可以在此基础上继续探寻等级秩序松散化的根源是中心力量实力的下降，还是缺乏足够的动力去运用实力以维系地区秩序。前者导致的松散等级秩序处于不稳定的过渡阶段，因为即便新兴国家

---

① 周方银：《朝贡体制的均衡分析》，《国际政治科学》2011 年第 1 期。

以衰落的中心力量为尊以确立自身合法性，但作为一种崛起策略，二者的互动通常会以新兴国家取代原有中心力量为结果。反之，后者形成的松散等级秩序可能会达到一种长期均衡状态。这种情况更类似汉朝以后中国王朝与周边国家的关系。这一持续了几千年的等级体系在某种程度上具有高度稳定性。

最后，古代中国和以其为中心的东亚秩序体现的是大国与周边小国等级关系的一般性规律，还是无政府状态国际社会中独特的霸权模式？它在多大范围内可以突破时间和空间的限制，成为调整当下和未来东亚地区国际关系的理论模型？大国与周边小国等级关系的一般性规律和具有特殊文化属性的东亚国际社会，究竟哪一个因素在古代东亚国际关系中发挥着支配性和主导作用？这种支配性和主导作用是如何体现的？中国文化权威的特殊作用，在多大程度上以及如何致使古代中国与周边关系的轨道偏离了霸主国与周边小国关系的一般性特征？它在未来东亚秩序的构建中又可能发挥怎样的作用？这些问题国际关系学界都尚未给出令人信服的解答。

四　立足中国和东亚历史的实证研究与中国国际关系理论创新

对东亚秩序的学理讨论，意味着我们在某种意义或层面上将东亚这一地区看做特殊的研究对象，认为其拥有某种特别的学术创新价值，可能对现有理论体系提出挑战或予以补充。事实上，从历史视角比较东西方的宏观讨论由来已久，关于区域文明特殊性与一般性的哲学争论更拥有悠远的传统。其中一种研究传统认为，东西方文明都只是众多文明中的一种形式，其运转具有一般性逻辑，或者分处于一个大系统的不同发展阶段。例如，黑格尔、斯宾格勒等坚持认为，东西方的差异所体现的是它们在世界历史周期中所处的不同时段和位置。① 汤因比、布罗代尔等建立了统一的历史框架将东西方的发展纳入其中，认为在长时段中决定不同地区命运的是与地域文明特性无关的结构性因素，或该地区与外部环境互动的严峻程度。②21 世纪在史学界兴起的"加州学派"在方法论上反对"西方中心论"，主张重新挖掘东方历史，其视野和着眼点也放在与地域特性无关的一般性因素的解释上。③ 上述传统的共同特点在于，其研究结论认为决定地域文明差异的变量不存在所谓特殊性。另一种研究传统则相信，东方文明是平行于西方文明的独立体系，二者的行为往往依据和遵循不同的逻辑和路径。无论是魏特夫描述的建立在"东方专制主义"基础上的"治水文明"④、萨伊德开辟和阐释的"东方学"⑤，

---

① 黑格尔按照自由意识由低到高的发展阶段，将世界历史划分为"幼年"、"青年"、"中年"和"老年"四个阶段，他认为由于发自内心的自由意识的缺失，中国丧失了发展的动力，道德、伦理、科学和艺术完全依靠僵化、抽象、极端专制的政治实体推动，因此一直处于"幼年"阶段。斯宾格勒则认为，除了西方文化之外，包括中国文化在内的其他文化形式都已经死亡或僵化，而西方文化也同样难逃其衰败没落的结局。〔德〕奥斯瓦尔德·斯宾格勒：《西方的没落》，齐世荣等译，商务印书馆，1963。

② 〔英〕阿诺尔德·汤因比：《历史研究》，曹未风等译，上海人民出版社，1997；〔法〕费尔南·布罗代尔：《长时段：历史和社会学》，载《资本主义论丛》，顾良、张慧君译，中央编译出版社，1997，第 173 ~ 204 页。

③ 其主要人物有加利福尼亚大学体系的 Jack A. Goldstone，Kenneth Pomeranz，Richard von Glahn，R. Bin Wong，Wang Feng，Cameron Campbell；加州 Stockton 太平洋大学的 Dennis Flynn，Arturo Giraldez；加州理工学院的 James Z. Lee；南卡罗来纳州大学的 Whittier Robert Marks；多伦多大学的 Andre Gunder Frank；剑桥大学的 Jack Goody；伊利诺伊大学的 James Blaut，和社会研究新学院的 Janet Abu - Lughod 等人。代表成果可参见〔德〕贡德·弗兰克《白银资本：重视经济全球化中的东方》，刘北成译，中央编译出版社，2001；〔美〕彭慕兰《大分流：欧洲、中国及现代世界经济的发展》，史建云译，江苏人民出版社，2003；〔美〕王国斌《转变的中国——历史变迁与欧洲经验的局限》，李伯重、边玲玲译，江苏人民出版社，1998 等。葛德斯通对这一研究视角做了较为详尽的研究综述，参见 Jack A. Goldstone，2000，"The Rise of the West - or Not: A Revision to Socio - economic History"，http：//sociology. ucdavis. edu/personal/faculty/jgoldstn. htm。

④ 〔美〕卡尔·魏特夫：《东方专制主义——对于极权力量的比较研究》，徐式谷等译，中国社会科学出版社，1989。

⑤ 〔美〕爱德华·萨伊德：《东方学》，王宇根译，生活·读书·新知三联书店，1999。

还是亨廷顿宣扬的"文明冲突论"①，其分析前提都是基于对文明形态多样性和特殊性的信仰。

国际关系学界在借助历史研究和中西比较讨论本土创新时，既摆脱不了历史哲学讨论的影响，也不应完全回避思考其研究问题和对象在宏观历史哲学背景下的位置。与此同时，国际关系学科也在结合自身的特点和讨论问题的关切视角聚焦自身定位。一方面，在东西方历史的众多差异中，我们需要排除干扰项，找到那些影响东亚地区国家对外行为和国家间关系的特殊变量。在此基础上，我们可以进一步将这些根植于中国和东亚历史中的特殊变量区分为不同的层次：第一，看它们是否可以融入既有的一般性分析框架；第二，哪些因素的挖掘能够对现有概念、分析框架和研究视角予以理论补充和完善；第三，又或者哪些特性的存在突破了传统研究范式，需要组织新的替代性分析框架对东西方地区秩序的差异给予更为合理的解释。另一方面，作为社会科学的分支，中国国际关系研究同样不可能脱离西方的科学研究方法，而科学方法本身显然超越了地区、国界和政治观念上的分歧，具有一般性和普适性，这一点在理论界大致可以达成共识。

围绕理论本土化和创新意识，中国国际关系学界这些年一直在努力尝试通过科学的方法建立有别于西方国际关系理论的概念体系或思维方式。建立"中国学派"的想法、呼声和质疑也持续了多年。②尽管所谓"中国学派"的概念和内涵在中国国际关系学界内部尚未达成基本共识，但其精神实质大致可以归纳为以下三种：其一是借鉴中

---

① 〔美〕塞缪尔·亨廷顿：《文明的冲突与世界秩序的重建》，周琪等译，新华出版社，1999。

② 王义桅、倪世雄：《试比较国际关系学及国际关系理论的中国学派》，《开放时代》2002 年第 5 期；秦亚青：《国际关系理论中国学派生成的可能和必然》，《世界经济与政治》2006 年第 3 期；梅然：《该不该有国际政治理论的中国学派？——兼评美国的国际政治理论》，《国际政治研究》2000 年第 1 期；王卓宇：《中国学派的观念困境：基于比较视野中的分析》，《当代亚太》2012 年第 2 期。

国独特的思想、文化传统去构建本土国际关系理论；其二是在批判西方国际关系理论的基础上，建构中国的国际关系理论框架；其三是从西方现有的国际关系理论出发，在中国思想史中寻找经验支持，以证明中西国际关系思想的殊途同归。

将西方现有的国际关系范式、理论和概念视为先验的出发点，进而在中国思想史和历史实践中寻找依据和佐证，这在中国国际关系研究发展的特定阶段发挥了创新价值，但无法令中国学派的研究具有持久的生命力。着眼于以批判西方理论和构建本土理论为目标而寻找依据，其结果又往往难以实现案例与理论的有效融合。目前中国国际关系理论创新的现实路径是从中国的历史经验出发，在东亚国际关系的行为和结构中寻求独特性或一般性规律，并以此为立足点审视西方国际关系的理论范式和概念体系在适用条件、解释能力等方面的局限性；在此基础上进而提出自己的理论假说，并运用丰富的东亚历史经验予以检验。当然，进一步思考基于中国自身观念假说之上理想的地区秩序及世界秩序，亦不失为一种大胆的理论尝试，尽管其难度往往难以驾驭。无论如何，立足中国自身的命题和面临的困境，通过实证研究来揭示中国与世界的互动关系，以及中国经验对国际关系理论的贡献，是中国和西方国际关系学界平等对话的基础。

中国是东方国家及其组织形式的代表，其悠久的历史中蕴含着极为丰富的案例素材。这些历史经验不但可以成为国际关系理论创新的实证基础，而且在对中国与东方世界关系的理解和预测方面可以弥补西方国际关系理论所忽视的分析视角和元素。如果中国国际关系学界有可能构建一个所谓"中国学派"的话，那么连接理论与经验这一完整躯体的生命枢纽或许正植根于本土及东亚国际关系的历史。在这一点上，"英国学派"运用历史研究方法解释区域主义和地区秩序问题的思路和经验值得我们借鉴。尽管我们需要尽力避免"英国学派"学者研究问题过于分散和零碎、难以形成交集和缺少规范分析范式等缺陷，但他们的历史方法触及地区秩序研究的灵魂所在。布赞等学者认为，历史与理论的相互脱节导致现代美国国际关系主流学派被"威斯特伐利亚束身衣"（Westphalian straightjacket）所束缚。① 他们相信，国家行为依赖于过去的事件或者历史的假说，并将这套"历史制度主义"的逻辑应用于欧洲的区域化研究，把区域主义理解为历史的发展过程和"路径依赖"② 及制度化延续的结果，而非一个全新世界的产物。③ 尽管历史与文明的现代化进程之间有时存在一定理论嫁接的难题，但其中可借鉴的价值是丰富而深厚的。这是一个有待我们去挖掘的新研究领域，其在语言、文化、文献积累乃至话语权方面具有强大的自身优势。

这种尝试和努力方向如今已初显成效。越来越多的中国国际关系学者投入东亚国际关系史的研究中，一些具有传统中国历史学科背景的青年学者也开始通过国际关系的范式和问题导向来研究东亚问题。④ 更重要的是，这些历史研究的命题和理论创新意识明显增强、讨论和互动氛围开始形成，其中突出的研究成果开始引起西方国际关系学界的关

① 〔英〕巴里·布赞、理查德·利特尔：《世界历史中的国际体系——国际关系研究的再构建》，刘德斌译，高等教育出版社，2004，第6页。

② "路径依赖"概念最初由布莱恩·阿瑟和保罗·戴维提出。它有两层含义：其一是信奉初始条件是起作用的，坚持未来发生的事件无法独立于过去；其二是强调制度演化过程中由于一系列偶然事件的干扰，其演化会有多种可能结果或均衡状态。参见 Brian Arthur, "Competing Technologies, Increasing Returns and Lock – in by Historical Small Events", *Economic Journal*, Vol. 99, No. 1, 1989, pp. 116 – 131; Paul David, "Clio and the Economics of QWERTY", *The American Economic Review*, Vol. 75, No. 2, 1985, pp. 332 – 337; Paul David, "Path Dependence and the Quest for Historical Economics: One More Chorus of the Ballad of QWERTY", in *Discussion Papers in Economics and Social History* (Oxford: University of Oxford, 1997)。

③ Knud Erik Jorgensen, "Blind Dating: The English School Meets European Integration", BISA Conference, December 18 – 20, 2000, University of Bradford; 〔英〕亚当·罗伯茨：《国际关系的新时代》，马殿军译，载袁明主编《跨世纪的挑战：中国国际关系学科的发展》，北京大学出版社，2007 年，第 23 ~ 24 页。

④ 参见杨倩如《双重视野下的"古代东亚国际体系"研究——在中外关系史与国际政治学之间》，《当代亚太》2013 年第 2 期。

注。周方银的论文《朝贡体制的均衡分析》发表之后，受到海外国际关系学界的格外关注。[①] 布赞、沃马克、大卫·康等西方知名学者，以及张勇进、宋念申、王元纲等海外华人学者都对论题深表兴趣，纷纷做出回应。[②] 这一现象在某种意义上说具有标志性象征。它反映了西方国际关系学界对中国国际关系研究的反向关注，是中外学者在中国国际关系问题研究上的平等互动。反观近三十年来，常规的模式都是西方国际关系学者创造出某个成型的理论和概念体系，或者西方国际关系学界关注某一命题并进行一系列较为成熟的研究之后，中国学者接着引进并梳理这些理论和成果，或跟进对这些命题的研究。中国国际关系学界对于国际关系主流话题的关注和把握总是比西方国际关系学界慢一拍甚至几拍。然而，在关于中国与东亚秩序的研究中，中国国际关系学者似乎走在了西方学界的前面。美国国际政治学界的领军国际刊物《国际组织》在 2012 年首期主打位置刊登了有关东亚秩序的论文，将东亚秩序看做独立并平行于以威斯特伐利亚体系为中心的西方秩序的一种国际体制。[③] 可见，西方主流国际关系学界也开始意识到，中国与东亚秩序研究是一个崭新的理论生长点。

如今，中国正在崛起，至少在外部世界看来如此。在这一过程

---

① 周方银：《朝贡体制的均衡分析》，《国际政治科学》2011 年第 1 期。

② 参见 Zhang Yongjin and Barry Buzan, "The Tributary System as International Society in Theory and Practice," *Chinese Journal of International Politics*, Vol. 5（1）, 2012, pp. 3 – 36; Brantly Womack, "Asymmetry and China's Tributary System: Reflections on Zhou Fangyin", *The Chinese Journal of International Politics*, Vol. 1, 2012; Song Nianshen, "'Tributary' from a Multilateral and Multilayered Perspective: A Response to Zhou Fangyin's 'Equilibrium Analysis' and the Rest", *The Chinese Journal of International Politics*, Vol. 1, 2012; David C. Kang, "Authority, and Legitimacy in International Relations: Evidence from Korean and Japanese Relations in Premodern East Asia", *The Chinese Journal of International Politics*, Vol. 1, 2012; Wang Yuankang, "Managing Regional Hegemony in Historical China", *The Chinese Journal of International Politics*, Vol. 2, 2012。

③ Erik Ringmar, "Performing International Systems: Two East – Asian Alternatives to the Westphalian Order", *International Organization*, Vol. 66, Winter, 2012, pp. 1 – 25.

中，全世界都在试图理解和研究中国，特别是中国的国际行为。值此良机，中国国际关系学界能否在讨论本国及其所属区域的问题时，比西方同侪的研究更具时空穿透力？对中国学者而言，这既是机遇也是考验。我们曾经投入几年的时间，做过一些大国经济兴衰的研究。这其中既涉及西方主要大国的经验案例，也涉及一部分晚明中国的历史研究。① 其间，我们深刻地感受到，尾随西方学者的关注点去研究美国和欧洲大国，几乎没有多少创造性的空间。对方学者的成果根植于本国深厚的研究传统中，他们了解更多情况，具有经验和直觉上的优势，并且拥有相对成熟的学术共同体。与之相比，我们在研究晚明中国时可发挥的空间要大得多。特别在历史细节的理解和相通性方面，国外学者囿于文化和语言的障碍，往往难以把握到位。

中国国际关系学界如若延续过去三十年的思维模式，套用西方现成的理论和概念去研究对方关注的问题，那么即便其中的佼佼者能够在国际名刊上发表研究论文，恐怕也难以与西方国际关系学界展开真正的平等对话。而如果我们立足于中国自身的历史经验和时代需要，提出一系列有价值的命题，进而围绕这些命题去做一些扎实的科学实证研究，那么我们或许可以以一种主动的方式带动国际主流学界的讨论，中国本土国际关系研究也才能真正获得西方学界的尊重。

---

① 参见张宇燕、高程《美洲金银和西方世界的兴起》，中信出版社，2004；张宇燕、高程《海外白银、初始制度条件与东方世界的停滞——关于晚明中国何以"错过"经济起飞历史机遇的猜想》，《经济学》（季刊）2005 年第 1 期。

参考文献

一　中文著作

B. M. 赫沃斯托夫编《外交史》第二卷下册，高长荣等译，生活·读书·新知三联书店，1979。

S. F. 比米斯：《美国外交史第三分册》，叶笃义译，商务印书馆，1985。

艾伦·帕尔默，《俾斯麦传》，高年生、张连根译，商务印书馆，1982。

安德鲁·海伍德：《政治学核心概念》，吴勇译，天津人民出版社，2008。

奥托·冯·俾斯麦：《思考与回忆：俾斯麦回忆录第二卷》，生活·读书·新知三联书店，2006。

彼得·卡赞斯坦：《地区构成的世界：美国帝权中的亚洲和欧洲》，秦亚青、魏玲译，北京大学出版社，2007。

滨下武志：《近代中国的国际契机：朝贡贸易体系与近代亚洲经济圈》，朱荫贵、欧阳菲译，中国社会科学出版社，1999。

曹云华、唐翀：《新中国——东盟关系论》，世界知识出版社，2005。

曹云华主编《新中国——东盟关系论》，世界知识出版社，2005。

陈乔之等《冷战后东盟国家对华政策研究》，社会科学出版社，2001。

邓超：《美国侵略下的拉丁美洲》，世界知识出版社，1957。

丁·布卢姆等：《美国的历程》（下册第二分册），戴瑞辉等译，商务印书馆，1988。

何曜：《当代国际体系与中国的战略选择》，《国际环境与中国的和平发展》，时事出版社，2006。

赫德利·布尔：《无序社会：世界政治秩序研究》，张小明译，世界知识出版社，2003。

赫尔弗里德·明克勒：《帝国：统治的逻辑——从古罗马到美国》，阎振江、孟翰译，中央编译出版社，2008

亨利·基辛格：《大外交》，顾淑馨、林添贵译，海南出版社，1998。

亨利·基辛格：《世界秩序》，胡利华、林华、曹爱菊译，中信出版社，2015。

洪国起、王晓德：《冲突与合作：美国与拉丁美洲关系的历史考察》，山西高校联合出版社，1994。

黄硕风：《大较量：国力、球力论》，湖南出版社，1992。

黄枝连：《天朝礼治体系研究中卷东亚的礼义世界》，中国人民大学出版社，1994。

吉尔伯特·罗兹曼主编《中国的现代化》，陶骅等译，上海人民出版社，1989。

拉尔夫·德·贝茨：《美国史：1933－1973 上卷》，南京大学历史系英美对外关系研究室译，人民出版社，1984。

莱斯利·贝瑟尔主编《剑桥拉丁美洲史第四卷约 1870－1930》，中国社会科学院拉丁美洲研究所组译，社会科学文献出版社，1991。

李铁城：《联合国的历程》，北京语言学院出版社，1993。

李永：《零伤亡战争》，中国工人出版社，2003。

李云泉：《朝贡制度史论：中国古代对外关系体制研究》，新华出版社，

2004。

梁守德、洪银娴：《国际政治学理论》，北京大学出版社，2000。

列·伊·祖波克：《美国史纲：1877－1918年》，声译，生活·读书·新知三联书店，1972。

林克、卡顿：《一九〇〇年以来的美国史上卷》，刘绪贻等译，中国社会科学出版社，1983。

刘江永：《中日关系二十讲》，中国人民大学出版社，2012。

罗伯特·杰维斯：《国际政治中的知觉与错误知觉》，秦亚青译，世界知识出版社，2003。

潘远洋：《泰国军情探索》，军事谊文出版社，2010。

培顿·杨：《个人策略与社会结构——制度的演化理论》，王勇译，上海人民出版社，2004。

秦亚青：《关系与过程——中国国际关系理论的文化建构》，上海人民出版社，2012。

阮宗泽：《中国崛起与东亚国际秩序的转型：共有利益的塑造与拓展》，北京大学出版社，2007。

斯蒂芬·平克：《人性中的善良天使》，安雯译，中信出版社，2015。

孙学峰等：《合法化战略与大国崛起》，社会科学文献出版社，2014。

唐世平、张洁、曹筱阳：《冷战后近邻国家对华政策研究》，世界知识出版社，2005。

万明：《中国融入世界的步履：明与清前期海外政策比较研究》，上海财经大学出版社，2000。

王缉思等主编《美国在东亚的作用：观点、政策及影响》，时事出版社，2008。

王立新：《意识形态与美国外交政策：以20世纪美国对华政策为个案的研究》，北京大学出版社，2007。

王明星：《韩国近代外交与中国：1861－1910》，中国社会科学出版社，1998。

王天有、徐凯、万明主编《郑和远航与世界文明：纪念郑和下西洋600周年论文集》，北京大学出版社，2005。

王玮、戴超武：《美国外交思想史：1775－2005年》，人民出版社，2007。

吴心伯等：《转型中的亚太地区秩序》，时事出版社，2013。

小约瑟夫·奈：《理解国际冲突：理论与历史》，张小明译，上海人民出版社，2002。

谢·阿·冈尼昂斯基：《美国侵占巴拿马运河史》，薛锺柔译，生活·读书·新知三联书店，1964。

谢沃斯季扬诺夫主编《美国现代史纲》，桂史林等译，上海三联书店，1978。

徐世澄主编《美国和拉丁美洲关系史》，社会科学文献出版社，2007。

许田波：《战争与国家形成：春秋战国与近代早期欧洲之比较》，徐进译，上海人民出版社，2009。

亚历山大·温特：《国际政治的社会理论》，秦亚青译，上海人民出版社，2000。

阎学通：《历史的惯性：未来十年的中国与世界》，中信出版社，2013。

阎学通：《世界权力的转移：政治领导与战略竞争》，北京大学出版社，2015。

阎学通、杨原：《国际关系分析》，北京大学出版社，2013。

杨军、王秋彬：《中国与朝鲜半岛关系史论》，社会科学文献出版社，2006。

尤利·德沃伊斯特：《欧洲一体化进程：欧盟的决策与对外关系》，门镜译，中国人民大学出版社，2007。

余定邦、陈树森：《中泰关系史》，中华书局，2009。

约翰·伊肯伯里：《自由主义利维坦：美利坚世界秩序的起源、危机和转型》，赵明昊译，上海人民出版社，2013。

约翰·伊肯伯里主编《美国无敌：均势的未来》，韩召颖译，北京大学出版社，2005。

朱迪斯·戈尔茨坦、罗伯特·基欧汉：《观念与外交政策》，刘东国、于军译，北京大学出版社，2005。

朱锋：《国际关系理论与东亚安全》，中国人民大学出版社，2007。

朱立群：《欧洲安全组织与安全结构》，世界知识出版社，2002。

朱明权：《欧盟共同外交和安全政策与欧美协调》，文汇出版社，2002。

朱宪辰：《人类行为的法则：学习行为实验经济学研究》，浙江大学出版社，2009。

朱瀛泉主编《国际关系评论第五辑》，南京大学出版社，2007。

二 中文文章

奥斯莫纳昆·易卜拉伊莫夫：《上海合作组织：希望与期待：吉尔吉斯斯坦视角》，杨波译，《国际观察》2009 年第 6 期。

巴里·布赞：《中国能和平崛起吗?》，《国际政治科学》2010 年第 2 期。

蔡建：《1879 年德奥同盟形成原因浅析》，《吴中学刊》1997 年第 2 期。

蔡拓：《全球主义视角下的国际秩序》，《现代国际关系》2014 年第 7 期。

曹云华：《泰国华人社会初探》，《世界民族》2003 年第 1 期。

查雯：《菲律宾南海政策转变的国内政治因素》，《当代亚太》2014 年第 5 期。

陈红升：《泰国：2010 年回顾与 2011 年展望》，《东南亚纵横》2011 年 3 月。

陈琪、周舟、唐棠：《东盟对中国－东盟自贸区的顾虑》，《国际政治科学》2010 年第 4 期。

陈尚胜：《字小与国家利益：对于明朝就朝鲜壬辰倭乱所做反应的透视》，《社会科学辑刊》2008 年第 1 期。

陈志瑞、刘丰：《国际体系、国内政治与外交政策理论——新古典现实主义的理论建构与经验拓展》，《世界经济与政治》2014 年第 3 期。

承庆昌：《评德意志帝国宰相俾斯麦的外交政策》，《山西师范大学学报》1991 年第 1 期。

代帆、金是用：《安全与发展：菲律宾对华政策研究》，《南洋问题研究》2009 年第 3 期。

戴长征：《道义与国际秩序》，《现代国际关系》2014 年第 7 期。

戴颖、邢悦：《中国未在联合国对美国软制衡》，《国际政治科学》2007 年第 3 期。

弗朗西斯·福山：《美国政治制度的衰败》，宋阳旨译，《国外理论动态》2014 年第 9 期。

傅梦孜：《当前国际经济秩序的演变趋势》，《现代国际关系》2014 年第 7 期。

傅梦孜：《中国周边战略问题思考点滴》，《现代国际关系》2013 年第 10 期，。

甘均先：《中美印围绕新丝绸之路的竞争与合作分析》，《东北亚论坛》2015 年第 1 期。

甘宜沅、黄晓、阮振华：《中泰贸易分析》，《东南亚纵横》2005 年第 11 期。

高程：《从规则视角看美国重构国际秩序的战略调整》，《世界经济与政治》2013 年第 12 期。

高程：《周边环境变动对中国崛起的挑战》，《国际问题研究》2013 年第 5 期。

何芳川：《"华夷秩序"论》，《北京大学学报》1998 年第 6 期。

何芳川：《古代来华使节考论》，《北京大学学报》2005 年第 3 期。

何芳川：《世界历史上的大清帝国》，《史学理论研究》2004 年第 1 期。

胡仕胜：《对当前国际秩序转型的几点看法》，《现代国际关系》2014 年第 7 期。

黄金贞、卢光盛：《泰中贸易的现状、问题及前景分析——泰国的视角》，《东南亚纵横》2011 年 9 月。

黄仁伟、黄丹琼：《现有的国际秩序到底来自何处》，《世界知识》2015 年第 17 期。

姜志达：《亚洲新安全观及其秩序意涵：规范的视角》，《和平与发展》2014 年第 5 期。

李晨阳：《对冷战后中国与东盟关系的反思》，《外交评论》2012 年第 4 期。

李明江、张宏洲：《新加坡的南海政策：中立有为、稳定和平》，《东南亚研究》2011 年第 6 期。

李巍：《东亚经济地区主义的终结？制度过剩与经济整合的困境》，《当代亚太》2011 年第 4 期。

李向阳：《跨太平洋伙伴关系协定：中国崛起过程中的重大挑战》，《国际经济评论》2012 年第 2 期。

李向阳：《中国崛起过程中解决边海问题的出路》，《现代国际关系》2012 年第 8 期。

李潇：《论晚清朝贡体系的解体》，载朱瀛泉主编《国际关系评论》（第五辑），南京大学出版社，2007。

李永辉：《权力转移与国际秩序转型》，《现代国际关系》2014 年第 7 期。

梁凯：《晚清华夏秩序的解体——兼论"朝贡"关系的终结》，《社会科学研究》2000 年第 6 期。

林利民：《如何认识国际秩序（体系）及其转型？》，《现代国际关系》2014 年第 7 期。

刘丰：《大国制衡行为：争论与进展》，《外交评论》2010 年第 1 期。

刘丰：《国际利益格局挑战与国际秩序转型》，《外交评论》2015 年第 5 期。

刘丰：《均势为何难以生成——从结构变迁的视角解释制衡难题》，《世界经济与政治》2006 年第 9 期。

刘丰：《美国的联盟管理及其对中国的影响》，《外交评论》2014 年第 6 期。

刘丰：《中国周边战略的目标、手段及其匹配》，《当代亚太》2013 年第 5 期。

刘江永：《中国的周边安全挑战与大周边外交战略》，《世界经济与政治》2013 年第 6 期。

刘鸣：《国际体系与世界社会、国际秩序及世界秩序诸概念的比较》，《社会科学》2004 年第 2 期。

刘若楠：《地区等级体系衰落的路径分析》，《世界经济与政治》2014 年第 12 期。

刘笑盈：《中国与国际秩序转型中的话语体系建构》，《现代国际关系》2014 年第 7 期。

刘中民：《冷战后东南亚国家南海政策的发展动向与中国的对策思考》，《南洋问题研究》2008 年第 2 期。

马俊：《论保加利亚危机期间的俾斯麦外交》，《学海》2000 年第 2 期。

门洪华：《地区秩序建构的逻辑》，《世界经济与政治》2014 年第 7 期。

聂宏毅、李彬：《中国在领土争端中的政策选择》，《国际政治科学》2008 年第 4 期。

祁怀高、石源华：《中国的周边安全挑战与大周边外交战略》，《世界经济与政治》2013 年第 6 期。

秦亚青：《国际体系、国际秩序与国家的战略选择》，《现代国际关系》2014 年第 7 期。

邱凯淇：《俾斯麦外交再讨论——兼与王鹏飞同志商榷》，《世界历史》1983 年第 6 期。

权赫秀：《中国古代朝贡关系评述》，《中国边疆史地研究》2005 年第 3 期。

任晓：《论东亚"共生体系"原理——对外关系思想和制度研究之

一》，《世界经济与政治》2013 年第 7 期。

阮宗泽：《中国需要构建怎样的周边》，《国际问题研究》2014 年第 2 期。

时殷弘：《中国崛起与世界秩序》，《现代国际关系》2014 年第 7 期。

苏长和：《从历史维度认识国际秩序的演进》，《现代国际关系》2014 年第 7 期。

苏长和：《共生型国际体系的可能——在一个多极世界中如何构建新型大国关系》，《世界经济与政治》2013 年第 9 期。

孙学峰：《东亚准无政府体系与中国的东亚安全政策》，《外交评论》2011 年第 6 期。

唐永胜：《发挥地缘优势经营周边战略依托》，《战略决策研究》2014 年第 5 期。

王碧珺：《被误读的官方数据：揭示真实的中国对外直接投资模式》，载《国际经济评论》2013 年第 1 期。

王栋课题组：《中国崛起与亚太国家对冲行为研究》，《2012－2013 战略纵横研究报告汇编》，北京大学国际战略研究中心。

王鸿刚：《中国的"国际秩序观"是什么》，《世界知识》2015 年第 18 期。

王缉思：《全球发展趋势与中国的国际环境》，《当代世界》2013 年第 1 期。

王缉思：《中国的国际定位问题与"韬光养晦、有所作为"的战略思想》，《国际问题研究》2011 年第 2 期。

王生、罗肖：《国际体系转型与中国周边外交之变：从维稳到维权》，《现代国际关系》2013 年第 1 期。

王子昌：《泰国他信的治国之道》，《东南亚研究》2006 年第 5 期。

魏磊、张汉林：《美国主导跨太平洋伙伴关系协议谈判的意图及中国对策》，《国际贸易》2010 年第 9 期。

吴怀中：《日本在钓鱼岛争端中的国际舆论动员》，《外交评论》2014

年第 3 期。

吴建民：《中国外交需要大战略》，《国际关系研究》2013 年第 1 期。

吴心伯：《论奥巴马政府的亚太战略》，《国际问题研究》2012 年第 2 期。

徐进：《在韬晦和有为之间：中国在保障国际安全中的作用》，《国际安全研究》2013 年第 4 期。

阎学通：《从南海问题说到中国外交调整》，《世界知识》2012 年第 1 期。

阎学通：《道义现实主义的国际关系理论》，《国际问题研究》2014 年第 5 期。

阎学通：《俄罗斯可靠吗?》，《国际经济评论》2012 年第 3 期。

阎学通：《国际领导与国际地规范的演化》，《国际政治科学》2011 年第 1 期。

阎学通：《权力中心转移与国际体系转变》，《当代亚太》2012 年第 6 期。

阎学通：《中国外交全面改革的开始》，《世界知识》2013 年第 24 期。

杨昊：《全球秩序：概念、内涵与模式》，《国际观察》2014 年第 2 期。

杨洁篪：《在纷繁复杂的国际形势中开创中国外交新局面》，《国际问题研究》2014 年第 1 期。

杨洁勉：《新兴大国群体在国际体系转型中的战略选择》，《世界经济与政治》2008 年第 6 期。

杨少华：《评软制衡论》，《世界经济与政治》2006 年第 7 期。

于津平：《中国与东亚主要国家和地区间的比较优势与贸易互补性》，《世界经济》2003 年第 5 期。

袁鹏：《关于新时期中国大周边战略的思考》，《现代国际关系》2013 年第 10 期。

袁鹏：《我们为什么探讨国际秩序变迁?》，《现代国际关系》2014 年第 7 期。

约翰·伊肯伯里：《地区秩序变革的四大核心议题》，凌岳译，《国际政治研究》2011 年第 1 期。

张清敏：《中国解决陆地边界经验对解决海洋边界的启示》，《外交评论》2013 年第 4 期。

张勇：《日美关系中的普天间基地搬迁问题》，《日本学刊》2012 年第 3 期。

张宇燕：《再全球化浪潮正在涌来》，《世界经济与政治》2012 年第 1 期。

张运成：《简析世界经济体系"再平衡"》，《现代国际关系》2014 年第 7 期。

张蕴岭：《把握周边环境新变化的大局》，《国际经济评论》2012 年第 1 期。

张蕴岭：《中国与邻国的新关系》，《当代亚太》2007 年第 2 期。

赵光勇：《泰国外交政策的演变》，《红河学院学报》2006 年第 3 期。

赵华胜：《上海合作组织：过去和未来的 5 年》，《国际观察》2006 年第 2 期。

赵江林：《战略方向与实施路径：中美丝绸之路倡议比较研究》，《战略决策研究》2015 年第 3 期。

赵可金：《走向南方可能是中国今后十年的战略重心》，《世界知识》2013 年第 24 期。

赵晓春：《国际秩序转型背景下的大国斗争刍议》，《现代国际关系》2014 年第 7 期。

周方冶：《泰国对华友好合作政策的动力与前景》，《当代亚太》2004 年第 11 期。

周方银：《韬光养晦与两面下注——中国崛起过程中的中美战略互动》，《当代亚太》2011 年第 5 期。

周方银：《中国崛起、东亚格局变迁与东亚秩序的发展方向》，《当代亚太》2012 年第 5 期。

周方银：《周边环境走向与中国的周边战略选择》，《外交评论》2014年第 1 期。

朱锋：《东亚需要什么样的区域主义？——兼析区域主义基本理论》，《太平洋学报》1997 年第 3 期。

朱锋：《中美战略竞争与东亚安全秩序的未来》，《世界经济与政治》2013 年第 3 期。

左希迎：《中国在钓鱼岛争端中的战略动员》，《外交评论》2014 年第 2 期。

三　英文著作

Alastair Iain Johnston and Robert S. Ross, *Engaging China：The Management of an Emerging Power* (New York：Routledge，1996).

Alstyne Van, *The Rising American Empire* (Oxford：Blackwell1960).

Amitav Acharya, 2001. *Constructing a Security Community in Southeast Asia：ASEAN and the Problem of Regional Order* (New York；London：Routledge，2001).

Amitav Acharya, *The End of American World Order* (Cambridge：Polity，2014).

Andrés Rosler, *Political Authority and Obligation in Aristotle* (Oxford：Clarendon Press，2005).

Arnold J. Zurcher, The Struggle to Unite Europe, 1940 – 1958 (New York：New York University Press，1958).

A. W. DePorte, *Europe between the Superpowers：the Enduring Balance* (New Haven：Yale University Press，1979).

Barry Buzan and Ole Waever, *Regions and Powers：The Structure of International Security* (Cambridge：Cambridge University Press，2002).

Björn Hettne, András Inotai and Osvaldo Sunkel, *Comparing Regionalisms：Implications for Global Development* （New York：Palgrave, 2001）.

Bruce Gilley and Andrew O'Neil, *Middle Powers and the Rise of China* （Washington, D. C.：Georgetown University Press, 2014）.

Chalmers Johnson, *MITI and the Japanese Miracle：The Growth of Industrial Policy, 1925 – 1975* （Stanford, CA：Stanford University Press, 1982）.

Charles A. Kupchan, *The End of the American Era：U. S. Foreign Policy and the Geopolitics of the Twenty – first Century* （New York：A. Knopf, 2002）.

Charles A. Kupchan, *The West, the Rising Rest, and the Coming Global Turn* （New York：Oxford University Press, 2012）.

Charles W. Kegley, Jr, *Controversies in International Relations Theory：Realism and the Neoliberal Challenge* （New York：St. Martin's Press, 1995）.

Cohen Warren I. , 1993. *The Cambridge history of American foreign relations* （Cambridge England：Cambridge University Press, 1993）.

Conde A. De, *A History of American Foreign Policy* （New York：Scribner, 1963）.

David A. Lake and Patrick M. Morgan, *Regional Orders：Building Security in a New World* （University Park：Pannsylvania State University Press, 1997）.

David A. Lake, *Hierarchy in International Relations* （Ithaca：Cornell University Press, 2009）

David C. Kang, *China Rising* （New York：Columbia University Press, 2007）.

David P. Calleo, *Beyond American Hegemony：the Future of the Western*

Alliance（New York：Basic Books，1987）.

Douglas Brinkley and Clifford Hackett，1991. *Jean Monnet：the Path to European Unity*（New York：St. Martin's Press，1991）.

Ernst B. Haas，*The Uniting of Europe：Political，Social，and Economic Forces，1950 - 1957*（Stanford，Calif. ：Stanford University Press，1968）.

Evan S. Medeiros，*Pacific Currents：The Responses of U. S. Allies and Security Partners in East Asia to China's Rise*（Santa Monica，Calif. ：RAND Corporation，2008）.

Evelyn Goh，*The Struggle for Order，Hegemony，Hierarchy，and Transition in Post - Cold War East Asia*，（Oxford：Oxford University Press，2013）.

F. A. Hayek，*The Constitution of Liberty*（Chicago：The University of Chicago Press，1960）.

George Sorensen，*A Liberal World Order in Crisis：Choosing Between Imposition and Restraint*（Ithaca：Cornell University Press，2010，chapter 1.

G. John Ikenberry and Michael Mastanduno，2013. *International Relations Theory and the Asia - Pacific*（New York：Columbia University Press，2013）.

G. John Ikenberry，2014. *Power，Order and Change in World Politics*（Cambridge：Cambridge University Press，2014）.

G. John Ikenberry，Michael Mastanduno，and William C. Wohlforth，*International Relations Theory and the Consequences of Unipolarity*（Cambridge：Cambridge University Press，2011）.

G. John Ikenberry，*Liberal Leviathan：The Origins，Crisis，and Transformation of the American World Order*（Princeton：Princeton University Press，2011）.

Hedley Bull，*The Anarchical Society：A Study of Order in World Politics*（Beijing：Peking University Press，2007）.

Hedley Bull, *The Anarchical Society: A Study of Order in World Politics*, Basingstoke (Hampshire; New York: Palgrave, 2002).

Helga Haftendorn, Robert O. Keohane and Celeste A. Wallander, *Imperfect Unions: Security Institutions Over Time and Space* (Oxford: Oxford University Press, 1999).

Henry Kissinger, *World Order* (Penguin Press HC, 2014).

Herbert Butterfield and Martin Wight, Diplomatic Investigations: Essays in the theory of International Politics (Cambridge, Mass: Harvard University Press, 1968), pp. 140 – 143.

Ian Clark, *Hegemony in international Society* (New York: Oxford University Press, 2011).

James N. Rosenau and Ernst – Otto Czempiel, *Governance Without Government: Order and Change in World Politics* (Cambridge England: Cambridge University Press, 1992).

Jerald A. Combs, *Nationalist, Realist, and Radical: Three Views of American Diplomacy* (New York: Harper & Row, 1972).

Jerald A. Combs and Arthur G. Combs, *The History of American Foreign Policy* (New York: McGraw – Hill, 1997).

Joel Atkinson, *Australia and Taiwan: China, the United States and the South Pacific* (Leiden: Brill, 2013), p. 94.

John Mearsheimer, *The Tragedy of Great Power Politics* (New York: W. W. Norton, 2014).

John Pinder, *European Community: the Building of a Union* (Oxford: Oxford University Press, 1995).

Jon Elster, *The Cement of Society: A Study of Social Order*, (Cambridge: Cambridge University Press, 1989).

Joseph S. Ney, *Understanding International Conflicts: An Introduction to*

Theory and History （New York: Pearson Longman, 2009）.

Joseph S. Nye Jr, *The Paradox of American Power: Why the World's Only Superpower Can't Go It Alone.*

Jytte Klausen and Louise A. Tilly , *European Integration in Social and Historical Perspective: 1950 to the Present* （Lanham, Md. : Rowman& Littlefield Publishers, 1997）.

Karol Soltan, Eric M. Uslaner, Virginia Haufler, *Institutions and Social Order* （Ann Arbor: The University of Michigan Press, 1998）.

Kaul Inge Grunberg Isabelle and Stern Marc A. , *Global PublicGoods: International Cooperation in the 21st Century* （New York: Oxford University Press, 1999）.

Kenneth N. Waltz, *Theory of International Politics, Reading* （Mass. : Addison – Wesley, 1979）.

Kenneth Waltz, *Theory of International Politics* （Beijing: Peking University Press, 2004）.

Kenneth W. Thompson, *Politics Among Nations: the Struggle for Power and Peace* （New York: McGraw – Hill, 1985）.

Kevin Wilson and Jan Van der Dussen, *The History of the Idea of Europe* （Milton Keynes: Open University: Routledge, 1995）.

Kokubun Ryosei and Wang Jisi , *The Rise of China and a Changing East Asian Order* （Tokyo; New York: Japan Center for International Exchange; Washington, D. C. : Distributed outside Japan by Brookings Institution Press, 2004, pp. 78 – 87.

Martha Finnemore, *National Interests in International Society* （Ithaca, N. Y. : Cornell University Press, 1996）.

Michael Haas, *The Asian Way to Peace: a Story of Regional Cooperation* （New York: Praeger, 1989）.

Michael Leifer, "The Balance of Power and Regional Order," in Michael Leifer ed. , *The Balance of power in East Asia* (London: Macmillan, 1986).

Morrell Heald and Lawrence S. Kaplan, *Culture and Diplomacy: the American Experience* (Westport, Conn. : Greenwood Press, 1977).

Muthiah Alagappa , *Asian Security Practice: Material and Ideational Influences* (Stanford, Calif. : Stanford University Press, 1998).

Muthiah Alagappa, *Asian Security Order: Instrumental and Normative Features* (California: Stanford University Press, 2003).

Negel R. Thalakada, *Unipolarity and the Evolution of America's Cold War Alliances* (London: Palgrave Macmillan, 2012).

Nuno P. Monteiro, *Theory of Unipolar Politics* (Cambridge: Cambridge University Press, 2014).

Paul Kennedy, *Preparing for the Twenty - first Century* (New York: Random House, 1993).

Randall L. Schweller, *Maxwell's, Demon and the Golden Apple: Global Disorder in the New Millennium* (Baltimore: John Hopkins University Press, 2014).

Richard Cobbold , *The World Reshaped* (New York, N. Y. : Macmillan; St. Martin's Press, 1996).

Robert Gilpin, *War and Change in World Politics* (Cambridge, Cambridge University Press, 1981).

Robert O. Keohane and Joseph S. Nye, *Power and Interdependence* (New York: HarperCollins, 1989).

Robert O. Keohane, *Neorealism and Its Critics* (New York: Columbia University Press, 1986).

Robert S. Ross, *East Asia in Transition: Toward a New Regional Order*

(Armonk, N. Y. : M. E. Sharpe, 1995).

Simon Reich and Richard Ned Lebow, *Good – Bye Hegemony*! *Power and Influence in the Global System* (Princeton: Princeton University Press, 2014).

Stephen Brooks and William Wohlforth, *World Out of Balance: International Relations and the Challege of America Primacy* (Princeton: Princeton University Press, 2008).

Steve Chan, *Looking for Balance: China, the United States, and Power Balancing in East Asia* (Stanford, CA: Stanford University Press, 2012).

Stuart Kaufman, Richard Little, William C. Wohlforth, *The Balance of Power in World History* (New York: Palgrave Macmillan, 2007).

S. Gonionsky, "The Unburied Corpse of the Monroe Doctrine," in Jerald A. Combs ed. , *Nationalist, Realist, and Radical: Three Views of American Diplomacy* (New York: Harper & Row, 1972).

Tanisha M. Fazal, 2007. *State Death: The Politics and Geography of Conquest, Occupation, and Annexation* (Princeton: Princeton University Press).

Thomas A. Bailey, *A Diplomatic History of the American People* (Englewood Cliffs, N. J. : Prentice – Hall, 1974).

Thomas J. Biersteker and Cynthia Weber, *State Sovereignty as SocialConstruct* (Cambridge: Cambridge University Press, 1996).

Walter LaFeber, *Inevitable Revolutions: the United States in Central America* (New York: W. W. Norton, 1993).

Walter LaFeber, *The American Age: United States Foreign Policy at Home and Abroad* 1750 *to the Present* (New York: Norton, 1994).

Walter Lipgens, *A History of European Integration* (Oxford: Clarendon Press, 1982).

William Earl Weeks, *Building the Continental Empire: American Expansion from the Revolution to the Civil War* (Chicago, Ill.: Ivan R. Dee, 1996).

William H. Becker and Samuel F. Wells, *Economics and World Power: an Assessment of American Diplomacy since* 1789 (New York: Columbia University Press, 1984).

Willis F. Roy, *European Integration* (New York: New Viewpoints, 1975).

W. Howard Wriggins, *Dynamics of Regional Politics: Four Systems on the Indian Ocean Rim* (New York: Columbia University Press, 1992).

Yan Xuetong, Ancient Chinese Thought Modern Chinese Power (Princeton: Princeton University Press, 2011).

Yoichi Funabashi, *The Peninsula Question: A Chronicle of the Second Korean Nuclear Crisis* (Washington, DC: Brookings Institution Press, 2007).

Zbigniew Brzezinski, *The Grand Chessboard: American Primacy and Its Geostrategic Imperatives* (New York, NY: BasicBooks, 1997).

Zhang Yunling, *East Asian Regionalism and China* (Beijing: World Affairs Press, 2005).

四 英文文章

Akria Iriye, "Culture and Power: International Relations as International Relations," *Diplomatic History*, Vol. 3. No. 2. 1979. pp. 115 – 128.

Alastair Iain Johnston, "How New and Assertive is China's New Assertiveness?" *International Security*, Vol. 37, No. 4, 2013, pp. 7 – 48.

Alexander Lukashenko, "Statement by His Excellency Alexander Lukashenko President of the Republic of Belarus", *United Nations General Assembly Seventh Session General Debate*, New York, September 28, 2015,

p. 2.

Alexandra Pierard, United Nations Handbook 2015 – 16 , Wellington: The Foreign Ministry of Foreign Affairs and Trade, 2015, p. 12.

Amitai Etzioni, "A Paradigm for the Study of Political Unification," *World Politics*, Vol. 15, No. 1, 1962, p. 59.

Amitav Acharya, "Will Asia's Past Be Its Future," *International Security*, Vol. 28. No. 3. 2003/2004, pp. 149 – 164. p. 150.

Andrew Hurrell, "Explaining the Resurgence of Regionalism in World Politics," *Review of International Studies*, Vol. 21. No. 3. 1995.

Andrew Kydd, "Trust, Reassurance, and Cooperation," *International Organization*, Vol. 54, No. 2, 2000, pp 325 – 357.

Andrew Scobell and Scott W. Harold, "An 'Assertive' China? Insights form Interviews," *Asian Security*, Vol. 9, No. 2, 2013, pp. 111 – 131.

Anindya Batabyal, "ASEAN ìs Quest for Security: A Theoretical Explanation," *International Studies*, Vol. 41. No. 4. 2004. pp. 349 – 369, p. 352.

Baogang He, "Politics of Accommodation of the Rise of China: the Case of Australia," *Journal of Contemporary China*, Vol. 21, No. 73, 2012, p. 59.

Barbara Koremenos, Charles Lipson and Duncan Snidal, "The Rational Design of International Institutions", *International Organization*, Vol. 55, No. 4, 2001, pp. 761 – 799.

Barry Buzan and Gerald Segal, "Rethinking East Asia Security," *Survival*, Vol. 36. No. 2. 1994, pp. 3 – 21, p. 4.

Barry Buzan and Michael Cox, "China and the US: Comparable

Cases of 'Peaceful Rise'?" *Chinese Journal of International Politics*, Vol. 6, No. 2, 2013, pp. 109 – 132.

Bob Catley, "The Bush Administration and Changing Geopolitics in the Asia – Pacific region," *Contemporary Southeast Asia*, Vol. 23. No. 1. pp. 149 – 167.

Bradley Mathews, "Bangkok's Fine Balance: Thailand's China Debate", Special Assessment, Honolulu: Asia – Pacific Center for Strategic Studies, 2003, pp. 14 – 15.

Brian C. Rathbun, "Before Hegemony: Generalized Trust and the Creation and Design of International Security Organizations", *International Organization*, Vol. 65, No. 2, 2011, pp. 243 – 273.

Brock F. Tessman, "System Structure and State Strategy: Adding Hedging to the Menu," *Security Studies*, Vol. 21, No. 2, 2012, pp. 204 – 205.

Charles A. Kupchan, "After Pax Americana: Benign Power, Regional Integration, and the Sources of a Stable Multipolarity," *International Security*, Vol. 23, No. 2, 1998, pp. 40 – 79. pp. 42 – 43.

Charles E. Hughes, "Observations on the Monroe Doctrine," *American Journal of International Law*, Vol. 17, No. 4, 1923, p. 617.

Charles Krauthammer, "The Unipolar Moment Revisited", *National Interest*, Vol. 70, No. 3, 2003, pp. 16 – 17.

Charles Krauthammer, "The Unipolar Moment", *Foreign Affairs*, Vol. 70, No. 1, 1990/1991, pp. 23 – 24.

Charles Lyon Chandler, United States Commerce with Latin America at the Promulgation of the Monroe Doctrine, *Quarterly Journal of Economics*, Vol. 38, No. 3, 1924, pp. 466 – 467.

Charles P. Kindleberger, "Dominance and Leadership in the

International Economy: Exploitation, Public Goods, and Free Rides," *International Studies Quarterly*, Vol. 25, No. 2, 1981, p. 242 – 254.

Charles P. Kindleberger, "International Public Goods without International Government," *American Economic Review*, Vol. 76, No. 1, 1986, p. 7.

Cheng – Chwee Kuik, "Making Sense of Malaysia's China Policy: Asymmetry, Proximity, and Elite's Domestic Authority," *Chinese Journal of International Politics*, Vol. 6, No. 4, 2013, pp. 429 – 467.

Cheng – Chwee Kuik, "Malaysia's US Policy under Najib: Structural and Domestic Sources of a Small State's Strategy," *Asian Security*, Vol. 9, No. 3, 2013, pp. 143 – 164.

Cheng – Chwee Kuik, "The Essence of Hedging: Malaysia and Singapore's Response to a Rising China," *Contemporary Southeast Asia*, Vol. 30, No. 2, 2008, p. 161.

Christopher Layne, "The Unipolar Illusion Revisited: The Coming End of the United States' Unipolar Moment", *International Security*, Vol. 31, No. 2, 2006, pp. 7 – 41.

Christopher Layne, "The Unipolar Illusion: Why New Great Powers Will Rise", *International Security*, Vol. 17, No. 4, 1993, p. 7.

Christopher Layne, "This Time It's Real: The End of Unipolarity and The Pax Americana", *International Studies Quarterly*, Vol. 56, No. 1, 2012, p. 204, p. 212.

Chulacheeb Chinwanno, "Thai – China Chinese Relationship: Security and Strategic Partnership", Working Paper, No. 155, S. Rajaratnam School of International Studies, March 2008, p. 18.

C. Fred Bergsten, "A Partnership of Equals", *Foreign Affairs*, Vol. 87, No. 4, 2008, pp. 57 – 69.

David A. Lake, "Beyond Anarchy: The Importance of Security Institutions," *International Security*, Vol. 26, No. 1, 2001, pp. 129 – 160.

David C. Kang, "Getting Asia Wrong: The Need for New Analytical Framework," *International Security*, Vol. 27, No. 4, 2003, p. 64.

David C. Kang, "Hierarchy and Legitimacy in International Systems: The Tribute System in Early Modern East Asia," *Security Studies*, Vol. 19, No. 4, 2010, pp. 604 – 605.

David C. Kang, "Hierarchy, Balancing, and Empirical Puzzles in Asian International Relations," *International Security*, Vol. 28, No. 3, 2003/2004, pp. 165 – 180.

David Lake and Patrick Morgan, "Regional Order: Building Security in a New World," *American Political Science Association*, Vol. 92, No. 3, 1998, pp. 245 – 270.

David Martin Jones and Michael L. R. Smith, "Making Process, Not Progress: ASEAN and the Evolving East Asian Regional Order," *International Security*, Vol. 32, No. 1, 2007, p. 168.

David Shambaugh, "Asia in Transition The Evolving Regional Order," *Current History*, Vol. 105. No. 690. 2006. pp. 153 – 159.

David Shambaugh, "China Engages Asia: Reshaping the Regional Order," *International Security*, Vol. 29, No. 3, 2005, pp. 64 – 99.

Davide Fiammenghi: "A Neorealist Synthesis," *International Security*, Vol. 35, No. 4, 2011, pp. 126 – 154.

Dennis C. Blair and John T. Hanley Jr., "From Wheels to Webs: Reconstructing Asia-Pacific Security Arrangements," *Washington Quarterly*, Vol. 24, No. 1, 2001, pp. 7 – 17.

Denny Roy, "Southeast Asia and China: Balancing or Bandwagoning?" *Contemporary Southeast Asia*, Vol. 27, No. 2, 2005, pp. 305 – 322.

Dorette Corbey, "Dialectical Functionalism: Stagnation as a Booster of European Integration," *International Organization*, Vol. 49, No. 2, 1995, pp. 254 – 255.

Erna Solberg , "Statement by H. E. Ms. Erna Solberg, Prime Minister of Norway", *The Seventieth Session of the United National General Assembly*, New York , 30 September 2015, p. 2.

Ernst B. Haas and Peter H. Merkl, "Parliamentarians Against Ministers: The Case of Western European Union," *International Organization*, Vol. 14, No. 1, 1960, p. 37.

Ernst B. Haas, "International Integration: The European and the Universal Process," *International Organization*, Vol. 15, No. 3, 1961. pp. 366 – 367.

Euikon Kim, "Rising China and Turbulent East Asia: Asianization of China?" *Pacific Focus*, Vol. 12, No. 1, 2014, p. 5.

Evan S. Medeiros, "Strategic Hedging and the Future of Asia – Pacific Stability," *The Washington Quarterly*, Vol. 29, No. 1, 2005/2006, pp. 145 – 167.

Evelyn Goh, Great Powers and Southeast Asian Regional Security Strategies: Omni – Enmeshment, Balancing and Hierarchical Order, Singapore: Institute of Defence and Strategic Studies, No. 84, 2005.

Evelyn Goh, Meeting the China Challenge: The U. S. in Southeast Asian Regional Security Strategies, Policy Studies, East – West Center Washington, 2005, p. 12. Evelyn Goh, "Great Powers and Hierarchical Order in Southeast Asia: Analyzing Regional Security Strategies,"

International Security, Vol. 32, No. 3, 2007/2008, pp. 113 – 157.

Evelyn Goh, "Hierarchy and the Role of the United States in the East Asian Security Order," *International Relations of the Asia – Pacific*, Vol. 8, No. 3, 2008, pp. 353 – 377.

Feng Zhang, "How Hierarchic was the Historical East Asian System?," *International Politics*, Vol. 51, No. 1, 2014, pp. 5 – 6.

Franz Josef Strauss, "An Alliance of Continents, *International Affairs*," Vol. 41, No. 2, 1965, p. 193.

Gale W. McGee, "The Monroe Doctrine—A Stopgap Measure," *Mississippi Valley Historical Review*, Vol. 38, No. 2, 1951, p. 250.

Galia Press – Barnathan, "The Impact of Regional Dynamics on US Policy Toward Regional Security Arrangements in East Asia," *International Relations of the Asia – Pacific*, Vol. 14, No. 3, 2014, p. 378.

George Sorensen, "What Kind of World Order? The International System in Millennium," Cooperation and Conflict, Vol. 41, No. 4, 2006, pp. 343 – 364.

George Steimetz, "Return to Empire: The New U. S. Imperialism in Comparative Historical Perspective," *Sociological Theory*, Vol. 23, No. 4, 2005, pp. 339 – 367.

Gerhard Bebr, "The European Defence Community and the Western European Union: An Agonizing Dilemma," *Stanford Law Review*, Vol. 7, No. 2, 1955, pp. 175 – 179.

Gideon Rose, "Neoclassical Realism and Theories of Foreign Policy," *World Politics*, Vol. 51, No. 1, 1998, pp. 144 – 177.

Glenn H. Snyder, "Alliance Theory: A Neorealist First Cut," *Journal of International Affairs*, Vol. 44. No. 1, 1990, pp. 103 – 123, p. 108.

G. John Ikenberry, Michael Mastanduno, William C. Wohlforth:

"Introduction: Unipolarity, State behavior, and Systematic Consequences", World Politics, Vol. 61, No. 1, 2009, p. 1.

G. John Ikenberry, "American Hegemony and East Asian Order," Australian Journal of International Affairs, Vol. 58, No. 3, 2004, pp. 353 – 367.

Hassan Rouhani, "Statement by H. E. Dr. Hassan Rouhani, President of the Islamic Republic of Iran," the General Debate of the General Assembly of the United Nations, New York, 28 September 2015, p. 4.

Ian Clark, "Bringing Hegemony Back in: the United States and International Order," International Affairs, Vol. 85, No. 1, 2009, pp. 23 – 36.

Ian Clark, "How Hierarchical Can International Society Be?," International Relations, Vol. 23, No. 3, 2009, pp. 464 – 480.

Ian James Storey, "Living with the Colossus: How Southeast Asian Countries Cope with China," Parameters, , Vol. 29, No. 4, 1999/2000, pp. 111 – 125.

Ian Tsung – Yen Chen and Alan Hao Yang, "A Harmonized Southeast Asia? Explanatory Typologies of ASEAN Countries' Strategies to the Rise of China," The Pacific Review, Vol. 26, No. 3, 2013, pp. 265 – 288.

Inis L. Claude, "The Balance of Power Revisited," Review of International Studies, Vol. 15. No. 1, 1989, pp. 77 – 85. p. 79.

Jack Donnelly, "Sovereign Inequalities and Hierarchy in Anarchy: American Power and International Society," European Journal of International Relations, Vol. 12, No. 2, 2006, pp. 149 – 150.

Jae Jeok Park and Sang Bok Moon, "Perception of Order as a Source of Alliance Cohesion," The Pacific Review, Vol. 27, No. 2, 2014, p. 159.

Jae Jeok Park, "The U. S. Led Alliances in the Asia – Pacific: Hedge against Potential Threats or an Undesirable Multilateral Security Order?", *Pacific Review*, Vol. 24, No. 2, 2011, pp. 137 – 158.

James A. Caporaso, "International Relations Theory and Multilateralism: The Search for Foundations," *International Organization*, Vol. 46, No. 3, 1992, pp. 599 – 632.

James D. Morrow, "Alliances and Asymmetry: An Alternative to the Capability Aggregation Model of Alliances," *American Journal of Political Science*, Vol. 35, No. 4, 1991, pp. 904 – 933.

James Reilly, "Counting On China? Australia's Strategic Response to Economic Interdependence," *Chinese Journal of International Politics*, Vol. 5, No. 4, 2012, pp. 369 – 394.

James R. Sofka, "The Eighteenth Century International System Parity or Primacy," *Review of International Studies*, Vol. 27. No. 1. pp. 147 – 163.

John Gerard Ruggie, "Multilateralism: the Anatomy of an Institution," *International Organization*, Vol. 46, No. 3, 1992, pp. 561 – 598. p. 567 – 572.

John J. Mearsheimer, "The Gathering Storm: China's Challenge to US Power in Asia," *Chinese Journal of International Politics*, Vol. 3, No. 4, 2010, pp. 381 – 396.

John Mearsheimer, "Back to the Future: Instability in Europe after the Cold War," *International Security*, Vol. 15, No. 1, 1990, pp. 5 – 56.

John M. Hobson and J. C. Sherman, "The Enduring Place of Hierarchy in World Politics: Tracing the Social Logic of Hierarchy and Political Change," *European Journal of International Relations*, Vol. 11, No. 1, 2005, pp. 68 – 69.

Jose T. Almote, "Ensuring Security the 'ASEAN' Way," *Survival*, Vol. 39. No. 4, 1997/1998. pp. 80 – 92. p. 90.

Josef L. Kunz, "The London and Paris Agreements on West Germany," *American Journal of International Law*, Vol. 49, No. 2, 1955, pp. 210 – 216.

Joseph Joffe, " 'Bismarck' or 'Britain'? Towards an American Grand Strategy after Bipolarity," *International Security*, Vol. 19, No. 4. 1995, pp. 94 – 117.

Joseph S. Nye, Jr, "The Future of American Power Dominance and Decline in Perspective," *Foreign Affairs*, Vol. 89, No. 6, 2010, pp. 2 – 12.

Julie Wilhelmsen and Geir Flikke, "Chinese-Russian Convergence and Central Asia," *Geopolitics*, Vol. 16, No. 4, 2011, pp. 874 – 876.

Julius W. Pratt, "The 'Large Policy' of 1898," *Mississippi Valley Historical Review*, Vol. 19, No. 2, 1932.

J. G. March and J. P. Olsen, "Institutional perspective on political institutions," *Governance*, Vol. 9, No. 3, 1996, pp. 247 – 64.

J. G. March and J. P. Olsen, "The new institutionalism: organizational factors in political life," *American Political Science Review*, Vol. 78, No. 3, 1984, pp. 738 – 49.

Kai He, "Undermining Adversaries: Unipolarity, Threat Perception, and Negative Balancing Strategies after the Cold War," *Security Studies*, Vol. 21, No. 2, 2012, pp. 166 – 169.

Keir A. Lieber and Gerard Alexander, "Waiting for Balancing: Why the World is Not Pushing Back," *International Security*, Vol. 30, No. 1, 2005, pp. 130 – 133.

Kenneth N. Waltz, "America as a Model for the World? A Foreign Policy Perspective," *Political Science & Politics*, Vol. 24, No. 4, 1991, p. 669.

Kenneth N. Waltz, "The Emerging Structure of International Politics," *International Security*, Vol. 18, No. 2, 1993, p. 76.

Kenneth Waltz, "Evaluating Theories," *American Political Science Review*, Vol. 91, No. 4, 1997, p. 915.

Kuik Chen - Chwee , "Making Sense of Malaysia's China Policy: Asymmetry, Proximity, and Elite's Domestic Authority," *Chinese Journal of International Politics*, Vol. 6, No. 4, 2013, pp. 433 – 436.

Kurt M. Campbell, "Energizing the U. S. - Japan Security Partnership," *Washington Quarterly*, Vol. 24. No. 3. 2000. pp. 125 – 134.

Le Hong Hiep, "Vietnam's Hedging Strategy against China since Normalization," *Contemporary Southeast Asia*, Vol. 35, No. 3, 2013, pp. 333 – 368.

Mark T. Gilderhus, "Forming an Informal Empire without Colonies: U. S. - Latin American Relations," *Latin American Research Review*, Vol. 40, No. 3, 2005, pp. 312 – 325.

Michael C. Desch, "The Keys that Lock up the World: Identifying American Interests in the Periphery," *International Security*, Vol. 14, No. 1, 1989, pp. 86 – 121. p. 98.

Michael Mastanduno, "Preserving the Unipolar Moment: Realist Theories and U. S. Grand Strategy after the Cold War," *International Security*, Vol. 21, No. 4, 1997, pp. 49 – 88.

Mohan Malik, "The China Factor in Australia - U. S. Relations," *China Brief*, Vol. 5, No. 8, 2005.

Murrin John M. , "The Jeffersonian Triumph and American Exceptionalism," *Journal of the Early Republic*, Vol. 20, No. 1, 2000, p. 21.

Muthiah Alagappa, "Regionalism and Conflict Management: a Framework for Analysis," *Review of International Studies*, Vol. 21. No. 3. 1995, pp. 359 – 387.

M. Taylor Fravel, "Regime Insecurity and International Cooperation

Explaining China's Compromises in Territorial Disputes," *International Security*, Vol. 30, No. 2, 2005, pp. 46 – 47.

Nick Bisley, "China's Rise and the Making of East Asia's Security Architecture," *Journal of Contemporary China*, Vol. 21, No. 73, 2012, p. 34.

Noboru Yamaguchi, "A Japanese Pespective on U. S. Rebalancing toward the Asia – Pacific Region," *Asia Policy*, No. 15, 2013, p. 8.

Nuno P. Monteiro, "Unrest Assured: Why Unipolarity Is Not Peaceful," *International Security*, Vol. 36, No. 3, 2011/2012, p. 10.

Osman Saleh , "Statement by N. E. Mr. Osman Saleh, Minister of Foreign Affair of the State of Eritrea," The Seventieth Session of the United National General Assembly, New York , 3 October 2015, pp. 1 – 2.

Paul Reynaud, "The Unifying Force for Europe," *Foreign Affairs.* Vol. 28. 1949/1950. p. 256.

Paul W. Schroeder, "Did the Vienna Settlement Rest on a Balance of Power?," *American Historical Review*, Vol. 97, No. 3, 1992, pp. 683 – 706. p. 685.

Paul W. Schroeder, "The Nineteenth Century System: Balance of Power of Political Equilibrium?" *Review of International Studies*, Vol. 15. 1989, pp. 135 – 153. p. 143.

Paul – Henri Spaak, "The Integration of Europe: Dreams and Realities," *Foreign Affairs.* Vol. 29. No. 1, 1950/1951, p. 94.

Peter J. Katzenstein, "Why is There No NATO in Asia? Collective Identity, Regionalism, and the Origins of Multilateralism," *International Organization*, Vol. 56. No. 3, 2002, pp. 575 – 607.

Phillip Y. Lipscy, "Japan's Asian Monetary Fund Proposal," *Stanford Journal of East Asian Affairs*, Vol. 3, No. 1, 2003, p. 93.

Randall L. Schweller and Xiaoyu Pu, "After Unipolarity: China's

Visions of International Order in an Era of U. S. Decline," *International Security*, Vol. 36, No. 1, 2011, pp. 45 – 47.

Randall L. Schweller, " The Problem of International Order Revisited: A Review Essay," *International Security*, Vol. 26, No. 1, 2001, pp. 161 – 186.

Richard Armitage, Joseph Nye, eds. , The U. S. – Japan Alliance: Getting Asia right through 2020, report for Center for Strategic and International Studies, February 2007.

Richard B. Elrod, " The Concert of Europe: A Fresh Look at an International System," *World Politics*, Vol. 28, No. 2 , 1976, pp. 159 – 174. pp. 159 – 166.

Richard K. Betts, "Wealth, Power, and Instability: East Asia and the United States after the Cold War," *International Security*, Vol. 18. No. 3. 1993/1994. pp. 34 – 77, p. 63.

Richard N. Haass, " The Age of Nonpolarity: What Will Follow U. S. Dominance," *Foreign Affairs*, Vol. 87, No. 3, 2008, p. 44.

Robert A. Pape, " Soft Balancing Against the United States," *International Security*, Vol. 30, No. 1, 2005, pp. 7 – 10.

Robert J. Art, "Why Western Europe Needs the United States and NATO," *Political Science Quarterly*, Vol. 111. No. 1, 1996, p. 36.

Robert Powell, " Stability and the Distribution of Power," *World Politics*, Vol. 48, No. 2, 1996, pp. 239 – 67.

Robert S. Ross, " The Geography of the Peace: East Asia in the Twenty – first Century," *International Security*, Vol. 23, No. 4, 1999, pp. 81 – 114.

Robert S. Ross, "Balance of Power Politics and the Rise of China: Accommodation and Balancing in East Asia," *Security Studies*, Vol. 15,

No. 3, 2006, pp. 355 – 395.

Seng Tan, "Faced with the Dragon: Perils and Prospects in Singapore's Ambivalent Relationship with China," *Chinese Journal of International Politics*, Vol. 5, No. 3, 2012, pp. 245 – 265.

Stephen G. Brooks and William C. Wohlforth, "Hard Times for Soft Balancing," *International Security*, Vol. 30, No. 1, 2005, pp. 79 – 80.

Stephen M. Walt, "Alliances in a Unipolar World," *World Politics*, Vol. 61, No. 1, 2009, pp. 88 – 91.

Stephen M. Walt, "American Primacy: Its Prospects and Pitfalls," *Naval War College Review*, Vol. 52, No. 2, 2002. pp. 9 – 28. p. 10.

Stephen M. Walt, "Taming American Power," *Foreign Affairs*, Vol. 84, No. 5, 2005.

Steve Chan, "An Odd Thing Happened on the Way to Balancing: East Asian States' Reactions to China's Rise," *International Studies Review*, Vol. 12, No. 3, 2010, pp. 387 – 412.

Steven R. David, "Why the Third World Matters," *International Security*, Vol. 14, No. 1, 1989, pp. 50 – 85. pp. 59 – 61.

Sun Xuefeng, "Rethinking East Asian Regional Order and China's Rise," *Japanese Journal of Political Science*, Vol. 14, No. 1, 2013, pp. 9 – 30.

Sun Xuefeng, "Why Does China Reassure South – East Asia," *Pacific Focus*, Vol. 24, No. 3, 2009, pp. 298 – 316.

Thomas J. Christensen, "Fostering Stability or Creating a Monster? The Rise of China and U. S. Policy toward East Asia," *International Security*, Vol. 31, No. 1, 2006, p. 106.

Thomas Wright, "The Rise and Fall of the Unipolar Concert," *The Washington Quarterly*, Vol. 37, No. 4, 2014, pp. 7 – 24.

Tim Dunne, "Society and Hierarchy in International Relations," *International Relations*, Vol. 17, No. 3, 2003, p. 315.

T. J. Pempel, "Soft Balancing, Hedging, and Institutional Darwinism: The Economic – Security Nexus and East Asian Regionalism," *Journal of East Asian Studies*, Vol. 10, No. 2, 2010, p. 211.

T. V. Paul, "Soft Balancing in the Age of U. S. Primacy," *International Security*, Vol. 30, No. 1, 2005, pp. 57 – 59.

Van Jackson, "Power, Trust, and Network Complexity: Three Logics of Hedging in Asian Security," *International Relations of the Asia – Pacific*, Vol. 14, No. 3, 2014, pp. 331 – 356.

Victor D. Cha, "Powerplay: Origins of the U. S. Alliance System in Asia," *International Security*, Vol. 34, No. 3, 2009/2010, p. 158.

William Appleman Williams, "The Age of Mercantilism: An Interpretation of the American Political Economy, 1763 to 1828," *William and Mary Quarterly*, Vol. 15, No. 4, 1958, pp. 436 – 437.

William C. Wohlforth, "The Stability of a Unipolar World," *International Security*, Vol. 24, No. 1, 1999, p. 37.

William R. Shepherd, "Future Pan – American Relations: The Attitude of the United States toward the Retention by European Nations of Colonies in and around the Caribbean," *Proceedings of the Academy of Political Science in the City of New York*, Vol. 7, No. 2, 1917, p. 397.

William Spence Robertson, "South America and the Monroe Doctrine, 1824 – 1828," *Political Science Quarterly*, Vol. 30, No. 1, 1915, p. 105;

Wolfgang Wagner, "Building an Internal Security Community The Democratic Peace and the Politics of Extradition in Western Europe," *Journal of Peace Research*, Vol. 40. No. 6. pp. 695 – 712.

Yan Xuetong, "International Leadership and Norm Evolution,"

Chinese Journal of International Politics, Vol. 4, No. 3, 2011, pp. 53 –258.

Yuen Foong Khong, "The American Tributary System," *The Chinese Journal of International Politics*, Vol. 6, No. 1, 2013, pp. 1 –47.

Yuen Foong Khong, "The Elusiveness of Regional Order: Leifer, the English School and Southeast Asia," *The Pacific Review*, Vol. 18, No. 1, 2005, pp. 23 –41.

Yukio Okamoto, "Japan and the United States The Essential Alliance," *Washington Quarterly*, Vol. 25. No. 2. 2002. pp. 59 –72, p. 60.

Yun Zhang, "Multilateral Means for Bilateral Ends: Japan, Regionalism, and China – Japan – US Trilateral Dynamism," *Pacific Review*, Vol. 27, No. 1, 2014, pp. 5 –25.

Yun Zhang, "Multilateral Means for Bilateral Ends: Japan, Regionalism and China – Japan – US Trilateral Dynamism," *The Pacific Review*, Vol. 27, No. 1, 2013, p. 11.

Zachary Selden, "Balancing Against or Balancing With? The Spectrum of Alignment and the Endurance of American Hegemony," *Security Studies*, Vol. 22, No. 2, 2013, p. 361.

Zhou Fangyin, "Equilibrium Analysis of the Tributary System," *The Chinese Journal of International Politics*, Vol. 4, No. 2, 2011, 147 –178.

图书在版编目（CIP）数据

东亚安全秩序与中国周边政策转型／孙学峰等著
. －－北京：社会科学文献出版社，2017.8
（国际政治论坛）
ISBN 978－7－5201－1059－4

Ⅰ.①东…　Ⅱ.①孙…　Ⅲ.①国家安全－研究－东亚
②对外政策－研究－中国　Ⅳ.①D731.035②D820

中国版本图书馆 CIP 数据核字（2017）第 157972 号

国际政治论坛
东亚安全秩序与中国周边政策转型

著　　者／孙学峰　刘若楠 等

出 版 人／谢寿光
项目统筹／祝得彬
责任编辑／祝得彬　刘学谦　刘晓飞

出　　版／社会科学文献出版社·当代世界出版分社（010）59367004
　　　　　　地址：北京市北三环中路甲 29 号院华龙大厦　邮编：100029
　　　　　　网址：www.ssap.com.cn
发　　行／市场营销中心（010）59367081　59367018
印　　装／北京季蜂印刷有限公司

规　　格／开 本：787mm×1092mm　1/16
　　　　　　印 张：21.25　字 数：279 千字
版　　次／2017 年 8 月第 1 版　2017 年 8 月第 1 次印刷
书　　号／ISBN 978－7－5201－1059－4
定　　价／88.00 元